弘教系列教材

新编现代教育技术教程

主　编　吴　波　官　敏
编　委　叶冬连　黄　瑛　万　昆
　　　　史　闽　李建生　王　霞

复旦大学出版社

"弘教系列教材"编委会

主　任　詹世友

副主任　李培生　徐惠平

委　员（按姓氏笔画排列）

马江山　于秀君　王艾平　叶　青

张志荣　李　波　杨建荣　杨赣太

周荼仙　项建民　袁　平　徐国琴

贾凌昌　盛世明　葛　新　赖声利

顾　问　刘子馨

前　言

信息化时代的到来，使教育面临着前所未有的机遇和挑战。如何改革传统的教育模式和教学方法，使得教育更加适应信息时代的要求，培养具有创新能力、合作能力和信息素养的高素质人才；如何实现全面教育和终生教育，已经成为全社会共同关注的焦点。

经过近四十多年的发展，教育技术在我国受到越来越多的重视。现代教育技术作为深化教育教学改革的突破口和制高点，已逐渐成为人们的共识，并且与素质教育、教育信息化、创新人才培养等重大问题紧密关联。

现代教育技术运用现代教育理论，对教与学的过程和资源进行设计、开发、运用、管理和评价，其根本目的是提高教学效果，达到教育最优化。现代教育技术既注重现代科学技术特别是信息技术在教育中的应用，又注重运用现代教育思想和理论指导教学实践。所以，它既是理论与实践相结合的领域，也是一门综合性的应用学科。

现代教育技术是高等师范院校教师教育专业的一门重要的公共基础课，其目的是培养学生的信息素养和教育技术应用能力。2011年我们编写了《现代教育技术教程》，2014年修订出了第二版。该教材受到了广大教师和学生的关注，对地方师范院校教育技术公共课的教学改革起到了一定的推动作用。教育技术学领域新成果层出不穷、新技术催生新概念，为及时反映本学科的前沿动态，在广泛征求意见和反复讨论的基础上，我们重新编写了教材内容。

本书结合地方师范院校的教学实际，定位为教育技术学公共课教材。为加大信息量、便于读者课后学习，每章都通过二维码链接部分教学内容。本书具有体系结构清晰、图表丰富、语言简练、强调实用性和简约性，涵盖了教育技术领域新近发展和研究成果等特点，适合非教育技术教师教育专业的学生作为教材或参考书，也可供中小学教师在职培训参考。

全书分为现代教育技术概述、教育技术的理论基础、教学媒体选择与资源获取、多媒体技术、教学设计与评价、微格教学、现代远程教育、信息化教学工具共8章。为方便学习，每章的开头都给出了学习目标和知识结构，结尾都有相应的实验项目、本章小结和思考与练习题。

本书的编者都是长期从事教育技术教学与研究的教师，全书由吴波、官敏组织编写，由吴波负责统稿,官敏负责润色加工,各章的编写分工是:吴波、万昆合写第 1、2 章;叶冬连编写第 3 章,并与万昆合写第 8 章;李建生编写第 4 章;黄瑛与王霞合写第 5 章;黄瑛编写第 6 章;史闯与叶冬连合写第 7 章;官敏负责实验项目的编写。

  本书在修订的过程中引用了大量专家学者的著作、论文和网络资源,同时也参考和引用了大量的同类教材的内容;本书的编写得到了上饶师范学院教务处的大力支持,在此一并表示衷心的感谢!

  由于修订时间和编者水平的限制,疏漏和不妥之处在所难免,恳请广大读者和专家批评指正。

编 者

2017 年 9 月

目 录

第 1 章　现代教育技术概述 …… 1

1.1　教育技术的基本概念 …… 2
　　1.1.1　教育技术的定义 …… 2
　　1.1.2　教育技术的内涵 …… 3
　　1.1.3　教育技术的研究内容 …… 3
　　1.1.4　教育技术相关概念辨析 …… 5
　　1.1.5　教育技术的发展趋势 …… 7
1.2　教育技术的产生与发展 …… 10
　　1.2.1　国外教育技术的发展历程 …… 10
　　1.2.2　我国教育技术的发展历程 …… 12
1.3　教育技术支持基础教育发展 …… 14
　　1.3.1　教育技术促进教育教学方式的发展 …… 14
　　1.3.2　教育技术促进教育观念转变 …… 15
　　1.3.3　教育技术对教育教学质量的影响 …… 15
　　1.3.4　教育技术促进教师专业发展 …… 16
　　1.3.5　教师学习教育技术的意义 …… 19
实验项目 …… 20
本章小结 …… 20
思考与练习 …… 21

第 2 章　教育技术的理论基础 …… 22

2.1　学习理论 …… 23
　　2.1.1　行为主义学习理论 …… 23
　　2.1.2　认知主义学习理论 …… 26
　　2.1.3　建构主义学习理论 …… 31
　　2.1.4　连通主义：学习理论的新取向 …… 33

2.1.5　新建构主义：网络时代学习与知识创新理论……… 35
　2.2　现代教学理论 …………………………………………………… 37
　2.3　视听教学理论 …………………………………………………… 44
　　2.3.1　视感知规律 ……………………………………………… 44
　　2.3.2　听感知规律 ……………………………………………… 48
　　2.3.3　"经验之塔"理论 ……………………………………… 50
　2.4　传播理论 ………………………………………………………… 52
　　2.4.1　传播的概念和类型 ……………………………………… 52
　　2.4.2　传播过程与模式 ………………………………………… 54
　　2.4.3　教育传播 ………………………………………………… 56
　2.5　系统科学理论 …………………………………………………… 61
　实验项目 ……………………………………………………………… 63
　本章小结 ……………………………………………………………… 63
　思考与练习 …………………………………………………………… 64

第3章　教学媒体选择与资源获取 ……………………………………… 65

　3.1　信息与媒体 ……………………………………………………… 66
　　3.1.1　信息的含义与特征 ……………………………………… 66
　　3.1.2　媒体的含义 ……………………………………………… 66
　　3.1.3　教学媒体的含义 ………………………………………… 67
　3.2　教学媒体的类型与特性 ………………………………………… 68
　　3.2.1　教学媒体的类型 ………………………………………… 68
　　3.2.2　教学媒体的功能与特性 ………………………………… 69
　3.3　现代教学媒体应用 ……………………………………………… 72
　　3.3.1　多媒体教室 ……………………………………………… 72
　　3.3.2　网络教室 ………………………………………………… 75
　　3.3.3　录播教室 ………………………………………………… 78
　　3.3.4　语音实验室 ……………………………………………… 80
　3.4　教学媒体的选择与评价 ………………………………………… 81
　　3.4.1　选择教学媒体的理论依据 ……………………………… 81
　　3.4.2　选择教学媒体的现实依据 ……………………………… 82
　　3.4.3　教学媒体选择的方法 …………………………………… 82
　3.5　数字化教学资源的检索与获取 ………………………………… 86
　　3.5.1　教学资源的获取方法 …………………………………… 87
　　3.5.2　多媒体教学资源的搜索与下载 ………………………… 92
　实验项目 ……………………………………………………………… 97
　本章小结 ……………………………………………………………… 97
　思考与练习 …………………………………………………………… 98

第4章　多媒体技术 …… 99

4.1 多媒体技术概述 …… 100
- 4.1.1 多媒体技术的概念 …… 100
- 4.1.2 多媒体技术的特点 …… 100
- 4.1.3 多媒体技术研究的主要内容 …… 101

4.2 多媒体素材处理 …… 101
- 4.2.1 文本素材处理 …… 101
- 4.2.2 图形与图像素材处理 …… 102
- 4.2.3 音频素材处理 …… 114
- 4.2.4 动画素材处理 …… 120
- 4.2.5 视频编辑制作 …… 124
- 4.2.6 多媒体素材格式转换 …… 133

4.3 多媒体课件的开发 …… 135
- 4.3.1 多媒体课件的概念 …… 135
- 4.3.2 多媒体课件的分类 …… 135
- 4.3.3 多媒体课件开发过程 …… 137
- 4.3.4 用PowerPoint2010制作演示型课件 …… 139

实验项目 …… 149
本章小结 …… 150
思考与练习 …… 151

第5章　教学设计与评价 …… 152

5.1 教学设计概述 …… 153
- 5.1.1 教学设计的概念与特征 …… 153
- 5.1.2 教学设计的基本模式 …… 155
- 5.1.3 教学设计的一般过程 …… 157
- 5.1.4 教学设计与教案的区别 …… 164
- 5.1.5 教学设计时如何把握课程目标和内容标准 …… 164

5.2 信息化教学设计 …… 165
- 5.2.1 信息化教学 …… 166
- 5.2.2 信息化教学设计 …… 168
- 5.2.3 信息化教学设计的步骤与模式 …… 169

5.3 教学评价 …… 171
- 5.3.1 教学评价概述 …… 171
- 5.3.2 教学评价技术 …… 175

实验项目 …………………………………………………………………… 178
本章小结 …………………………………………………………………… 179
思考与练习 ………………………………………………………………… 179

第6章 微格教学 …………………………………………………… 180

6.1 微格教学概述 ……………………………………………………… 181
  6.1.1 什么是微格教学 …………………………………………… 181
  6.1.2 微格教学的由来与发展 …………………………………… 182
6.2 微格教学系统 ……………………………………………………… 183
  6.2.1 微格教学系统的组成及原理 ……………………………… 183
  6.2.2 微格教学系统的主要功能 ………………………………… 184
  6.2.3 微格教室的设计 …………………………………………… 184
6.3 信息技术环境下微格教学训练 …………………………………… 185
  6.3.1 信息技术环境下微格教学训练程序 ……………………… 186
  6.3.2 课堂教学技能 ……………………………………………… 190
  6.3.3 微格教学训练的安排与指导 ……………………………… 200
实验项目 …………………………………………………………………… 202
本章小结 …………………………………………………………………… 202
思考与练习 ………………………………………………………………… 203

第7章 现代远程教育 ……………………………………………… 204

7.1 远程教育概述 ……………………………………………………… 205
  7.1.1 远程教育的概念 …………………………………………… 205
  7.1.2 远程教育的发展历史 ……………………………………… 207
  7.1.3 我国现代远程教育的应用现状 …………………………… 209
7.2 网络教学平台 ……………………………………………………… 212
  7.2.1 4A网络教学平台 …………………………………………… 213
  7.2.2 Moodle教学平台 …………………………………………… 216
7.3 网络教学资源 ……………………………………………………… 220
  7.3.1 网络教学资源标准 ………………………………………… 221
  7.3.2 网络课件制作工具 ………………………………………… 222
7.4 新技术与新媒体 …………………………………………………… 226
  7.4.1 云计算及教育云 …………………………………………… 227
  7.4.2 大数据与学习分析 ………………………………………… 229
7.5 教与学实践的新模式 ……………………………………………… 231
  7.5.1 MOOC：基于连通主义的大型开放课程
     模式 …………………………………………………… 231

7.5.2　翻转课堂：全球教育界关注的教学模式 …… 235
　　　7.5.3　微课 ………………………………………… 237
实验项目 …………………………………………………… 241
本章小结 …………………………………………………… 241
思考与练习 ………………………………………………… 242

第8章　信息化教学工具 …………………………………… 243

8.1　微视频的制作工具 ………………………………… 244
　　8.1.1　PowerPoint 制作 …………………………… 244
　　8.1.2　Camtasia Studio 制作 ……………………… 246
　　8.1.3　超级录屏 …………………………………… 247
　　8.1.4　VideoScribe 手绘视频的制作 ……………… 249
　　8.1.5　Focusky 动画演示大师 …………………… 252
8.2　移动学习工具 ……………………………………… 255
　　8.2.1　二维码与 H5 课件的生成 ………………… 255
　　8.2.2　多屏互动教学实现技术与工具 …………… 258
　　8.2.3　移动学习教学测评工具 …………………… 260
8.3　学科教学工具 ……………………………………… 264
　　8.3.1　语文学习工具——作文宝 ………………… 264
　　8.3.2　数学学习利器——GeoGebra ……………… 264
　　8.3.3　英语学习工具——批改网 ………………… 265
　　8.3.4　地理学习工具——Google Earth …………… 266
　　8.3.5　物理学习工具——NO BOOK 物理、化学、生物
　　　　　 虚拟实验室 …………………………………… 266
实验项目 …………………………………………………… 269
本章小结 …………………………………………………… 269
思考与练习 ………………………………………………… 270

现代教育技术概述

学习目标

1. 理解教育技术的基本概念。
2. 了解教育技术的发展历程和发展趋势。
3. 理解教育技术支持基础教育发展。

知识结构

当今世界已经步入信息时代,信息时代的教育正面临着前所未有的挑战,也蕴育着千载难逢的机遇。作为现代科学技术成果与教育理论相结合之结晶的教育技术,在教育改革中起着越来越重要的作用。现代教育技术为今天在信息技术环境下的教育教学活动提供了一个新的理论与技术平台,因此现代教育技术是实现教育现代化的一个重要突破口,是当代教育改革的制高点。同时,随着教育科学和科学技术的不断发展,人们对教育技术的理解和认识在不断深化,教育技术的理论、概念和方法也在不断完善。

二维码1-1
本章导入

1.1 教育技术的基本概念

1.1.1 教育技术的定义

1. AECT1994 定义

自从 20 世纪 70 年代首次在美国出现教育技术的术语以来,教育技术在其发展过程中曾有过多个定义,至今尚无一个统一的定义或描述。1994 年,美国教育传播与技术协会(Association for Educational Communications and Technology,简称 AECT)出版了巴巴拉·西尔斯(Barbara B. Seels)和丽塔·里奇(Rita C. Richey)的专著《教学技术:领域的定义和范围》,书中给出了教育技术的定义,俗称 AECT1994 定义。该定义是在 AECT 主持下,经过美国众多教育技术专家的积极参与,总结了当时美国教育技术界对教育技术的最新认识,在前几次定义的基础上,对教育技术给出的一个全新的定义,是目前国际国内教育技术界普遍认可的一个定义,也是我国大多数教育技术学教科书所采用的定义。

AECT1994 定义是:Instructional technology is the theory and practice of design, development, utilization, management, and evaluation of processes and resources for learning. 可译为:教育技术是关于学习过程和学习资源的设计、开发、运用、管理和评价的理论与实践。该定义明确指出了教育技术的研究对象是学习过程和学习资源,教育技术的研究领域是设计、开发、运用、管理和评价。

2. AECT2005 定义

2005 年 5 月,在 AECT 协会的文件中提出了教育技术的新定义,称为 AECT2005 定义。其原文是:Educational technology is the study and ethical practice of facilitating learning and improving performance by creating, using, and managing appropriate technological processes and resources. 可译为:教育技术是通过创造、使用、管理适当的技术性的过程和资源,以促进学习和提高绩效的研究与符合伦理道德的实践。

3. AECT2005 定义与 AECT1994 定义比较

AECT2005 定义表明:

① 界定的概念名称是"教育技术(educational technology)",而不是"教学技术(instructional technology)"。

② 教育技术有两大领域:"研究"和"符合伦理道德的实践"。

③ 教育技术有双重目的:"促进学习"和"提高绩效"。

④ 教育技术有三大范畴:"创造"、"使用"、"管理"。与 AECT1994 定义比较,相当于将 AECT1994 定义中的五大范畴整合为 AECT2005 定义中的三大范畴。其对应关系是:将 AECT1994 定义中的"设计"、"开发"两个范畴合为一个范畴"创造";将 AECT1994 定义中的"运用"范畴改成了一个较简单的词"使用";将 AECT1994 定义中的"管理"与"评价"两个范畴合为"管理"一个范畴。

⑤ 教育技术有两大对象:"过程"和"资源"。与 AECT1994 定义中的"学习过程"、"学习资源"有一定区别。AECT2005 定义中的"过程"和"资源"之前有一个限定词"适当的技术性

的"过程与资源。

⑥ 教育技术的主要特征在于其技术性。

4. AECT2005 定义的主要贡献

① 将教育技术的研究范围由教学领域扩展到企业绩效领域。

② 首次明确提出教育技术的实践应符合道德规范的要求。

③ 首次将"创造"作为教育技术领域的三大范畴之一,强调教育技术创新。

④ 从对一般的教学过程和教学资源的研究限定为对"适当的技术性的过程和资源"的研究,突出了专业特色和工作重点。

当然,AECT2005 定义也存在一些不足,首先是局限于美国的社会文化背景与行业背景,强调了定义的实用性和规定性,对教育技术本质的认识仍不够深入;其次,在一定范围内强调教育技术实践的道德规范性是必要的,但要注意避免矫枉过正。

5. 我国学者对教育技术的定义

我国学者对教育技术定义的探讨内容相当丰富,《中国电化教育》和《教育技术研究》杂志发表了几乎国内全部重要学者对教育技术定义解读的论文。2004 年 12 月 25 日,教育部印发了《中小学教师教育技术能力标准(试行)》。这是我国颁布的第一个有关中小学教师的专业能力标准。该标准对教育技术作出了如下的定义:运用各种理论及技术,通过对教与学过程及相关资源的设计、开发、利用、管理和评价,实现教育教学优化的理论与实践。

1.1.2 教育技术的内涵

从 AECT1994 定义可以看出,教育技术的内涵包括以下 3 个方面。第一,教育技术是一门理论与实践并重的学科。教育技术将系统理论、教学理论、学习理论、传播理论等作为理论指导,在此基础上形成和完善自己的基本理论。因此,教育技术是以现代先进的理论为指导的教学实践活动,同时又在实践的基础上形成和不断发展自己的理论。第二,学习过程是教育技术的研究和实践对象。学习过程是指学习者通过与信息和环境的相互作用,从而得到知识、技能和态度长进的过程。这里的环境包括传递教学信息所涉及的媒体、设施、方法。将学习过程作为教育技术研究与实践的对象,这是教育技术经过长期的探索和实践后才确定的,它标志着教育技术在观念上已从传统的"教"向"学"转移。第三,学习资源是优化学习过程的必要条件。学习资源是指那些可以提供给学习者使用,能帮助和促进他们学习的信息、人员、教材、设施、技术和环境。这些学习资源既可以单独使用,也可以由学习者综合使用。现代科学技术的发展,使学习资源不断变化和丰富,为优化学习过程提供了必要的条件。同时,也促使人们对学习资源进行科学而富有创造性的设计、开发、运用、管理和评价。

AECT1994 定义的内涵结构可用图 1-1 表示,也可用另一个简化图表示,如图 1-2 所示。

1.1.3 教育技术的研究内容

从图 1-1 和图 1-2 可以看到,按照 AECT1994 定义,教育技术的研究内容是学习过程和学习资源的设计、开发、运用、管理和评价 5 个方面。具体有以下内容:

(1) 设计 主要包括 4 个主要方面的理论和实践:教学系统设计、信息设计、教学策略设计、学习者特征分析。

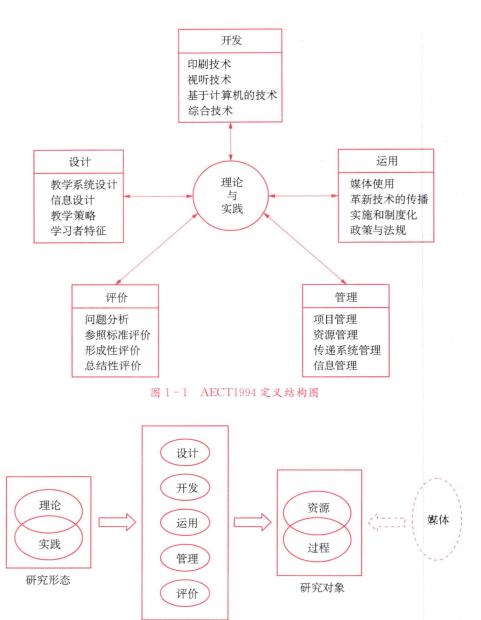

图1-1 AECT1994定义结构图

图1-2 AECT1994定义简化图

（2）开发　开发是将设计方案转化为物理形态的过程，需要使用印刷技术、视听技术、计算机辅助技术、整合技术等。

（3）运用　包括媒体的运用、革新与推广、实施和制度化、政策与法规等。

（4）管理　包括项目管理、资源管理、教学系统管理、信息管理等。

（5）评价　包括问题分析、参照标准评价、形成性评价、总结性评价等。

我国教育技术专家从我国教育技术的研究与实践出发，进一步把教育技术的研究内容细化为以下7个方面：

（1）教育技术的学科基础理论　包括教育技术学科的性质、任务、基本概念、研究方法、教育技术与相关学科的关系等。

（2）视听教育的理论与技术　包括常规视听媒体的教育功能，常规媒体教材的设计、制作、使用与评价技术，各种常规媒体的组合应用，利用常规媒体优化教学过程的理论与实践研究。

（3）计算机辅助教育的理论与技术　包括计算机辅助教学、计算机辅助测试、计算机管理教学等。

（4）教学设计与评价的理论与技术　包括学习理论、教学理论、教育传播理论、系统方法论的应用研究，以及信息技术教育、信息技术与学科教学整合、现代教学测量评价技术与方法的应用研究。

（5）远程教育的理论与技术　包括计算机网络建设与教学应用，远程教育的形式、特点、组织、实施与管理等。

（6）教育技术管理的理论与技术　包括教育技术硬件设施和软件资源的管理方法、教育技术的专业设置、组织机构，以及相关的方针、政策等的研究。

（7）新技术、新方法和新思想在教育中的应用　包括网络新技术、人工智能技术、虚拟现实技术等现代信息技术应用于教育的研究、开发与运用。

综合上述国内外专家对教育技术内涵的理解，可以认为教育技术的主要任务是：在系统科学方法论指导下，运用现代教育科学理论和先进的技术手段与方法，对教育、教学中存在的问题进行分析，提出解决问题的策略和方法，进行教学实践实施并给予评价和修改，以实现教育教学的最优化，促进学习者的良好发展。

需要说明的是，上述教育技术的5个方面的研究内容之间不是线性的逻辑关系，它们之间既相互独立又相互渗透、协同作业，如图1-3所示。

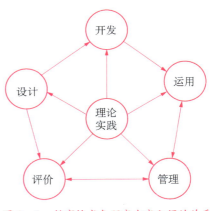

图1-3　教育技术各研究内容之间的关系

1.1.4　教育技术相关概念辨析

1. 教育技术与教育技术学

教育技术是人类在教育活动中所采用的一切技术手段和方法的总和，而教育技术学则是专门研究教育技术现象及其规律的一门学科。教育技术自从教育产生的那一天起就存在了，是与教育相伴相生的，而教育技术学则是教育技术发展到一定阶段的产物。必须指出，人们在许多场合对于"教育技术"和"教育技术学"这两个词并不严格区分，"教育技术"有时是"教育技术学"的简称，这时就需要根据上下文来判断它们的含意。

教育技术分为有形的教育技术和无形的教育技术两个层面。有形的教育技术也称为物化形态的教育技术，是指凝固或体现在有形的物体中的科学知识，它包括从黑板、粉笔、挂图、标本、模型等传统的教具，到现代的广播、电视、计算机、网络、卫星通信等一切可用于教育的器材、设施、设备及相应的软件；无形的教育技术也称为智能形态的教育技术，是指那些以抽象形式表现出来的用于指导教育实践的科学知识，是在教育实践中总结和概括出来的用以指导教育技术应用的策略和方法。

教育技术学就其学科性质而言,是属于教育学下的二级学科。然而,教育技术学是一门有别于一般传统学科的新兴学科,具有很强的综合性和交叉性,它与文科、理科、艺术等学科都有密切的关联。作为一门学科,教育技术学更加关注信息技术在应用于教育过程中所蕴涵的教育教学规律,它是连接教育科学理论与教育教学实践的桥梁。

2. 教育技术与现代教育技术

教育技术产生于教育发生的第一天,而现代教育技术则是教育技术发展到一定程度的产物。至今人类已经积累了大量的、各种各样的教育技术,形成了一个包括语言技术、直观教学技术、媒体技术和系统技术在内的教育技术体系。语言技术和直观教学技术通常称之为传统教育技术,而媒体技术和系统技术被称为现代教育技术。

还有一种观点认为,现代教育技术是以计算机技术为核心的现代信息技术在教育、教学中的运用,它是20世纪90年代以后在我国被大量使用的一个术语,目前人们逐渐习惯于使用"现代教育技术"这个概念,这也使得教育技术带有了更加强烈的现代化、信息化色彩。

由于教育技术具有强烈的现代化、信息化色彩,为了简单,本书在不至于引起误解的情况下,许多场合中的教育技术其实指的就是现代教育技术。

3. 教育技术与教学技术

30多年来,国内外对"教育技术"和"教学技术"这两个术语的使用并不十分严格。欧美国家较早提倡以学生为中心的思想,习惯采用"学习"这个概念,因此认可"教学技术"的叫法。究其原因,首先,在教育领域中技术的强大作用通常在教学过程中得以发挥,例如多媒体教学、教学系统设计等;其次,随着现代社会的发展与终身学习理念的提出,教学技术已越来越多地用于企事业单位的培训中,而不仅仅用于传统的学校教育环境。

我国则比较习惯于使用"教育技术"的说法。这是由于"教学"主要和教、学问题有关,只是"教育"的一个部分,采用"教育技术"这一术语可以保持一个更为广泛的领域范围。

4. 教育技术与信息技术

教育技术中包含了如何使用信息技术,而信息技术则是教育技术的重要手段。信息技术是指能够完成信息的获取、传递、加工、再生和使用等功能的技术,它有着自己的发展历程,而不是凭空出现的时代产物。现代信息技术是一门综合性很强的技术,它以计算机、电子、通信、自动化和光电等技术为基础,是产生、存储、转换和加工图像、文字、声音及数字信息的一切现代技术的总称。信息技术渗透于人类社会各个领域和国民经济的各个部门,影响无所不在。

教育技术在其发展过程中,有着不断更新的技术基础,技术为教育技术的发展提供了有力的支撑。当某种技术成为教育中的主导技术时,一个新的教育技术时代就来临了。如今,以计算机技术为核心的信息技术成为教育中的主导技术,计算机多媒体技术、网络通信技术、人工智能技术和虚拟现实技术等新技术已广泛应用于教育教学中,各种新的教学模式和教学方法的出现,如基于网络的探究性学习等,极大地促进了教育信息化,深化了教育教学改革,同时也促进了教育技术的新发展。

5. 教育技术与电化教育

教育技术作为一个新兴的实践与研究领域,在我国是以电化教育的出现为标志的。"电化教育"是我国特有的名词,它最早出现于20世纪30年代。《中国大百科全书》对电化教育的定义是:利用幻灯、投影器、电影、无线电广播、电视、录音、录像、程序学习机和电子计算机等教学设备及相应的教材进行的教育活动。而影响最广，至今仍被广泛使用的电化教育的定义是：运用现代教育媒体，并与传统教育媒体恰当结合，传递教育信息，以实现教育最优化。

从概念的本质上看，"教育技术"、"教学技术"、"电化教育"都是相同的，都具有应用科学的属性，目的都是要取得最好的教学效果，实现教学的优化。但是从概念的涵盖面来看，教育技术的范围要比教学技术、电化教育广泛得多。因此，我国高校的"电化教育"专业已经改为"教育技术学"专业，电化教育中心改为教育技术中心，中国电化教育协会也更名为中国教育技术协会。

6. 电化教育与视听教育

电化教育是指运用现代化的声、光、电设备进行教育教学活动，以提高学习效率，扩大教育规模。而视听教育的内容和范围要广泛得多，凡是运用照片、图表、模型、标本、仪器、幻灯、投影、录音、广播、电影、电视等视听工具进行教育教学活动，以及直接由视听获得知识的教育教学活动，如参观、旅行、表演、展览、实验、实习等，都属于视听教育的内容和范围。

7. 信息化教育与教育信息化

20世纪90年代以来，以计算机技术、网络技术和现代通信技术为基础的信息技术得到迅速发展，人类社会进入了信息时代。教育界出现了以信息技术的广泛应用为特征的发展趋势，国内学者称之为教育信息化。还有一个与之相类似的名词"信息化教育"，但这两个名词在语义上是有区别的。

所谓信息化教育，是指以现代信息技术为基础的教育形态。而教育信息化是指在教育领域全面深入地运用现代信息技术来促进教育改革和发展的过程，其结果必然是形成一种全新的教育形态——信息化教育。也就是说，我们通常把教育信息化看作是追求信息化教育的过程。

信息化教育的主要特征，是在教学过程中广泛地应用信息技术。技术层面上，表现为数字化、多媒体化、网络化、智能化；教育层面上，表现为教材多媒体化、资源全球化、教学个性化、学习自主化、任务合作化、环境虚拟化等特征。

1.1.5 教育技术的发展趋势

随着现代科学技术的发展和教育信息化建设步伐的加快，教育技术也将不断发展，其发展趋势主要体现在以下几个方面。

1. 教育技术作为交叉学科的特点日益突出

教育技术是涉及教育、心理、信息技术等学科的一门交叉学科。教育技术需要技术，尤其是信息技术的支持。作为交叉学科，教育技术融合了多种思想和理论，它的理论基础包括教育理论、学习理论、传播学、系统理论等。在教育技术领域内，上述理论相互融合，为促进以人的发展为目标而各尽其力。现在，教育技术研究不仅关注个别化学习，还对学生之间协同与合作进行系统的研究。此外，教育技术交叉学科的特点决定了其研究和实践主体的多元化，协作将成为教育技术发展的重要特色。通过教育、心理、教学设计、计算机技术、媒体理论等不同背景的专家和学者共同研究和实践，开放式的讨论与合作研究已成为教育技术学科的重要特色。

2. 教育技术将日益重视实践性和支持性研究

教育技术作为理论和实践并重的交叉学科，需要理论指导实践，在实践中进行理论研究和创新。目前,教育技术研究最前沿的两个领域是信息技术与课程整合和网络教育,所有这些乃至终身教育体系的建立都强调对学习者学习的支持,即围绕如何促进学习展开所有工作。因此,人们将会越来越重视包括教师培训、教学资源建设、学习支持等在内的教育技术实践性和支持性研究。

3. 教育技术将日益关注技术环境下的学习心理研究

随着教育技术的发展,技术所支持的学习环境将真正体现出开放、共享、交互、协作等特点。因此,适应性学习和协作学习环境的创建将成为人们关注的重点。教育技术将更加关注技术环境下的学习心理研究,深入研究技术环境下人的学习行为特征、心理过程特征、影响学习者心理的因素。更加注重学习者内部情感等非智力因素,注重社会交互在学习中的作用。

4. 更加重视学习活动的设计与支持

未来的教学设计将不仅重视学习资源和学习过程的设计,而且更重视学习活动的设计与支持。为了培养综合素质人才,教学设计将越来越关注课程整合,尤其是一般学科与信息技术的整合。在整合过程中,如何设计研究型的学习活动、基于实际问题的学习活动、综合型的学习活动、协作型的学习活动,以便让学习者综合应用多个学科领域的知识,培养创新人才是教学设计的重点,也是难点。学习者的学习过程和活动的设计将更加灵活和弹性化,教师在学习过程中的指导者角色将更为突出,学习过程的支持研究将变得更为重要。

5. 教育技术的手段将日益网络化、智能化、虚拟化

教育技术网络化的主要标志就是因特网应用的迅速发展。在信息社会中,因特网是进行知识获取和信息交流的强有力工具,它将改变人们的学习、工作和生活方式。基于因特网的远程教育,目前正在发挥越来越重要的作用。

人工智能是一门研究运用计算机模拟和延伸人脑功能的综合性学科。与一般的信息处理技术相比,人工智能在求解策略和处理手段上有其独特的风格。人工智能的一些成果,以及智能计算机辅助教育系统,目前已在教育教学领域得到应用。

虚拟现实是继多媒体广泛应用后出现的更高层次的计算机接口技术,其根本目标是通过视、听、触等方式达到真实体验和交互,它可以有效地用在教学、展示、设计等方面。虚拟现实技术支持下的学习环境将成为人们进行思维和创造的助手,以及对已有概念进行深化和获取新概念的有力工具。随着教育信息技术的发展,教育技术网络化、智能化、虚拟化的程度将日益提高,并对教学手段、教学方法和教学模式产生深远影响。

扩展阅读 ▶

表1-1 《地平线报告(2013—2017)》推动高等教育技术应用的关键趋势

年份	短期趋势(1~2年)	中期趋势(3~4年)	长期趋势(5年及以上)
2013	√开放正在成为一种价值,内容的开放、数据的开放、资源的开放,在于易于获取数据和信息 √大规模开放在线课程被视为传统课程的补充和替代	√大学毕业生的职业技能更多是通过非正式学习获得而不是在大学获得 √运用新的数据来源个性化定制学习体验和测评绩效日益成为研究的兴趣点	√学生通过互联网访问大量资源,促进教育者不断转变角色 √教育范式正在朝着混合学习、泛在学习及写作模式演进

续表

年份	短期趋势(1~2年)	中期趋势(3~4年)	长期趋势(5年及以上)
2014	√社交媒体的日益普及 √整合在线学习、混合式学习和协作学习	√基于数据学习与评价的兴起 √从学生作为消费者到学生作为创造者	√应对变革的敏捷方法 √在线学习的演化
2015	√混合式学习日益普及 √学习空间需要重新设计	√学习测量越来越受重视 √开放教育资源快速增聚	√变革创新文化不断发展 √跨机构合作持续增加
2016	√日益注重学习测量 √混合式学习日益普及	√重新设计学习空间 √转向深度学习方法	√推动创新文化 √重新思考高等教育运行模式
2017	√混合式学习设计 √合作学习	√日益注重学习测量 √重新设计学习空间	√推动创新文化 √深层学习方法
2017中国高等教育地平线报告	√更多应用混合式学习设计 √开放教育资源快速增加 √STEAM学习的兴起	√重设学习空间 √跨机构协同日益增加 √反思高校运作模式	√程序编码素养的兴起 √推进变革和创新文化 √转向深度学习方法

从表1-1可以看出，混合式学习从2013~2017年都被认为是推动高等教育技术应用的关键趋势，混合式学习已经变成了学生学习方式的常态。随着可穿戴技术、虚拟现实技术、大数据、人工智能等技术的迅猛发展，教师的教与学生的学等方式正在发生深刻的变化。当大规模开放在线课程、翻转课堂、自带设备、创客空间等应用于高等教育教学中，促使混合式学习变得越来越普遍，线上线下的混合式教学已经变成了高校教学改革和应用的重点。在大数据背景下，量化自我、学习分析等技术的兴起，量化学习更加关注学习者的学习过程，更加关注人的全面发展，与教育所提倡的个性化学习发展理念契合。未来，在教育大数据背景下，量化学习方式将会逐步成为学习方式的常态。

2013年《地平线报告》的中期趋势指出，运用新的数据来源个性化定制学习体验和测评绩效日益成为研究的兴趣点，2014年的基于数据学习与评价的兴起，2015~2017年连续3年的趋势中都指出日益注重学习测量，可以看出学习测量与教育大数据的重要性。数据挖掘技术、在线学习、移动学习和下一代学习管理系统的兴起，正在重构学习环境，如智慧学习环境、场馆学习环境等。我们可以通过学习策略对学习环境进行可视化分析，使用知识图谱的方法描述学习者的学习过程，也可以通过学习者的学习行为数据分析学习者特征、学习者情感、学习者学习兴趣、学习风格、学习效果等。而量化学习的核心环节就是通过数据驱动的学习行为分析，旨在全面地量化分析学习者的行为数据，通过构建模型的方法对学习者的学习行为分析数据。未来，为培养全面发展的人，在技术丰富的环境下，借助学习分析、大数据等技术进行量化学习将会成为教育大数据时代的学习方式。

1.2 教育技术的产生与发展

1.2.1 国外教育技术的发展历程

由于教育和信息技术发展水平的差异,教育技术在不同的国家经历了不同的发展阶段,使用过不同的名称,如视觉教育、视听教育、视听传播等。以美国为代表的西方国家的教育技术,大致经历了以下 5 个发展阶段。

1. 直观教育技术阶段(20 世纪以前)

这一阶段是教育技术的早期发展阶段。其特点是强调"感觉是一切知识的源泉",注重图片、模型、书本、黑板、粉笔等传统媒体的结合运用,确立了直观性教学原则。可以说,人们对直观教学的追求是教育技术产生的最原始动机。早在 17 世纪,捷克教育家夸美纽斯(J. A. Comenius)对班级授课进行了理论上的论证和教学法上的阐明,倡导直观性教学原则。他认为,"知识的开端永远必须来自感官","在可能的范围之内,一切事物都应该尽量地放到感官跟前……假如事物本身不能得到,便可以利用它们的模型图像"。这一思想经过许多教育家的不断探索和完善,形成了一个在西方很有影响的教育理论体系。在这一时期,直观教学在教育界得到广泛应用。

2. 视觉教育阶段(20 世纪初~20 世纪 30 年代)

19 世纪末 20 世纪初,科学技术的迅速发展,促使各种电子类新媒体大量涌现。在直观教学思想的促进下,这些新的科技成果,例如照相、幻灯、无声电影等迅速被应用到课堂教学中,获得了巨大的成功,对教育技术的发展产生了深刻的影响。这些新媒体向学生提供了生动的视觉形象,因而这种教育形式也就称为视觉教育。1923 年,美国教育协会建立了视觉教学分会,视觉教育工作者开始发展他们自己的学说,并把夸美纽斯的《直观教学论》作为视觉教育的理论基础,并断言"视觉经验对学习的影响比其他各种经验都强得多"。

1924 年,美国心理学家普莱西(S. L. Pressey)发明了世界上第一台教学机器。该机器不但可以进行教学,还可以用于测验和记分,它不仅能呈现视觉材料,还能针对学生的学习情况提供反馈信息,与传统的音像媒体相比产生了质的飞跃。教学机器还可用于个别化教学活动,于是产生了早期的个别化教学。

3. 视听教育阶段(20 世纪 30~20 世纪 50 年代)

20 世纪 30 年代中后期,无线电广播、有声电影、录音机先后在教学中获得应用,使得"视觉教育"一词无法概括新的实践活动,于是人们开始采用"视听教育"一词。1947 年,美国教育协会视觉教育分会正式更名为视听教育分会。视听教育是视觉教育的发展和延伸,其效果也大大优于后者。例如,哈佛大学曾在 3 所城市中学进行教育实验发现,用电影教学的学生比不用电影教学的学生成绩提高 20.5%,这也提高了人们对学校教学使用视听媒体的兴趣和热情。20 世纪 50 年代,电视的出现为视听教育提供了更好的技术手段,与电影相比,电视具有制作周期短、传播复制容易等优点,因此被迅速应用到教育领域。从 30 年代到 50 年代,在美国掀起了一场视听教育运动。与此同时,关于视听教育的理论研究也进一步推动了视听教育的发展,其中最具代表性的是美国教育家戴尔(E. Dale)的"经验之塔"理论,它被作为视听教育的主要理论依据。

20世纪50年代中期,美国心理学家斯金纳(B. F. Skinner)在动物实验的基础上,创立了操作条件反射学习理论,设计出了新一代的教学机器,被称为斯金纳程序教学机。程序教学是一种个别化的自动教学方式,对世界各国教学改革都产生了深刻的影响。教育界出现了一场程序教学运动,这为后来的计算机进入教学领域奠定了基础,斯金纳也因其对程序教学理论所作出的杰出贡献,被誉为程序教学之父。

4. 视听传播阶段(20世纪50～20世纪60年代)

20世纪60年代以后,教育电视进入实用阶段,程序教学机风靡一时。与此同时,由美国社会学家保罗·拉扎斯菲尔德(P. F. Lazarsfeld)等人在20世纪40年代创立的传播学开始影响教育领域。有学者从信息传播的角度来研究教学媒体,将教学过程作为信息传播过程加以研究,提出了"视听传播"的概念。其实,教育从一开始就与传播密切相关,从某种意义上讲,教育就是传播,是有选择地进行文化的传递、传播,只是人们对日常的听、说、读、写等教育传播活动习以为常,直到电磁媒体的大量涌现和信息的激增,传播学对教育的巨大作用才引起人们的重视。视听传播是教育传播的早期发展阶段,真正成熟的教育传播学理论直到1988年才建立。

视听传播是教育理论和实践的分支,主要研究控制学习过程的信息设计和信息使用,其目的是有效地运用每一种传播方法和媒体来帮助发展学习者的全部潜能。这一时期,比"视听媒体"概念更为广泛的"教学资源"概念崭露头角,人们逐渐将关注的焦点从原先的视听教育转向整体的教学传播过程、教学系统方面上来,形成了后来的教育传播学。教育传播学是综合运用传播学和教育学的过程,以实现教学和教育的最优化。

另一方面,美国IBM公司于1958年首次将电子计算机用于辅助教学,伊利诺伊大学于1960年研制出著名的PLATO(Programmed Logic for Automatic Teaching Operations)教学系统。PLATO是历史上最早也是最著名的一套远程教学系统,其主要功用是为不同教育程度的学生提供高质量的远程教育,具有庞大的课程程序库,可同时开设数百门课,可以记录下每一位学生的学习进度。PLATO还是第一套分时共享系统,运行于一台大型主机而非微型计算机上,因此具有更强的处理能力和存储能力,这使得它所能支持的同时在线人数大大增加。1972年,PLATO的同时在线人数已达到1 000多名。这些计算机辅助教学对个别化教学作出了重要贡献。

5. 教育技术阶段(20世纪70年代至今)

20世纪70年代中期,微型计算机问世,计算机教育应用进入新的阶段。1970年,美国教育传播和技术协会(AECT)成立,首次提出了教育技术的概念,并对其进行了定义。此后,AECT又在1972年、1977年两次对定义进行修改,并在原有的传播理论、行为主义学习理论的基础上,把系统理论作为教育技术的理论基础。随着多媒体计算机、网络技术、远程通信、激光视盘等媒体技术的发展,教育技术的实践进一步深入,使教育技术的内涵不断丰富。上述发展也推动了教育技术理论的研究,并把认知主义学习理论、建构主义学习理论作为其理论基础。

1994年,AECT对教育技术重新进行定义,使之更加符合当时信息技术和教育教学的实际,对世界各国教育技术的发展产生了较大的影响。2005年,AECT再次对教育技术定义进行修改,受到人们的高度关注。

> **扩展阅读**

新媒体联盟地平线报告

选择 2013～2017 年新媒体联盟《地平线报告》高等教育版与《2017 新媒体联盟中国高等教育技术展望地平线报告》为研究样本。《地平线报告》每年预测的关键技术约 6 项,客观分析《地平线报告》所预测到的关键技术,为推动高等教育信息化的关键技术提供参考,见表 1-2。

二维码 1-2
2017 年地平线报告

表 1-2 《地平线报告(2013～2017)》预测所采用的关键技术

年份	1 年内采用		2～3 年采用		4～5 年采用	
2013	大规模开放在线课程	平板电脑	游戏/游戏化	学习分析	3D 打印技术	可穿戴技术
2014	翻转课堂	学习分析	3D 打印技术	游戏/游戏化	量化自我	虚拟助手
2015	自带设备	翻转课堂	创客空间	可穿戴技术	自适应学习	物联网
2016	自带设备	学习分析 自适应学习	增强现实 虚拟现实	创客空间	情感计算	机器人
2017	自适应学习	移动学习	物联网	下一代学习管理系统	人工智能	自然用户界面
2017 中国高等教育地平线报告	翻转课堂 移动学习	创客空间 慕课	学习分析及适应性学习 增强现实与虚拟现实技术	虚拟和远程实验室 量化自我	情感计算 立体显示和全息显示	机器人技术 机器学习

根据历年地平线报告中所预测的关键技术,发现数据分析技术是近五年来地平线报告持续关注的热点技术。其中,学习分析技术(2013、2014、2016)出现了 3 次、自适应学习技术(2015、2016、2017)出现了 3 次,可见学习分析技术、自适应学习技术在未来教育中具有重要作用。同时,智能技术也是高等教育未来发展的主要趋势,如可穿戴技术(2013、2015)、物联网(2015、2017)、量化自我(2014)、增强现实(2015)、机器人(2016)、人工智能(2017)等。2017 年,中国高等教育《地平线报告》所预测的关键技术也包括学习分析、自适应学习、增强现实和虚拟现实技术、量化自我、机器学习。可以看出,在教育大数据时代,数据分析技术与智能技术对于高等教育的教与学具有变革性影响,利用数据驱动教育创新与变革是未来教育领域发展的重要趋势。

1.2.2 我国教育技术的发展历程

我国教育技术的发展历程与其他各国基本相似。早期,由于我国的经济、历史、科技等原因,与美国等发达国家相比有很大差距。改革开放以后,尤其是进入新世纪以来,这种差距正在逐步缩小,甚至有迎头赶上的趋势。我国教育技术的发展历程大致可以分为两个阶段。

1. 电化教育发展阶段（1920～1968年）

20世纪20年代，受美国视觉教育运动的影响，我国教育界人士开始尝试用无声电影、幻灯等媒体进行教学，标志着我国电化教育的萌芽。此后，电化教育活动不断发展、应用规模不断扩大，同时也出现了电化教育的专业培训机构，理论研究逐步深入，出现了一些专业文章和专著。在这一时期，推进电化教育方面最著名的是当时的南京金陵大学。40年代，当时的南京国民政府教育部成立了电化教育委员会，"电化教育"一词作为这一领域的正式名称开始确认。1945年，我国最早的教育技术系在当时的苏州国立社会教育学院创建。

新中国成立以后，我国电化教育的历史翻开了崭新的一页。1949年11月，在文化部科技普及局成立了电化教育处，负责领导全国的电化教育工作。在中央政府的重视下，全国开展了多种形式的学术交流活动，出版了多种专业学术期刊和专著。60年代以后，各级各类学校应用录音、电影、幻灯等媒体进行教学活动的热情很高，同时，无线电广播在社会教育方面也获得了大规模的应用。各地纷纷建立起了官方性质的电化教育机构，负责开展中小学的电化教育活动，取得了很大成绩。

1966年到1976年，受"文化大革命"的影响，我国的教育事业受到了严重的摧残，电化教育也未能幸免，被迫停顿下来。

2. 教育技术的全面发展阶段（1978年至今）

20世纪70年代后期，特别是进入80年代，我国的电化教育事业得到了迅速的发展。全国范围内都建立了电教机构，从国外引进了大批先进设备，大力开展电教教材的编写出版，电化教育深入学科、深入课堂，卫星电视教育网络逐步形成。同时，具有一定专业知识和实践技能的专业电教人员队伍也逐渐壮大。

80年代后期，随着国际学术交流的增多，国外教育技术发展的新经验和理论研究的新成果不断被介绍进来，而我国的电化教育的发展基本上还是在视听教育的研究范畴中。为适应新时代的教育需求，促进我国教育改革的深入，有必要借鉴国外教育技术的成果和经验，对电化教育重新定位。在此思想指导下，我国的电化教育开始向教育技术转变，出现了教育技术全面发展的新态势。

在媒体技术方面，计算机辅助教育得到了充分重视，学校计算机的普及率迅速上升，很多高校在80年代就成立了计算机中心或实验室。1978年，国家教委基础教育司成立了全国中小学计算机教育研究中心，推动中小学计算机教育的开展。到1997年，全国已有两万多所中小学校配备了近五十万台计算机。同时，校园网、校校通工程也迅速推广。从2002年开始，全国中小学已经逐步完成信息技术课的开设，进一步推动了以计算机技术为核心的现代综合媒体技术在教育中的应用。

在研究和实践的领域上，教育技术突破了原有视听媒体的应用范围，扩展到教学设计、多媒体教学、信息技术与课程整合、网络教学等多个领域，而且在认知领域的计算机辅助教学（computer assisted instruction，CAI）研究上也取得了丰硕成果。在教学软件的开发上，出现了科技企业与教育机构联合运作的良好局面。可以说，最近10年是我国教育技术领域有史以来在理论成果和教学产品上最为丰富的时期。

在学科发展上，从90年代开始各高校纷纷将原来的电化教育专业更名为教育技术学专业，与此同时，人才培养层次也不断提高。到2005年，全国有200余所高校设立了教育技术学本（专）科专业，40多所高校具有教育技术学硕士学位授予权，6所大学具有教育技术学博士学位授予权,形成了完整的、多层次的、多方向的教育技术专业人才培养体系。

扩展阅读▶

二维码1-3
信息化教育——六论信息化教育

信息化教育

南国农认为,信息化教育就是在现代教育思想和理论指导下,主要运用现代信息技术,开放教育资源,优化教育过程,以培养和提高信息素养为主要目标的教育方式。

李运林认为,信息教育理论主要有3种论点:教育本质论,教育的本质是一种培养人的信息活动;教育变革论,信息技术会导致教育的根本变革与发展;教育是人类获取信息与加工信息成为知识与能力的过程。教育塑造了人类信息体。信息化教育是用信息阐述教育活动过程的一门新兴学科,是由信息科学技术与教育科学交叉融合的综合性学科。

李运林还认为,教育技术发展脉络昭示着走进信息化教育的必然趋势。现代信息技术在教育中运用,20世纪30年代出现了电化教育事业,历经50~80年代,建立了电化教育学;90年代末更名为教育技术,引进"94定义"。但按国情需要,电化教育学仍在发展,相继使用了现代教育技术、教育信息技术等名称,至21世纪干脆用"信息化教育"一词。信息化教育是符合国情、具有时代感和中国特色的一门信息化、现代化的教育科学。信息化教育科学在不断壮大、不断发展,教育技术学科发展必须走进信息化教育。

1.3 教育技术支持基础教育发展

1.3.1 教育技术促进教育教学方式的发展

教育技术运用教育理论的最新成果,采用以信息技术为核心的最新科学技术,改革传统的教育模式、内容和手段,同时带动教育思想、教育观念的变革,实现教育体制、教育结构的深刻变化。因此,应用教育技术推动教育教学改革,是提高教育质量、实现教育现代化的必然要求。

1. 改变了教师"教"的方式

教育技术改变了"黑板"加"粉笔"的传统教学方式,信息技术支持下的网络教学资源走进了课堂。教师由过去的讲授者变为学生学习的合作者、帮助者和技术助理,学生也由原来的被动接受者转变为主动的探索者和积极的合作者。教师要用更多的时间组织学生探究和讨论,教师必须依据每个学生的个性和学习背景,作出不同的指导。与传统的课堂教学相比,充分利用教育技术开展的课堂活动的不可预测性大大增加,这就对教师的备课和教学设计提出了更高的要求。

▶▶ **教学资源** **什么是翻转课堂?**

翻转课堂是一种混合式教学方法。苏州电教馆馆长金陵解读翻转课堂的关键点,认为翻转课堂翻转的是教学结构。翻转课堂得以实现,典型做法依托的是微型教学视频,与人本主义的学习理论相结合,实现用视频再造教育。翻转课堂提升学习绩效的依据是人本主义学习理论,包括:让学生按照自己的步骤学习和教师对学有困惑的学生进行一对一个性化指导两个方面。

翻转课堂网站:http://www.fanzhuan.com。

扫一扫右侧的二维码,观看"什么是翻转课堂"的微视频,思考翻转课堂教学对我国教育改革和发展有哪些启示。

二维码1-4
什么是翻转课堂?

2. 改变了学生"学"的方式

在传统的教学中,往往只强调教师的"教",对学生的"学"关注不够。在学习方式上,因为教育技术所提供的信息和技术资源具有共享性,网络通信为学生之间的交流提供了机会,因此教育技术所提供的技术环境不但保证学生能够对所学内容进行探索和创新,同时也促使学生选择合作学习的学习方式,更倾向于选择合作式的学习策略。在思维方式上,在使用教育技术学习的学生,思维过程更侧重于调动各种认知策略去解决实际问题,而对概念和知识本身的记忆则相对减少。而且,由于教育技术具有将学生的思维过程外化的功能,所以学生能够时刻监测自己的思维过程,从而学会"学习"和"思维"。

1.3.2 教育技术促进教育观念转变

1. 教师教学观的转变

掌握教育技术的教师,从过去传统意义上知识的传授者转变为学习的组织者和协调者。他们指导、组织和协调学生的学习活动,更加注重培养学生自主学习能力、获取知识和信息的能力,以及合作共事能力。

2. 学生学习观的转变

具有现代学习观的学生,从过去传统的被动地接受知识、理解知识、掌握知识,转变为主动地获取知识、处理知识、运用知识。他们在教师的指导下,将信息技术和网络资源作为自觉学习、自主发现、自主探索的工具。

3. 学校办学观的转变

教育技术对传统的学校教学提出了挑战,网络技术的发展改变了传统的面对面的教学方式,人们可以通过网络授课和学习。远程教育使教学活动不受时空、教材和媒体的限制,表现出巨大的灵活性。这种开放式的教学,正改变着学校的传统办学观念。不能认为,只有进入学校才是学习,只有教师讲的才是知识;学校对人才的培养要强调个别化、个性化,加强对获取知识能力的培养;由于学习方式的多样性,对学习者学习效果的评价也需科学化、专业化,不能只看重考分。

1.3.3 教育技术对教育教学质量的影响

教育技术的目标是实现教学过程的优化,通过现代化教学手段的综合运用,全面提高教学质量和效益。

1. 提高教学质量

现代化教学手段具有丰富的表现力,生动、形象、直观的表现方式,声、光、电的综合运用,可以吸引学生的注意力,提高学生的学习兴趣;教育手段的多样化、教材内容的形象化,可以使学生轻松愉快地学习,减轻学生学习负担,促进学生身心健康;现代化教学手段可以为学生提供多样化的学习方式,学生可以根据自己的能力,选择学习内容。同时,现代化教学手段也为教师适应学生个别差异,弥补班级授课制的缺陷,实行个别化教学创造条件,有利于因材施教,提高教学质量。

2. 改善教学效果

现代化教学手段不受时间、空间的限制,能将教学内容中涉及的事物、场景、过程等,全部再现于课堂;能把抽象的事物具体化、微观的东西宏观化、历史的事实现实化,在较短的时间内展示事物发展的全过程;能较好地处理大与小、静与动、虚与实、整体与局部、宏观与微观的关系,最大限度地改善教学效果。

3. 提高教学效率

现代化教学手段采用形、声、色相结合的方式,利用三维动画、环绕立体声等视觉和听觉效果进行教学,极大地拓展了人体器官,特别是眼、耳、脑的学习功能。心理学研究表明,通过视觉获取的知识占83%、听觉占11%,视觉和听觉在学习中起主要作用,如果视觉和听觉同时并用则效率更高。现代化教学手段充分调动多种感官参与学习活动,因此学得快、记得牢、效率高。

4. 扩大教学规模

教育技术采用信息技术、网络技术等现代化教育传播手段向社会、学校、家庭等传播教育课程,一个教学名师可以同时为成千上万名学生上课,不但节省了师资、校舍和设备,同时也扩大了教育的规模。

1.3.4 教育技术促进教师专业发展

信息时代对人才培养提出了更高的要求。今天的教育已不再是传统的教与学的单向输入,而是以学生为主体的学习活动的开发与实施。现代教育活动更强调自主性、个性化、多元化,教师的角色也转变为学习资源的组织者、学习过程的设计者、学习行为的引导者,在这些活动中,教育技术起到了不可替代的关键作用。师范院校教师教育专业的学生,作为未来的教师,掌握教育技术的基本理论、基本方法和基本技能就显得尤为重要,也是提高其专业素质的必然要求。信息时代的教师的专业素质,可以通过教育技术能力、信息技术与课程整合的水平等方面得到具体表现。

1. 教育技术能力是教师基本要求

信息时代的合格教师究竟应该具备哪些有关信息技术的基本知识、技能和素养,具备哪些信息技术的知识和技能,才能有效地在课堂教学中使用信息技术? 早在1993年,国际教育技术联合会就制定了美国国家教师教育技术标准,具体说明了教师在教学中有效运用计算机和其他电子设备所必须具备的技能和知识。美国国家教师教育论证委员会将这个标准作为审核教师论证、培训相关项目的依据,并历经了1997年、2000年和2008年4次修订。

2004年我国中小学教师教育技术能力标准正式发布,于2014年又作了修订,把现代教育技术能力纳入教师专业发展的内容。该标准对中小学教师的信息技术应用能力提出了基本要求和发展要求,是规范与引领中小学教师在教育教学和专业发展中有效应用信息技术的标准,是各地开展信息技术应用能力培训、应用和测评等工作的基本依据。

中小学教师信息技术应用能力标准研制组将我国的信息化教学环境分为4类:简易多媒

体教学环境,主要是多媒体计算机、投影机、电视机等构成,以呈现数字教育资源为主;交互多媒体教学环境,主要由多媒体计算机、交互式电子白板、触控电视等构成,在支持数字教育资源呈现的同时,还能实现人机交互;网络教学环境,是指由多媒体计算机网络教室、简易或交互多媒体教学环境所构成;移动学习环境,是指由平板电脑、笔记本电脑、智能手机等移动学习终端设备构成,进行不受时空限制的教与学活动的信息化教学环境。

> 扩展阅读 ▶

中小学教师信息技术应用能力标准

信息技术应用能力是信息化社会教师必备的专业能力。为全面提升中小学教师的信息技术应用能力,促进信息技术与教育教学深度融合,出台了《中小学教师信息技术应用能力标准》,这对国家教育信息化发展,对教师的信息技术应用能力提升具有重要作用;从目前教师信息技术应用能力来看,在"互联网+教育"迅速发展的背景下,教师的信息技术应用具有很大的提升空间;从美国 NTEP、韩国教育信息化发展规划等国际相关标准来看,《中小学教师信息技术应用能力标准》亟需推广应用,同时教师培训专业化也需要标准的引领。

二维码1-5
中小学教师
信息技术应
用能力标准

2014版《中小学教师信息技术应用能力标准》包括5个维度:技术素养、计划与准备、组织与管理、评估与诊断、学习与发展,见表1-3。

表1-3　2014版《中小学教师信息技术应用能力标准》

维度	I. 应用信息技术优化课堂教学	II. 应用信息技术转变学习方式
技术素养	1. 理解信息技术对改进课堂教学的作用,具有主动运用信息技术优化课堂教学的意识	1. 了解信息时代对人才培养的新要求,具有主动探索和运用信息技术变革学生学习方式的意识
	2. 了解多媒体教学环境的类型与功能,熟练操作常用设备	2. 掌握互联网、移动设备及其他新技术的常用操作,了解其对教育教学的支持作用
	3. 了解与教学相关的通用软件及学科软件的功能及特点,并能熟练应用	3. 探索使用支持学生自主、合作、探究学习的网络教学平台等技术资源
	4. 通过多种途径获取数字教育资源,掌握加工、制作和管理数字教育资源的工具与方法	4. 利用技术手段整合多方资源,实现学校、家庭、社会相连接,拓展学生的学习空间
	5. 具备信息道德与信息安全意识,能够以身示范	5. 帮助学生树立信息道德与信息安全意识,培养学生良好行为习惯
计划与准备	6. 依据课程标准、学习目标、学生特征和技术条件,选择适当的教学方法,找准运用信息技术解决教学问题的契合点	6. 依据课程标准、学习目标、学生特征和技术条件,选择适当的教学方法,确定运用信息技术培养学生综合能力的契合点
	7. 设计有效实现学习目标的信息化教学过程	7. 设计有助于学生进行自主、合作、探究学习的信息化教学过程与学习活动

续 表

维度	I. 应用信息技术优化课堂教学	II. 应用信息技术转变学习方式
计划与准备	8. 根据教学需要,合理选择与使用技术资源	8. 合理选择与使用技术资源,为学生提供丰富的学习机会和个性化的学习体验
	9. 加工制作有效支持课堂教学的数字教育资源	9. 设计学习指导策略与方法,促进学生的合作、交流、探索、反思与创造
	10. 确保相关设备与技术资源在课堂教学环境中正常使用	10. 确保学生便捷、安全地访问网络和利用资源
	11. 预见信息技术应用过程中可能出现的问题,制定应对方案	11. 预见学生在信息化环境中自主、合作、探究学习可能遇到的问题,制定应对方案
组织与管理	12. 利用技术支持,改进教学方式,有效实施课堂教学	12. 利用技术支持,转变学习方式,有效开展学生自主、合作、探究学习
	13. 让每个学生平等地接触技术资源,激发学生学习兴趣,保持学生学习注意力	13. 让学生在集体、小组和个别学习中平等获得技术资源和参与学习活动的机会
	14. 在信息化教学过程中,观察和收集学生的课堂反馈,调整教学行为	14. 有效使用技术工具收集学生学习反馈,对学习活动进行及时指导和适当干预
	15. 灵活处置课堂教学中因技术故障引发的意外状况	15. 灵活处置学生在信息化环境中开展学习活动发生的意外状况
	16. 鼓励学生参与教学过程,引导学生提升技术素养,并发挥其技术优势	16. 支持学生积极探索使用新的技术资源,创造性地开展学习活动
评估与诊断	17. 根据学习目标科学设计,并实施信息化教学评价方案	17. 根据学习目标科学设计,并实施信息化教学评价方案,能合理选取或加工利用评价工具
	18. 尝试利用技术工具收集学生学习过程信息,并能整理与分析,发现教学问题,提出针对性的改进措施	18. 综合利用技术手段进行学情分析,为促进学生的个性化学习提供依据
	19. 尝试利用技术工具开展测验、练习等工作,提高评价工作效率	19. 引导学生利用评价工具开展自评与互评,做好过程性和终结性评价
	20. 尝试建立学生学习电子档案,为学生综合素质评价提供支持	20. 利用技术手段持续收集学生学习过程及结果的关键信息,建立学生学习电子档案,为学生综合素质评价提供支持
学习与发展	21. 理解信息技术对教师专业发展的作用,具备主动运用信息技术促进自我反思与发展的意识	
	22. 利用教师网络研修社区,积极参与技术支持的专业发展活动,养成网络学习的习惯,不断提升教育教学能力	
	23. 利用信息技术与专家和同行建立并保持业务联系,依托学习共同体,促进自身专业成长	
	24. 掌握专业发展所需的技术手段和方法,提升信息技术环境下的自主学习能力	
	25. 有效参与信息技术支持下的校本研修,实现学用结合	

2. 教育技术提高教师信息素养

教师信息素养是教师专业素养的重要组成部分,是教师个体根据社会信息环境及其发展要求所应具备的信息品质、信息知识与信息能力。一般来说,教师信息素养包含技术和人文两个层面的含意:在技术层面上,信息素养反映的是教师搜索、鉴别、筛选、利用信息的能力,以及在教学过程中使用信息技术的技能;从人文层面上看,信息素养则反映了教师对于信息的情感、态度和价值观,它建立在技术层面的基础之上,涉及独立学习、协同工作、个人和社会责任等各个方面的内容。在信息时代中,教育技术理论和实践的学习、研究和应用,将在新型合格教师的培养过程中发挥举足轻重的重要作用。在信息技术与课程整合环境下,教师信息素养应包括以下几个方面。

(1) 基本信息素养 教师要掌握信息基础知识和计算机基本技能,了解信息技术的基本理论、知识和方法,了解现代信息技术的发展与学科课程整合的基本知识,掌握计算机的基本操作技能。

(2) 多媒体素养 教师应能根据学科特点和教育对象,围绕教学目标和授课内容正确选择使用媒体。此外,教师还应掌握计算机教学的基本过程,学会使用 PowerPoint、AuthorWare 和 Flash 等应用软件制作多媒体教学课件。

(3) 网络素养 教师应能利用网络搜索数据、传输文件,开展网络交互式教学,如利用电子邮件交流、利用电子公告牌或自己制作的网站发布观点等,掌握 FrontPage 的使用方法。同时,必须具备尊重知识产权和遵守网络道德的素养。

(4) 课程整合素养 教师要努力推进信息技术与学科课程的整合,应具备把信息技术和不同媒体优化组合、将信息技术有机融入学科教学过程的能力和素养,真正发挥信息技术的作用,从而提高教学质量。

3. 现代教育技术支持教师终身学习

《国家中长期教育改革和发展规划纲要(2010~2020)》中明确表示要搭建"终身学习"立交桥,使各级各类教育纵向衔接、横向沟通得到相互促进,为学习者提供多次选择机会,满足个性化学习和发展需要,构建灵活开放的终身学习体系。信息技术是终身学习的助推器,终身学习体系的构建是以信息技术为前提的。终身学习的目标是培养学习者终身学习能力,提高学习者的高阶思维能力。在信息技术环境下,借助现代教育技术,教师可以通过远程培训、远程学习、MOOC 学习促进教师专业发展。

1.3.5 教师学习教育技术的意义

教师是教育关系中不可或缺的最活跃的要素,是教学过程的设计者和组织者、学生心灵的塑造者,是教育改革的实践者和教育任务的完成者。信息时代教师的职责不再只是传统的"传道授业解惑",更重要的是培养时代所需要的创新人才。教育技术是现代合格教师必备的专业素质之一。教师学习教育技术有如下意义:

① 教师学习教育技术有利于自身角色的转变。由过去家长式的传播知识的角色转变为教学的设计者、帮助者、品德的示范者,从而为培养创新人才作出贡献。

② 教育技术的发展和应用,要求并促使教师更新教育观念,树立新的教育观和新的人才观。

③ 教育技术的理论和实践的不断发展,要求教师也要不断更新自己的知识,努力提高信

息素养,才能紧跟时代步伐,顺应不断发展的教育要求。

④ 教师不仅需要知道传授什么知识,而且需要知道怎样传授知识。教师只有掌握教育技术的理论、方法、手段和技巧,才能成为一名合格的现代教师。

实 验 项 目

利用概念图工具建立概念图

▌实验目的▌

(1) 掌握概念图工具的基本操作。
(2) 理解概念图在教学中的应用。
(3) 结合本章教学内容,绘制本章的概念图。

▌实验任务与操作指导▌

(1) 学习使用 Mind Manager　打开 Mind Manager,在窗口中心输入中心词,选择中心词框后,按[Enter]键可以添加一级分支主题。选择一级分支框后,按[Insert]键可以添加二级分支主题。根据需要,多次重复操作可以制作完整的概念图。

如果要修饰各主题概念框,可以右键单击该概念框,利用快捷菜单中的命令如"格式化主题"完成。概念图中的主题/概念之间如果有关联,单击"主功能"中的"关联"工具,或者右键单击空白处并选择"插入关联"命令,然后依次单击两个有关联的主题/概念即可在它们之间插入关联线。右键单击关联线可以选择"格式化关联"或"关联形状",设置关联线外观。

(2) 结合本章教学内容制作一个简单的概念图作品　选择本章教学内容,分析各知识点之间的联系、教学的重难点,以及存在的问题和解决的方法、工具,根据分析结果制作一个概念图作品,表达出这个章节知识点的有机结构、重难点及问题和解决办法。

(3) 绘制概念图的步骤　具体如下:
√确定本章重要的概念。
√创建、定义并详细描述结点。
√创建连接并连接概念。
√继续扩展语义网络。
√反思建构概念图的过程。
评价概念图。

本章小结

本章首先阐述了现代教育技术在教育教学中的重要作用,然后介绍了教育技术的定义和内涵。教育技术在其发展过程中有过多种定义,目前仍在不断完善之中。在教育技术的多种定义中,最具影响力的是 AECT1994 定义,即教育技术是关于学习过程和学习资源的设计、开发、运用、管理和评价的理论与实践。接着,本章对教育技术的发展历程和发展趋势作了简要回顾,最后阐明了信息时代教师学习教育技术的重要意义。

思考与练习

1. 联系实际谈谈教育技术在教育教学改革中的作用。
2. 教育技术的 AECT 1994 定义是什么?它有哪些研究内容?
3. 教育技术的视觉教育、视听教育、教育传播阶段各自有哪些特点?
4. 教育技术的发展趋势主要体现在哪几个方面?
5. 分别从技术层面和人文层面谈谈信息时代对教师专业素质的要求。
6. 联系你所学的学科实际,谈谈你对于信息技术与课程整合目标的认识。
7. 谈谈教师学习教育技术的意义。

教育技术的理论基础

学习目标

1. 了解学习理论、现代教学理论、视听教学理论、传播理论及系统科学理论的主要内容。
2. 了解这些理论对教育技术实践的支持作用。
3. 了解行为主义、认知主义、建构主义学习理论基本观点的主要不同之处。
4. 能用"经验之塔"理论分析现代教学媒体在学习中的作用。
5. 能用传播理论分析教育传播的基本过程及规律。

知识结构

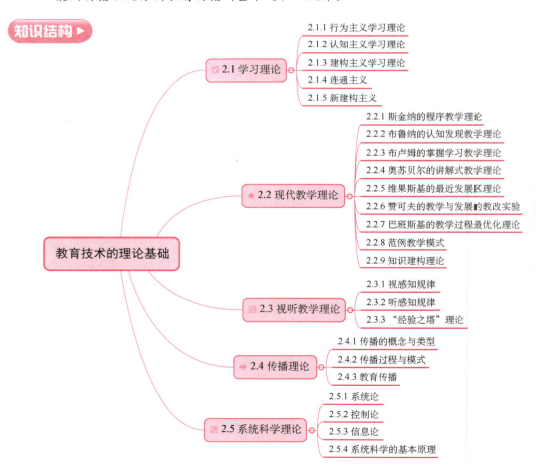

《面向未来：21世纪核心素养教育的全球经验》研究报告中指出，最受各经济体和国际组织重视的七大素养分别是沟通与合作、创造性与问题解决、信息素养、自我认识与自我调控、批判性思维、学会学习与终身学习以及公民责任和社会参与。现代教育技术应用对于优化课堂教学，转变学习方式具有重要意义。现代教育技术应用的指导理念是促进学生学习的有意义发生，促进学生的深度学习，培养学生沟通合作、创造性与问题解决等21世纪核心素养。应用现代教育技术，为信息时代的学生创设信息丰富的、问题真实的学习情境越来越重要；为信息时代的学生提供交流、合作、讨论、探究的机会；将现代教育技术与教育教学深度融合。

教育技术是一门综合性应用学科，其理论基础由多门基础学科的理论构成。这些基础学科的理论对教育技术的产生和发展起过重要的指导作用，同时，这些理论对于建立教育技术自身的理论体系也有巨大的借鉴作用。学习和了解这些理论，有助于我们对教育技术理论和实践的理解和掌握，增强运用教育技术的自觉性、主动性和创造性。

2.1 学习理论

学习理论是对学习规律和学习条件的系统阐述，是心理学的一门分支学科，主要研究人与动物的行为特征和认知心理的过程。由于学习过程的复杂性，目前还没有一种学习理论能与一切学习情况相吻合。人们从不同的角度进行研究，产生了不同的学习理论流派，这些不同的理论各有特点、相互补充，为我们提供了探讨学习中基本问题的不同视角，帮助我们较全面地理解学习的性质和规律，从而为教学理论和实践提供科学的依据。

人们对于学习理论的研究，是从动物的学习开始的。动物学习所呈现的现象，对于研究人类学习也是十分重要的。人类的学习更为复杂，在长期的研究中，由于观点的不同，产生了不同的流派，主要有行为主义学习理论、认知主义学习理论、建构主义学习理论几大流派。

二维码2-1
学习理论

2.1.1 行为主义学习理论

行为主义学习理论代表人物有巴甫洛夫（I. P. Pavlov）、华生（John B. Waston）、桑代克（E. L. Thorndike）、斯金纳（B. F. Skinner）等，这一理论从20世纪60年代以前一直是占统治和主导地位的心理学派，具有很大的影响力。

1. 行为主义理论的基本观点

（1）学习是尝试错误的过程　桑代克是美国的心理学家，是心理学史上第一个用动物进行学习研究的人，他受达尔文进化论的影响，认为人类是由动物进化来的，动物和人一样进行学习，只是复杂程度不同而已。因此，他通过动物实验来研究学习，提出了刺激-反应的联结主义学习理论。最为成功的实验之一就是"饿猫打开迷箱"的实验：他把饿得发慌的猫关进被称为迷箱的笼子，笼外放着食物，笼门用活动的门闩关着。被放进笼里的猫在笼子里躁动不安地乱碰乱抓的过程中，偶然碰到那个活动的门闩，门被打开了，猫吃到了食物。如此反复，猫从笼中出来吃到食物的时间会越来越短。实验表明，所有的猫的操作水平都是相对缓慢地、逐渐地和连续不断地改进的。由此,桑代克得出了一个非常重要的结论:猫的学习是经过多次的试误,由刺激情境与正确反应之间形成的联结所构成的。

桑代克认为,动物的基本学习方式是试误学习,人类的学习方式可能要复杂一些,但本质上是一致的。他从动物的学习研究中,试图揭示普遍适用于动物和人类学习的规律。根据实验的结果,桑代克提出了试误学习的3大法则:练习律、准备律、效果律。

练习律是指刺激与反应间的联结随学习次数的多寡而有强弱之分;准备律是指刺激与反应的联结因个体身心准备状态而异;效果律是指刺激与反应的联结因反应之后是否获得满意的效果而定。3大法则中,效果律是最主要的。

(2) 学习是刺激-反应的联结　行为主义认为,学习是一个刺激与反应(S-R)联结的过程,有机体接受外界的刺激之后作出相关的反应,这种刺激与反应之间的联结就是学习。行为主义主张,将人的外显行为作为研究对象,反对内省。认为,行为的多次的愉快或痛苦的后果改变学习者个体的行为,或使学习者模仿他人的行为。因此,他们重视环境在个体学习中的重要性,强调对刺激与反应的联结。

(3) 学习成功的关键是强化　斯金纳是对当今心理学影响最大、最重要的新行为主义的代表,他提出了著名的操作性条件反射理论。

斯金纳认为,人类从事的绝大多数有意义的行为都是操作性的,因此他设计了一种特殊的仪器,一个阴暗的隔音箱——斯金纳箱,箱子里有一个开关(用白鼠为被试对象,就用一根杠杆或一块木板;若以鸽子为被试对象,就用一个键盘)。开关连接着箱外的一个记录系统,用线条方式准确地记录动物"按"或"啄"的次数与时间。斯金纳早期通常使用白鼠做试验,后来大多以鸽子为被试对象。在实验时,并不是动物每一次按杠杆或啄键盘后都给喂食,食物的释放方式由实验者决定。除此之外,实验者还可以控制灯光、声音、电击、温度与湿度等。斯金纳箱的一个特点是,动物可以反复作出斯金纳称之为"自由操作的反应"。所谓"自由",即动物的行为不像在迷笼里那样受到限制;所谓"操作",是因为动物的反应是主动地作用(或操作)于环境。在斯金纳看来,行为的实验分析所关注的是环境事件(刺激)与有机体行动(反应)之间的关系,即要考察实验操作是如何引起行为变化的。斯金纳认为,可以用3种基本的实验操作来控制环境:呈现刺激、安排结果、信号刺激。

斯金纳用条件作用的原理来解释学习,是基于这样一种观点:人们通常都是以一种增加愉快、减少痛苦的方式来行事的,但是,"愉快"和"痛苦"都是一种主观性的东西。斯金纳认为,强化是指"使反应发生概率增加,或维持某种反应水平的任何刺激"。也就是说,凡是提高反应概率的任何事件都可以起强化作用。这样,强化并不一定是一种令人愉快的刺激。而且,在一种情境中起强化作用的刺激,在另一种情境中并不一定起强化作用。同样,对某一个人起强化作用的刺激,对另一个人并不一定起强化作用。在此基础上,他提出了强化理论,即

反应+强化 ──→ 加强反应,
反应+无强化 ──→ 减弱反应,
反应+惩罚 ──→ 压抑反应。

斯金纳认为,所谓教育,就是要塑造行为,塑造在不久的将来对个人和他人有利的行为。

2. 行为主义学习理论对教育技术的影响

由于行为主义主要通过可观察的行为来描述普遍的行为规律,因而行为主义理论理解

起来相对简单。其正强化和负强化技巧在实践中往往十分有效,不管是对动物,还是治疗人类行为失调(如孤独症和反社会行为)。在教学过程中,教师常常运用行为主义原理来奖励或惩罚学生的行为。

行为主义学派曾经在心理学领域占据统治地位,并在教育领域有过极大的影响。在教育技术领域,斯金纳提出了程序教学的概念,总结了一系列的教学原则,形成了程序教学理论,为后来的计算机辅助教学奠定了理论基础;同时,程序教学的学习原则和开发程序教材的系统方法也直接影响了教学设计理论与实践的发展。

行为主义学习理论认为,学习是由外在的"行"而学到习惯性行为的过程,是尝试错误的过程,是刺激-反应的联结。学习成功的关键依靠强化,而忽视人学习的内部原因。随着人们对学习心理研究的不断深入,行为主义学习理论在解释更复杂的学习现象时也难以自圆其说,因此诞生了学习心理学的另外一个流派——认知主义流派。

拓展阅读 ▶

华生是行为主义心理学的奠基人

巴甫洛夫是最早提出经典性条件反射的人。一个原来是中性的刺激(如铃声)与一个原来就能引起某种反应的刺激(如狗看到食物会分泌唾液这一现象中的食物)相结合,使个体学会对该中性刺激作出反应(如狗听到铃声就会分泌唾液),这就是经典性条件反射。经典性条件反射理论可以用来解释人类的许多行为。

华生也是美国心理学家,他用巴甫洛夫的经典性条件反射理论来解释人类的学习,认为人的学习就是一种刺激代替另一种刺激建立相应的条件反射的过程。华生主张对心理学要进行完全客观的实验研究,心理学家主要应关注行为,而不是心和意识。因此,从研究方法上来讲,"应当把人与动物放在同样的实验条件下,而且越近似越好"。

华生为了从实验上推翻桑代克的理论,进行了一系列的小白鼠实验。小白鼠为到达目的箱,吃到食物,必须先挖沙子。小白鼠挖沙子到达目的箱后,不是立即喂食,而是让它空等一会。根据桑代克的理论,强化增强的是强化之前的刺激-反应联结。在这个实验中,"空等"是较后的反应,而"挖沙子到达目的箱"则是较早的反应。根据推理,食物强化的是"空等",而不是"挖沙子到达目的箱"。但事实上,白鼠习惯的是"挖沙子到达目的箱"的反应,而不是"空等"。华生以此来证明效果律的不正确,并提出用频因律和近因律取而代之。

但是,华生在以后的著作中又推翻了自己的一些观点。华生强调,要用刺激-反应来分析所有的行为,包括情绪反应。为此,华生与雷纳(Rayner)进行了一项称之为"小艾伯特"的实验。小艾伯特是日托中心的一个健康、正常的幼儿,年龄只有11个月又5天。条件刺激是一只小白鼠。小艾伯特最初的反应是好奇,他看着它,似乎想用手去触摸它。无条件刺激是用铁锤敲击一段钢轨发出的声音,这显然是一种令人生厌的声音,因而小艾伯特的无条件反应是惊怕、摔倒、哭闹和爬开。在白鼠与敲击钢轨的声音一起出现3次后,光是白鼠就会引起害怕和防御的行为反应。在6次条件作用后,小艾伯特见到白鼠时会产生强烈的情绪反应。在小艾伯特1岁又21天时,华生进行了一系列泛化测验,即在小艾伯特面前呈现小白兔、小白狗和白色裘皮大衣等。在每一种情况下,小艾伯特都表现出一种很强的情绪反应,类似于对白鼠的反应。接下来,华生探讨了用来消除小艾伯特恐惧情绪的种种可行的办法。但不幸的是,小艾伯特在接受可能的治疗之前,离开了日托中心,举家迁徙到别的地方去了。

由于华生坚信，有什么刺激，必定会产生什么反应，这就使他成了一个极端的环境决定论者。他的最著名、被引证得最多的一段话表明了这一点，他说："给我一打健康而又没有缺陷的婴儿，把他们放在我所设计的特殊环境里培养，我可以担保，我能够把他们中间的任何一个人训练成我所选择的任何一类专家——医生、律师、艺术家、商界首领，甚至是乞丐或窃贼，而无论他的才能、爱好、倾向、能力，或他祖先的职业和种族是什么。"

华生是行为主义心理学的奠基人，他把行为主义与刺激-反应心理学结成了一体，尽管其学术生涯很短，但他对心理学的影响很大。

2.1.2　认知主义学习理论

认知主义学习理论认为，学习在于内部认知的变化，这是一个远比刺激-反应联结要复杂的过程。他们注重解释学习行为的中间过程，即目的、意义等，认为这些过程是控制学习的因素。

认知主义学习理论的主要特点是：重视人在学习活动中的主体价值，充分肯定学生的自觉能动性；强调认知、意义理解、独立思考等意识活动在学习中的作用；重视人在学习活动中的准备状态，即一个人的学习结果，不仅取决于外部刺激和个体的主观努力，还取决于一个人已有的知识水平、认知结构、非认知因素。

认知主义学习理论起源于格式塔心理学，主要代表人物有柯勒（W. Kohler）、布鲁纳（J. S. Bruner）、加涅（R. M. Gagne）等。

1. 柯勒的顿悟说

柯勒以黑猩猩为对象进行了历时7年的18个实验，在此基础上于1917年撰写了《猩猩的智慧》，文中提出了顿悟说。

（1）学习是组织一种完形，而不是刺激-反应的简单联结　柯勒认为，学习并非是简单的刺激-反应联结，也不是侥幸的试误，而是通过对学习情境中事物关系的理解构成一种完形而实现的，是通过有目的的主动的了解和顿悟而组织起来的一种完形。

例如，在黑猩猩连接几根短棒从高处打下香蕉的实验中，它在未解决这个难题之前，面对问题情境，它的知觉是模糊的、混乱的。在它突然看出几只箱子、木棍与高处的香蕉的关系时，便产生了顿悟，从而解决了问题。也就是说，黑猩猩领悟了箱子、木棍与高处的香蕉的关系，构成了目的物和箱子、木棍的完形，学习就产生了。

（2）学习是顿悟，不是通过尝试错误来实现的　黑猩猩在学会了用箱子、木棍够到高处的香蕉以后，在类似情境中将会运用已经"领悟"到的经验。柯勒把这种突然的学会叫顿悟，学习就是由于对情境整体关系作了仔细了解后的豁然开朗，是经过"突变"学会的，学习是知觉的重新组织和构造完形的过程。这种知觉经验变化的过程不是渐进的尝试与发现错误的过程，而是一种领悟，是由不能到能的突然转变。而经过顿悟学会的内容，由于学生在学习情境的观察中加深了理解，既能保持，又能灵活运用，这是一种对问题的真正解决，是与试误中的偶然的解决不一样的。

总之，顿悟说重视的是刺激与反应之间的组织作用，认为这种组织表现为知觉经验中旧的组织结构的豁然改组或新结构的顿悟。

2. 布鲁纳的认知-发现说

在布鲁纳看来，学生的心理发展，虽然有时受环境的影响，并影响他的环境，但主要是独自遵循他自己特有的认识程序。学习是一个认知过程，是学生主动形成认知结构的过程，教学是要帮助或形成学生智慧或认知的成长。他认为，教育工作者的任务是要把知识转换成一种适应正在发展着的学生形式，而表征系统发展的顺序，可作为教学设计的模式。由此他提倡使用发现学习的方法。

拓展阅读▶

布鲁纳认为，小学低年级学生虽然能够像鹦鹉学舌似地说出"几乘以几等于18"，但是他们对"9×2"与"2×9"，或"6×3"与"3×6"有没有不同常常感到不明确。如果让小学生自己先动手操作，在天平一边钩子9处挂上2个小环，让学生在天平的另一边寻找各种能保持天平平衡的各种组合，并把它们记录下来。小学生根据以往玩跷跷板的经验，很快就能知道：在钩子2处挂9个小环，在钩子3处挂6个小环，或在钩子6处挂3个小环，……都能保持天平的平衡。这样，学生掌握的不只是"9×2＝18"，而是代数的基本结构——交换律。在学习过程中，开始时让学生动手操作；接着移去天平，让学生凭借头脑中形成的视觉映像来运算；最后，学生熟练掌握运算规则，不用实物和视觉映像，用符号也能自如地运算了。布鲁纳由此认为，教师只要把握每门学科的基本结构，根据学生表征系统形成的特点来设计教学，那么任何年龄阶段的学生都能掌握各门学科的基本结构。

(1) 认知-发现说的基本观点　主要观点如下：

① 学习是主动地形成认知结构的过程。认知结构是指一种反映事物之间的稳定联系或关系的内部认识系统。人的认识活动按照一定的顺序形成，发展成对事物结构的认识后，就形成了认知结构。

布鲁纳认为，人是主动参加获得知识的过程的，是主动对进入感官的信息进行选择、转换、存储和应用的。也就是说，人是积极主动地选择知识的，是记住知识和改造知识的学生，而不是被动的知识接受者。他还认为，人的学习都是通过把新得到的信息和原有的认知结构联系起来，去积极地建构新的认知结构。

布鲁纳认为，学习包括3个几乎同时发生的过程：新知识的获得、知识的转化、知识的评价。

② 通过主动发现形成认知过程。布鲁纳认为，教学一方面要考虑人的已有的认知结构、教材的结构，另一方面要重视人的主动性和学习的内在动机。因此，他提倡发现学习，以便使学生更有兴趣，更有信心地主动学习。

布鲁纳认为，发现学习的作用或优点有：提高智慧潜力，激发学生的内在动机；有利于知识的保持，养成良好的发现、探索的科学习惯。

(2) 发现学习的特征及其教学策略　有以下几种：

① 强调学习过程。在教学过程中，学生是一个积极的探究者。教师的作用是要形成一种学生能够独立探究的情境，而不是提供现成的知识。教一门学科不是要建造一个活着的小型藏书室，而是要让学生自己去思考，参与知识获得的过程。"认识是一个过程，而不是一种产品。"

② 强调直觉思维。除了注重学习过程之外，发现法还强调学生直觉思维在学习上的重要性。布鲁纳认为，直觉思维与分析思维不同，它不是根据仔细规定好了的步骤，而是采取

跃进、越级和走捷径的方式来思维。大量事实表明,直觉思维对科学发现活动极为重要。直觉思维的形成过程一般不是靠言语信息,尤其不靠教师指示性的语言文字。直觉思维的本质是映像或图像性的。所以,教师在学生的探究活动中要帮助学生形成丰富的想象,防止过早语言化。与其指示学生如何做,不如让学生自己试着做,边做边想。

③ 强调内在动机。在学生的学习动机方面,布鲁纳重视的是形成学生学习的内部动机,或把外部动机转化为内部动机。学习最好的动机是对学习材料的兴趣,而非外在刺激,发现活动有利于激励学生的好奇心。学生容易受好奇心的驱使,对探究未知的结果表现出兴趣。所以,布鲁纳把好奇心称之为"学生内部动机的原型"。布鲁纳认为,与其让学生把同学之间的竞争作为主要动机,还不如让学生向自己的能力提出挑战。所以,他提出要形成学生的能力动机,就是使学生有一种求得才能的驱动力。通过激励学生提高自己才能的欲求,从而提高学习的效率。

④ 强调信息提取。布鲁纳认为,人类记忆的首要问题不是储存,而是提取。尽管这从生物学上来讲未必可能,但现实生活要求学生这样。因为学生在储存信息的同时,必须能在没有外来帮助的情况下提取信息。布鲁纳让一些学生学习 30 对单词,要求一组学生记住单词,以后要复述;而要求另一组学生把每对单词造成句子。结果发现,后者能复述其中的 95%,而第一组学生的回忆量不到 50%。所以,学生如何组织信息,对提取信息有很大影响。学生在亲自参与发现事物的活动中,必然会用某种方式对它们加以组织,从而对记忆具有较好的效果。

⑤ 强调对学科基本结构的学习。注重掌握学科的结构,而不是现成的正确答案,强调学习的过程,而不是学习的结果。布鲁纳认为,学生在掌握学科的基本结构的同时,还要掌握学习该学科的基本方法,其中发现的方法和发现的态度是最为重要的。所谓发现,当然不只局限于发现人类尚未知晓的事物的行动,而是包括用自己头脑亲自获得知识的一切形式。

综上所述,布鲁纳的认知-发现说是值得重视的一种学习理论,他强调学习的主动性,强调已有的认知结构、学习内容的结构、学生独立思考等的重要作用,对培养具有创新能力的现代化人才有积极的意义。

3. 加涅的信息加工学习理论

(1) 信息加工模式　20 世纪 50 年代后期,计算机科学技术的兴起与发展,为心理学家分析和推断心理过程提供了一个重要的工具,信息加工理论应运而生。该理论认为,学习实质上是由获得信息和使用信息构成的,而人的行为是由有机体内部的信息流程决定的。因而,他们关注两个问题:人类记忆系统的性质;记忆系统中知识表征和储存的方式。

美国教育心理学家加涅根据信息加工理论提出了学习过程的基本模式,认为学习过程就是一个信息加工的过程,典型的信息加工模式如图 2-1 所示。

图 2-1　加涅的信息加工模式

这一模式表明，来自外界环境的刺激通过学生的感受器，以映像的形式输入到感觉记录器，形成瞬时记忆，借助注意将这些信息以语义的形式储存在短时记忆中。短时记忆区是信息加工区，在这里经过复述、精细加工、组织编码等，再进入长时记忆。长时记忆的信息要转变为人能清晰意识到的信息，这就需要将它们提取进入短时记忆。因此，短时记忆是信息加工的主要场所，也称为工作记忆。它将来自感觉记录器和长时记忆中提取出来的信息进行处理加工，加工的结果，一方面送至长时记忆，另一方面送至反应发生器。反应发生器将信息转化成行动，也就是激起效应器的活动，作用于环境。在这个模式中，执行控制和期望系统是两个重要的结构，它们可以激发或改变信息流的加工。前者是已有的经验对当前学习过程的影响，起调节作用；后者是动机系统对学习的影响，起定向作用，它们对整个信息加工过程起调节和监督的作用。

（2）信息加工的基本原理 包含以下内容：

① 信息流是行为的基础。信息加工理论的实质，是要探讨有机体内部的信息流。根据这种观点，信息加工论者把人看作是一架非常复杂的机器，并试图发现这个"暗箱"内部所发生的情况。因此，他们常常把人类认知系统表述为代表信息加工和储存的一系列方框（或称箱子），是它们在来回传送信息。每一个方框都代表一种人头脑中发生的信息转换。

② 人类加工信息的容量是有限的。信息加工论者认为，人的信息加工的容量是有限的。这种观点对注意与记忆领域的研究影响极大。例如，人们在某一时刻只能把注意力集中在某些刺激上，因而必然会摒弃其他刺激。而短时记忆与长时记忆之间的区分，主要是基于容量的差异。一般认为，长时记忆储存信息的容量是无限的，而大量试验表明，短时记忆一次只能记住 7 ± 2 个组块。所谓组块，就是在记忆中把许多小单位组合成较大单位的信息加工过程。例如，让学生记忆"1491625364964"这样一个数字是很困难的，但如果告诉学生这是由 1～8 的平方数构成的，记忆就会很方便。

③ 记忆取决于信息编码。记忆信息加工有点类似档案分类系统，即首先要对外来信息的轻重缓急加以分类整理，而且所使用的分类方法和程序必须始终一致。

编码是一个涉及觉察信息、从信息中抽取一种或多种分类特征，并对此形成相应的记忆痕迹的过程。信息编码的方式对以后提取信息的能力有很大影响。如果知觉有误，或特征分类不清，或形成的记忆痕迹与客观事物相差很远，那么在提取信息时就会非常困难。

对信息编码的方式往往取决于学习任务的性质。如果学生知道某门学科的要求，他们会以最能满足这一要求的方式来编码。例如，教师如果告诉学生这门课的考试形式是选择题，学生就会以便于再认的方式来编码，而不是以有助于问题解决的方式来编码。

编码还涉及组块问题。心理学家们认为，尽管我们记忆同时出现的一系列信息的能力是有限的，但如果把一些信息组织成块，就可以大大提高记忆能力，而且，组块中所包括的信息量可以是很不同的。另外，如果把信息组织成有意义的组块，不仅可以增加信息摄取量，而且还有助于保持记忆。

大量研究表明，编码过程常常涉及信息的积极转换或改变。编码不仅仅是一种消极的过程，不只是消极地把环境事件机械地记录在某种记忆痕迹上。

④ 回忆部分取决于提取线索。用适当的编码进行信息储存，这仅仅是问题的一半，如果没有适当的提取信息的线索作为补充，一个人是难以回想起某一事件的。例如，我们可能常常有这样的体验，试图想回忆某件事情，但开始时就是想不起来，就把它搁在一边；后来再

试,似乎当时也没有什么新信息,但成功地回想起来了。很显然,这方面信息是储存在记忆中的,最初回忆失败是由于提取的失败,因为我们在第二次回忆时成功了。

4. 认知主义学习理论对教育技术的影响

认知主义学习理论阐述了学习的内部心理过程,成为各种教学理论的基础,对教育技术中的教学设计产生了巨大的影响。教学设计中的学习任务分析、学习者分析、教学策略制定都离不开认知理论对学习规律的描述。认知主义学习理论也促进了计算机辅助教学向智能教学系统的转化,使得计算机能够在一定程度上完成人类教学专家的工作。

加涅根据学习与记忆的信息加工模型,提出了九段教学法:

(1) 第一段　引起注意——变化刺激、吸引兴趣、改变体态、语调、音量。
(2) 第二段　告知目标——激起期望。
(3) 第三段　提示回忆先前知识——明确同化新知识的经验范围。
(4) 第四段　呈现新知识——注意考虑年龄、基础、学习类型等因素。
(5) 第五段　提供学习指导——注意掌握指导的程度。
(6) 第六段　引发行为——促使学生主动参与,积极作出反应。
(7) 第七段　提供强化——给学生行为及时反馈。
(8) 第八段　评估行为——独立测试、单元测试等方法。
(9) 第九段　促进知识的保持与迁移——系统复习、及时布置新任务。

加涅的信息加工学习论十分关注学习信息的选择、记忆和操作。因此,在学习方法上主张给学生以充分的指导,使学生沿着精心设计的程序进行。信息加工学习论为教与学提供了重要的启示,教师在教学实践中可有意识地加以灵活运用。

> **拓展阅读 ▶**

布鲁姆的教育目标分类学的完善

杰罗姆·布鲁纳(Jerome Seymour Bruner),1915年出生于美国纽约,美国教育心理学家、认知心理学家,对认知过程进行过大量研究,在词语学习、概念形成和思维方面有诸多著述,对认知心理理论的系统化和科学化作出了贡献,是认知心理学的先驱,是致力于将心理学原理实践于教育的典型代表,被誉为杜威之后对美国教育影响最大的人。

布鲁纳的教育目标分类学自1956年提出以来,也已成为教育领域课程设计与开发,以及评估实践和研究中的重要理论依据。随着数字技术和信息技术的发展与普及,越来越多的教育工作者开始思考信息化教育的目标分类问题。2001年,L. W. Anderson 与 D. R. Krathwohl,对布鲁姆的教育目标分类学提出修正,如图2-2所示,以便其更加适应信息时代的教育教学。

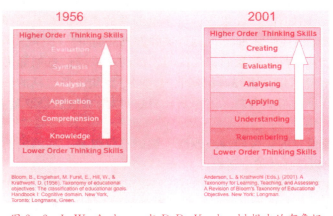

图2-2　L. W. Anderson 与 D. R. Krathwohl 提出的布鲁姆教育目标分类学

阿兰的 Padagogy 轮可以说是新教育学的成果之一,他侧重的是基于 ipad 的教育目标分类,对于国内目前的电子书包具有重要的指导意义。阿兰的 Padagogy 轮共 4 圈,从里向外分别是:目标、描述动词、活动、iPadApps,如图 2-3 所示(摘自焦建利"教育技术学自留地")。

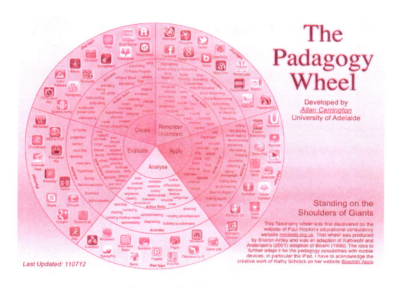

图 2-3 阿兰的 Padagogy 轮

2.1.3 建构主义学习理论

建构主义理论是认知主义理论的进一步发展,起源于儿童认知发展心理学理论,其最早提出者可追溯到瑞士心理学家皮亚杰(J. Piaget)。皮亚杰在应用内因和外因相互作用的观点研究儿童的认知发展后认为,儿童是在与周围环境相互作用的过程中,逐步建构起关于外部世界的认识,从而使自身认知结构得到发展的。后来,许多心理学家和教育学家又从认知结构的性质与发展条件、人类社会环境对心理发展的影响以及个体的主动性在建构认知结构过程中的重要作用等方面,丰富和发展了建构主义理论,从而形成了比较完整的理论。由于建构主义源于儿童认知发展的理论,个体认知的发展与学习过程密切相关,利用建构主义可以较好地说明人类学习过程的认知规律,因此在建构主义思想的指导下,形成了建构主义学习理论。

1. 皮亚杰关于建构主义的主要观点

皮亚杰认为,儿童是在与周围环境相互作用的过程中,逐步建构起关于外部世界的知识,从而使自身认知结构得到发展。儿童与环境的相互作用涉及两个基本过程:同化与顺应。同化是把外部环境中的有关信息吸收进来并结合到儿童已有的认知结构中,即个体把外界刺激所提供的信息整合到自己原有认知结构中的过程,也只有通过这一过程,主体才能对新刺激作出反应;顺应则是指外部环境发生变化,而原有认知结构无法同化新环境提供的信息,而引起儿童认知结构发生重组与改造的过程,即个体的认知结构因外部刺激的影响而发生改变的过程。由此可见,同化是认知结构数量的扩充(图式扩充),而顺应则是认知结构性质的改变(图式改变)。图式(schema)是皮亚杰用于解释认知结构的术语,是人们为了应付某一特定情境而产生的认知结构。人最初的图式来源于先天的遗传,为了应付周围的世界,个体逐渐地丰富和完善自己的认知结构,形成了一系列的图式。因此,认知个体(儿童)就是通过同化与顺应这两种形式来达到与周围环境的平衡。当认知个体能用现有图式去同化新信息时,他是处于一种平衡的认知状态;当现有图式不能同化新信息时,平衡即被破坏,而修改和创造新图式(即顺应)的过程就是寻找新的平衡的过程。个体的认知结构是通过同化与顺应过程逐步建构起来,并在"平衡→不平衡→新的平衡"的循环中不断得到丰富、提高和发展,这就是皮亚杰关于建构主义的基本观点。

2. 建构主义学习理论的基本观点

(1) 学习是学习者主动建构内部心理表征的过程 它不仅包括结构性知识,而且包括大量的非结构性的经验背景。

学习是建构内在心理表征的过程,学习者并不是把知识从外界搬到记忆中,而是以已有的经验为基础,通过与外界的相互作用来建构新的理解。学习要建构关于事物及其过程的表征,但它并不是外界的直接翻版,而是通过已有的认知结构(包括原有知识经验和认知策略)对新信息进行加工而建构成的。

(2) 学习过程同时包含两方面的建构 一是对新信息的理解,通过运用已有经验,超越所提供的信息而建构;二是从记忆系统中所提取的信息本身,也要按具体情况进行建构,而不单是提取。

建构一方面是对新信息的意义的建构,同时又包含对原有经验的改造和重组,这与皮亚杰关于通过同化和顺应而实现的双向建构的观点是一致的。建构主义者用这种建构来解释学习,说明了知识技能的获得和运用中的建构过程,而且对于后一种建构给予了更高的重视。他们强调,学习者在学习过程中并不仅仅是发展供日后提取出来用以指导活动的图式或命题网络,相反,他们形成的对概念的理解是丰富的、有着经验背景的,在面临新的情境时,能够灵活地建构起用于指导活动的图式。

(3) 学习者以自己的方式建构对事物的理解 其结果是,不同的人看到的是事物的不同方面,不存在唯一标准的理解。但是,通过学习者的合作可以使理解更加丰富和全面。

传统教学认为,通过字词就可以将观念、概念、甚至整个知识体系由说话者传递给听话者,其实这是一种误解。建构主义者认为,事物的意义并非完全独立于我们而存在,而是源于我们的建构。每个人都以自己的方式理解到事物的某些方面,教学要增进学生之间的合作,使他看到那些与他不同的观点,从而全面地建构事物的意义。因此,合作学习受到建构主义者的广泛重视。

(4) 情境、协作、会话、意义建构是学习环境的四大要素 评述如下:

① 情境。学习环境中的情境必须有利于学生对所学内容的有意义建构。也就是说,情境创设是教学设计最重要的内容之一。

② 协作。协作贯穿于学习过程的始终。它对学习资料的收集与分析、假设的提出与验证、学习成果的评价,直至所存意义的最终建构均有重要的作用。

③ 会话。学习小组成员通过会话,商讨如何完成规定的学习任务;每个学习者的思维成果(智慧),均为整个学习群体所共享。

④ 意义建构。在学习过程中所要建构的意义,是指帮助学生对当前学习内容所反映的

事物的性质、规律，以及事物之间的内在联系达到较深刻的理解，而这种理解在大脑中的长期储存形式就是关于当前所学内容的认知结构。

3. 建构主义学习理论对教育技术的影响

在认知主义学习理论指导下，教学设计基本上是以线性的方式进行的。而建构主义理论为教学设计提供了非线性、网络化的设计思想，更符合人类的学习特征。

教育技术能够有效地提供各种教学环境，便于学习者对新知识的意义建构。事实上，以多媒体技术为基础的计算机辅助教学和网络教学，都得到了建构主义学习理论的强有力支持，使得这类教学形式做到了以学习者为中心，进行自主学习，从而实现教学最优化。

建构主义重视教学中教师与学生、学生与学生之间的社会性相互作用，合作学习、交互式教学在建构主义的教学中广为采用。因此，这也为基于网络的协作学习提供了理论基础。

2.1.4 连通主义：学习理论的新取向

1. 连通主义的基本观点

连通主义（connectivism，又译为关联主义、连通主义）由加拿大学者乔治·西蒙斯（George Siemens）于 2005 年首次提出，他将连通主义定位为"数字时代的学习理论"，其主要的核心思想如下。

（1）学习就是连通——知识网络的形成与优化 连通主义认为，网络时代的知识和学习是混沌的、复杂的、动态的，犹如管道中的石油，不断流通，管道就是连通的各个结点；知识以片断的方式散布在网络中，每个人都拥有其中一部分，每个人都可以对其中的知识进行创造、完善、更新和批判等。因此，学习是一个连通专门化结点或信息来源的网络形成过程。知识驻留于网络，决策过程就是学习。强调学习和知晓是一个恒定的、持续的过程，而非最终状态或产品。保持知识的时代性（准确的、最新的知识）是所有连通主义学习活动的目的。学习不再是内化的个人活动。当新的学习工具被使用时，人们的学习方式与学习目的也发生了变化。

（2）连接管道比管道里的内容更重要，因为内容是不断变化的 今天，"知道在哪里"比"知道什么"和"知道怎样"更重要。网络时代，探寻明天知识的学习能力比今天知道什么的掌握能力更重要。我们应具有这样一种能力：首先确定什么（信息）是重要的，然后知道如何随着信息的变化而继续保持连通，其内容取决于表达和交流的合适的管道。学习重心不再是知识内容本身，而是在创建个人学习网络的行为中。个人可以把部分对知识的理解、掌握、加工、运用等下放给网络中的结点，把更多的时间放在创建个人学习网络中。由于知识不断增长进化，获得所需知识的途径比学习者当前掌握的知识更重要。知识发展越快，个体就越不可能占有所有的知识。正如西蒙斯所言，连接管道比管道里的内容更重要。

2. 与传统联结主义为核心的学习理论的区别、联系

从联结主义的视域，比较学习理论各流派的差异与联系，以期了解学习理论之未来走向。具体来说，以学习过程为参照，从重点、学习者、分析单位等 9 个方面一一比较各学习流派。学习理论各流派之间的差异，见表 2-1。

表2-1 联结视野下的学习理论比较

项目	联结主义	新联结主义	连通主义
重点	行为	认知	关系
学习者	个体	个体	个体
分析单位	刺激单元	信息加工	网络节点
互动结果	行为	知识	素养
学习场所	个体	学校	网络
学习目标	经验的获得	知识的获取	素养的提高
教育意义	强化训练	个体主动	分布式学习
联结焦点	刺激-反应	神经元	知识节点
知识源流	外源	内源	外源

总的说来，连通主义揭示了在信息化环境中学习发生的机制，学习者应如何有效地学习，如何获得最新的知识。网络时代，学习者信息素养已经成为一个重要的课题。

扩展阅读 ▶

连通主义学习理论

1. 连通主义学习理论的核心观点

（1）连通主义学习理论的哲学取向　连通主义学习理论的核心围绕连接而展开，因为世界本身是"整体的、分布的，是对要素如何被感知者连接的反映"，因此对世界的认识即知识存在于连接建议的过程中，对应的方法则是从多个方面连接。

二维码2-2
连通主义学习理论

（2）连通主义知识观　知识存在于连接中，是一种连通化知识。

（3）连通主义学习观　学习即连接的建立和网络的形成。

（4）连通主义课程观　开放网络课程。

（5）连通主义学生观　自我导向、网络导向的学习者和知识的创造者。

（6）连通主义学习环境观　分布式、复杂信息环境中的个人学习环境和个人学习网络。

（7）连通主义交互观　交互是连通主义学习的核心与关键。

2. 连通主义学习理论指导下的教学原则

西蒙斯在《连通主义：数字时代的学习理论》中提出了连通主义学习理论的8条基本原则：

（1）学习和知识存在于多样性的观点中。

（2）学习是与特定结点和信息资源建立连接的过程。

（3）学习也可能存在于物化的应用中。

（4）学习能力比掌握知识更重要。

(5) 为了促进持续学习,需要培养和维护关系。
(6) 发现领域、观点和概念之间关系的能力是最核心的能力。
(7) 流通是所有连通主义学习的目的。
(8) 决策本身是学习的过程。

2.1.5 新建构主义:网络时代学习与知识创新理论

1. 新建构主义的核心思想与理论体系

(1) 新建构主义的核心思想　新建构主义由国内学者王竹立提出,它是在信息技术突飞猛进的时代产生出来的。其核心思想就是应对网络时代的挑战,实现知识创新。即应对网络时代人类学习面临的"信息超载"和"知识碎片化"两大挑战是该理论的出发点,知识创新而非知识传承是该理论关注的终极目标。

新建构主义主张"学习就是建构,建构蕴含创新",提出"为创新而学习,对学习的创新,在学习中创新",认为网络时代的学习是一个零存整取、不断重构的过程,创新比继承更重要。学习、应用和创新可以三步并做一步,创新是学习的最高也是最终的目标。

(2) 新建构主义的理论体系　如图2-4所示,网络时代,为了应对信息超载和知识碎片化两大挑战,新建构主义提出了选择原则和零存整取学习策略。每个人依据个人兴趣和问题解决需要,选择相关的信息与知识,采用零存整取式策略(如积件式写作、个性化改写和创造性重构)进行学习,可以建立起个性化知识体系。

在建立个性化知识结构的基础上,然后通过内读法、深谈法等挖掘隐性知识,借助形象思维、直觉思维、灵感和顿悟识别事物的模式(内在本质、相互联系及变化规律),即模式识别。

最后经过逻辑思维的加工完善,形成创新的知识体系,表现为新概念、新方法、新理论等。新知识在实践中接受检验,进行修正与完善,使人类能够更好地应对新的挑战。

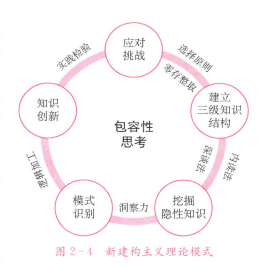

图2-4　新建构主义理论模式

2. 与经典建构主义的异同

(1) 相同点　经典建构主义学习理论诞生于网络时代之前,其核心思想可以用"情境、协作、会话和意义建构"来概括;而新建构主义的核心理念,则用"情境、搜索、选择、写作、交流、创新、意义建构"来表达。

从核心思想的关键词可以看出,两者都强调真实情境对学习的重要性,强调写作与会话的关键作用,都认为学习是意义建构的过程,知识是相对的而不是绝对的。

(2) 不同点　新建构主义与经典建构主义相比,主要有以下几个方面的不同:

① 考虑了网络时代学习的新特征。建构主义是在技术含量尚不高的时代提出的,而新建构主义理论的提出主要是为了解决网络时代出现的信息超载、知识碎片化、学习零散不系

统等新问题。

② 强调网络时代,会搜索就会学习。新建构主义强调知识有显性知识和隐性知识之分,绝大部分显性知识的获得都需要在一定情境下借助语言、文字或符号等表达形式而获得,真实的问题情境还可以激发学习者的学习动机。在网络时代,会搜索就会学习,每个人都可以是信息的发布者,铺天盖地的信息席卷而来,不会检索、不会筛选就很可能会被大量的信息淹没。搜索之后则强调选择,学习者应该能够有目的、有选择性地获取对自己有用的信息,屏蔽无用的、重复的、无意义的信息。

③ 注重"积件式写作、个性化改写"。新建构主义学习理论视写作为一个从"积件式写作""个性化改写",再到"创造性重构"的循环上升过程。写作或者思考是对知识的一个内化、升华、意义建构的过程,能够使思维和认知变得清晰化、系统化,有助于个人隐性知识显性化,也有利于个人化的知识得到交流和传播。

④ 强调学习创新观。新建构主义与经典建构主义不同的一点还主要体现在新建构主义提出的学习创新观:为创新而学习,在学习中创新和对学习的创新。

3. 与连通主义的区别与联系

表2-2从网络时代特征、知识观、学习观等7个方面一一比较连通主义与新建构主义。

表2-2 新建构主义与连通主义的比较

比较项目	新建构主义	连通主义
网络时代特征	学习面临两大挑战:信息超载和知识碎片化。选择变得重要	知识经历了从分类、层级到网络和生态的变革过程。超链接颠覆层级。选择、选择、再选择
知识观	相对性、变动性	相对性、变动性、流动性
学习观	学习就是建构,建构蕴含创新。内容与管道同等重要	学习就是连通,学习就是建立网络。管道比内容更重要
实践观	实践是知识的最重要来源,也是检验知识的标准	生活的主要目标不是知识,而是行动。做是知道的一种形式
创新观	创新是学习的最高目标	创新是学习的一部分
学习策略	零存整取式学习策略、内读法、深谈法、包容性思考以及选择原则等	无具体策略,主张连通、拆散与重组
关注点	学习的内部过程	学习的外部过程

简而言之,连通主义关注的是学习的外部过程,新建构主义关注的是学习的内部过程。学习不是内外孤立和割裂的过程,而是内部过程和外部过程相互依存、相互联系、相互作用的有机整体。真正意义上的学习既需要连通,也需要建构,学习是连通与建构的双向互动。新建构主义与连通主义的融合是未来网络时代学习理论发展的方向。

2.2 现代教学理论

教学理论是以学习理论为基础,依据人的学习过程来研究如何教的问题。教学理论是教育技术的重要理论基础之一,教学理论尤其是现代教学理论中的成果,为教育技术的研究提供了丰富的理论依据,特别是对教学设计起着重要作用。

教学理论是以教学规律为研究对象的学科,其内容是研究如何依据教学活动的性质和规律,合理设计教学的过程和情境,以提高学生学习的质量和效率。一般认为,17世纪夸美纽斯的《大教学论》奠定了这门学科的基础。20世纪初开始发展起来的现代教学理念,对教育技术的发展产生了直接的影响。这里介绍几个主要的理论观点。

二维码2-3 现代教学理论

2.2.1 斯金纳的程序教学理论

20世纪50年代,美国行为主义心理学家斯金纳根据操作条件反射与强化理论,提出了学习材料的程序化思想。程序教学的原则是:

(1) 积极反应原则　程序教学不主张完全由教师授课的方式进行教学,而是以问题的形式,通过教学机器或教材给学生呈现知识,使学生对一个个问题作出积极的反应。即要求学生通过程序教材和教学机器,能自己动脑、自己动手去学习。

(2) 小步子原则　将教学内容按内在的联系分成若干小的步子编成程序。材料一步一步地呈现,步子由易到难排列,每步之间的难度通常是很小的。学生每次只走一步,做对了才可走下一步,每完成一步就给予一次强化,这就使强化的次数提高到最大限度,从而能促使学生主动、积极地学习。

(3) 及时强化原则　斯金纳的操作性条件反射的规律认为,一个操作发生后,紧接着呈现一个强化刺激,那么这个操作力量就会得到增强。遵循这一规律,在教学中做到及时强化,也就成为程序教学的一个原则。这一原则要求在每个学生作出反应后,必须使学生立即知道其反应是否正确。告知学生结果,也就是给予学生反应的及时强化,这也是程序教学中最常用的强化方式。

(4) 自定步调原则　以学生为中心,不强求统一进度,鼓励每一个学生以他自己最适宜的速度进行学习。这样,学生可按各自不同的思维方式、速率来处理问题,而不受其他人的影响。同时,通过一次次的强化,能够激发学生的学习兴趣,使他们能够稳步前进。当然,这一原则是以个别化教学方式为基本前提的。

(5) 低错误率原则　要求在教学过程中尽量避免学生出现错误的反应,错误的反应会得到令人反感的刺激,过多的错误会影响学生的情绪和学习的速度。少错误或无错误的学习可以增强学生学习的积极性,从而可提高学习效率。

斯金纳的程序教学理论对今天的计算机辅助教育研究,依然具有重要意义。

2.2.2 布鲁纳的认知发现教学理论

美国教育心理学家布鲁纳从认知心理学原理出发,提出了以学生主动"发现"为主要形式的认知发现教学理论。认知发现教学法的重要特征是，在一个由教师有组织、有目的地创设的学习情境中，学生依靠习得经验和主观动机，一步步地去"发现"新的知识内容，并通过这种成就感，不断地深入"发现"，最终在这些发现成果的积累、组成和构架中，"顿悟"到知识的内在体系，从而掌握学习内容。认知发现教学法的大致步骤有：

（1）问题情境　教师设置问题情境，提供有助于形成概括结论的实例，让学生对现象进行观察分析，逐渐缩小观察范围，将注意力集中在某些要点上。

（2）假设与检验　让学生提出假说，并加以验证，得出概括性结论。通过分析、比较，对各种信息进行转换和组合，以形成假说。而后通过思考讨论，以事实为依据对假说进行检验和修正，直至得出正确的结论，并对自己的发现过程进行反思和概括。

（3）整合与应用　将新发现的知识与原有的知识联系起来，纳入到认知结构的适当位置。运用新知识解决有关问题，促进知识的巩固和灵活迁移。

认知发现教学模式有利于培养学生的探索能力和学习兴趣，有利于知识的保持和应用。但是，这种学习往往需要更多的时间，效率比较低。另外，它对学生的预备技能和自控能力要求较高，主要适用于理科的教学。

2.2.3　布卢姆的掌握学习教学理论

掌握学习是美国心理学家布卢姆（B. S. Bloom）在20世纪60年代提出的。布卢姆认为，学生学习效果的差异受到5个变量的制约，即学习某课题的基础能力、教学的质量、理解能力、学习持续力以及学习时间。布卢姆认为，只要用于学习的有效时间足够长，所有的学生都能达到课程目标所规定的掌握标准。所以，在集体教学中，教师要为学生提供经常、及时的反馈以及个别化的帮助，给予他们所需要的学习时间，让他们都达到课程的目标要求。

掌握学习的一般程序为：

① 诊断性评价，测查学生现有的水平，明确教学目标。

② 实施集体教学。掌握学习的教学模式是试图达到集体教学个别化的教学模式，其设想是在不影响传统班级集体授课的前提下，使绝大多数学生达到优良的成绩，所以其课堂教学仍采用通常的集体授课的形式。

③ 针对所学的单元进行形成性测验，调查学生的进步情况和存在的问题。

④ 让已经掌握的学生进行巩固性、扩展性的学习，对未掌握的学生进行帮助和矫正，再次测验，直至达到掌握目标，掌握正确率达到80%以上即为通过。

⑤ 进入下一单元的学习。在一个学期结束或几个章节全部内容学习完后，进行总结性评价。

掌握学习是一种乐观主义教学理论，持一种极为乐观的学生观。它主张任何教师都能帮助所有的学生很好地学习，学生的最终成绩分布是负偏态的，大多数分数将会集中在高分的一端。

这种教学模式强调把诊断性、形成性评价和总结性评价结合起来，而且在评价学生时提倡用绝对标准。即按照每个学生达到目标的情况进行评价，而不是给学生排名次。

掌握学习强调的是因材施教，帮助大多数学生都达到课程目标所规定的掌握标准。另外，这种教学模式不从根本上改变学校和班级的组织，因此在世界上许多国家都得到了广泛的应用。当然，掌握学习模式对于成绩较差或一般的学生更为有利，但对于优等生来说则并不太适应。

2.2.4 奥苏贝尔的讲解式教学理论

美国教育家奥苏贝尔(D. P. Ausubel)依据认知心理学的原理,认为人的认识过程往往是先认识事物的一般属性,然后在这种一般认识的基础上,逐步认识其具体细节。据此,他要求学校的教学顺序也应遵循人的认识的自然顺序。即先呈现概念性的组织者,以便学生认知结构中形成同化新的下位知识的框架;然后呈现具体材料,使学生的认知结构从一般到个别,不断分化;同时也应注意知识的横向联系,使之达到融会贯通。

奥苏贝尔认为,讲解式教学是课堂教学的基本形式,是与学习理论中的有意义接受学习相应的一种教学方法。教师大多运用这种教学方法来传授文化科学知识,学生则在这种教学形式中采用接受学习的方式获得文化科学知识。奥苏贝尔还反对把传统的接受学习和机械学习划等号、发现学习与有意义学习划等号,认为与讲解式教学相应的接受学习照样可以是有意义的学习,讲解式教学若运用得好,就会成为一种经济、高效的教学方式。

奥苏贝尔的讲解式教学主要有以下4个特点:第一,要求师生进行大量的相互作用。教师在呈现教材的同时,必须引起学生的思考反应。第二,大量地运用例子。这种教学虽然强调有意义的语言学习材料,但也可以用图画、图解或图片辅助教学。第三,这种教学是演绎式的。教学首先呈现最一般的包容广的上位概念,然后从中推演出较具体的下位概念。第四,它有一定的程序。教材的呈现必须遵循某些步骤,尤其是先要呈现一个先行组织者,然后再把下位的内容逐一呈现出来。

讲解式教学的大致步骤是:

(1) 呈现先行组织者 即为了促进学生对新知识的理解,在学习之前先让学生学习有关的比新知识包摄性更广、更清晰、更稳定的引导性材料,作为新知识与原有认知结构之间的联系桥梁。同时,使学生确立有意义学习的心向。

(2) 呈现学习内容 通过讲解、讨论、录像、作业等形式,让学生接触新的学习材料或任务。学习材料的呈现必须逻辑清晰,让学生能很容易地把握各个概念、原理之间的关联性。另外,教师要注意集中和维持学生的注意力,要使学生明确了解学习材料的组织形式,对整个学习过程有明确的方向感。

(3) 知识的整合协调 帮助学生把新信息纳入到自己的认知结构之中。教师可以提醒学生注意每个要点与整体知识结构的关系,也可以向学生提问,以了解他们是否理解了学习内容,还可以鼓励学生提出问题,使他们的理解能够超越所呈现的信息。

(4) 应用 应用所学的知识解决有关的问题。

讲解式教学模式有助于学生在有限的时间内掌握系统的知识,而且在实施上经济可行。但是,这种模式不利于对具体经验有较大依赖性的学习内容,而且不利于培养学生的探究能力和创造精神。

2.2.5 维果斯基的最近发展区理论

前苏联心理学家维果斯基(L. Vygotsky)从种系和个体发展的角度分析了个体心理发展的实质,提出了心理发展的文化历史观。他认为,心理发展的实质就是在环境与教育的影响下,个体心理在低级心理机能的基础上逐渐向高级心理机能的转化过程。所谓低级心理机能,是指作为动物的基本知觉加工和自动化过程,是个体早期以直接的方式与外部相互作用时表现出来的特征。所谓高级心理机能,是指以符号系统为中介的记忆、语言和思维等,是人在与社会交互作用中发展起来的,是各种活动、社会性相互作用不断内化的结果。

在教育与发展的关系上,维果斯基提出了"最近发展区"的思想。维果斯基认为,儿童的发展有两种水平,一种是儿童现有的发展水平,另一种是指在有指导的情况下借助他人的帮助可以达到的较高水平。这两者之间的差距,就是"最近发展区"。教学一方面要适应儿童的现有水平,但更重要的是发挥教学对发展的主导作用,使教学走在儿童现有发展水平的前面,从而带动儿童的发展。

根据最近发展区思想,在教学中首先要了解儿童现有的发展水平,即儿童能够独立完成学习任务的水平,以及经过教师或有能力的同伴的帮助可能达到的水平,以确定儿童的最近发展区;然后根据最近发展区组织教学活动。教学的作用表现在两个方面,一方面它决定着儿童发展的内容、水平、速度等,另一方面也创造着最近发展区。因为儿童的两种水平之间的差距是动态的,它取决于教学如何帮助儿童掌握知识并促进其内化。教学不等同于发展,也不可能立竿见影地决定发展。但如果从教学内容到教学方法上不仅能考虑到儿童现有的发展水平,而且能根据儿童的最近发展区给儿童提出更高的发展要求,这更利于儿童的发展。

2.2.6 赞可夫的教学与发展的教改实验

前苏联教育家赞可夫(Л. В. Ванков)在维果斯基教学与发展理论的指导下,创建了教学与发展问题实验室,将教学新体系的研究重点定位在"教学与发展"的相互关系上,其教改实验的主要思想是:

(1) 要以最好的教学效果来促进学生的一般发展 要把一般发展作为教学的出发点和归宿。所谓一般发展,是指儿童个性的发展,包括智力、情感和意志等方面的发展。赞可夫要求教学同时完成两种任务,既要在掌握知识和技能、技巧方面达到高质量,又在学生的发展上取得重大进步。

(2) 只有当教学走在发展前面的时候,才是最好的教学 赞可夫根据维果斯基的"最近发展区"思想,提出要把教学目标确定在学生的"最近发展区"之内,教学的任务就是创造"最近发展区",使"最近发展区"能转化到"现有的发展水平"的范围之内。

根据这一教学思想,赞可夫提出了发展教学的5条教学原则,其内容是:

① 以高难度进行教学的原则。应向学生提供有可能理解、能满足求知欲而又有一定难度的教学或学习内容,同时引导学生通过努力去克服困难加以掌握,只有这样才会调动学生思维的积极性和精神力量,并促进智力向"最近发展区"前进。

② 以高速度进行教学的原则。是针对以往教学中"多次、单调地复习旧课,把教学不合理地拖得很慢"而提出来的。目的在于使学生更好地去揭示所学的各方面知识,加深知识之间的内在联系,深入理解知识,形成一定的体系,从而发展儿童智力。

③ 理论知识起主导作用的原则。这里的理论知识是相对于那些直接反映在技巧中的知识而言的。例如,学生可能知道加法怎么做,但并不知道运算的规律——加法的交换律等,后者才是理论知识。学生一旦有了概括的理论知识就能通过迁移或有意地运用它们去理解其他领域的现象,就能培养举一反三和科学认证的能力。

④ 使学生理解学习过程的原则。强调学生要理解学习的过程,了解所学知识之间是怎

样联系的，掌握这一部分知识和那一部分知识的异同，知道产生错误和克服错误的心理机制等。这样有利于发展学生的思维能力，提高他们学习的主动性和创造性，教会他们学习。

⑤ 使全班学生（包括差生）都得到发展的原则。要求教师有目的、有系统地工作，使班上所有学生（包括差生）都得到一般发展。

2.2.7 巴班斯基的教学过程最优化理论

前苏联教育家巴班斯基（Ю. К. Бабанский），从"培养全面发展的人"这一教育目标出发，运用辩证唯物主义方法对教学过程进行了系统的分析，提出了"教学过程最优化"的概念。所谓"最优化"，就是要求教师在全面考虑教学规律、教学原则、现代教学的形式和方法、已有条件以及具体班级和学生特点的基础上，目标明确地、有科学依据地、信心十足地选择和实施一整套教学方法，以最小的代价取得相对于该具体条件和一定标准而言最大可能的成果。显然，最优化不是绝对的，不是一种抽象、凝固的模式，而是指在某些具体条件下最好的方案，它的精髓在于具体问题具体分析。

为了实现教育过程最优化，应该运用教学过程最优化程序。最优化程序的结构与人的任何活动的一般结构相似，即遵循任务→内容→形式→方法。

（1）任务　教师在确定任务时，必须遵循个性全面和谐发展的根本原则，综合地规划学生的教养、教育和发展的任务，保证教学的教养、教育和发展职能的统一。教养任务包括传授基本概念、规律、理论和科学事实，培养各科的专业技能和一般的学习技能技巧；教育任务包括世界观培养、思想政治教育和道德教育、美育、体育、劳动教育和职业指导等；发展任务包括发展智力、培养意志、激发认识兴趣，以及影响学生的情感等。

（2）内容　任务具体化之后，教师就必须以严谨的科学态度挑选最优的教学内容。教学内容问题，主要是教学大纲和教科书的问题。因此，教学大纲和教科书必须完整地反映社会对人的全面和谐发展的需要和现代科学、生产、社会生活、文化的各个基本方面，必须具有科学价值和实践价值，必须符合各年级学生的实际可能性，必须符合规定的课时，必须考虑国际水平以及必须符合教师的可能性等等。

（3）形式　教师要采用合理的教学形式，实行区别教学。这是因为，人们在素质、记忆类型、感知世界的方式、思维的主要特征等方面各不相同。

（4）方法　最为重要的步骤是，教师应当根据具体学习情境的需要，选择最合理的教学方法。

为了实现教学过程的最优化，巴班斯基提出了10大教学原则：

① 教学旨在综合解决教养、共产主义教育和发展任务的方向性原则。
② 教学的科学性、教学与生活实践相联系的原则。
③ 教学的系统性和连贯性原则。
④ 教学的可接受性原则。
⑤ 激发学生积极的学习态度，形成他们的认识兴趣和对知识的需要的原则。
⑥ 在教师领导作用下，学生在教学中的自觉性、积极性和独立性原则。
⑦ 口述法、直观法和实践法、复现法和探究法，以及其他教学方式最优结合的原则。
⑧ 课堂教学和课外活动，全班教学、小组教学和个别教学等各种教学形式最优结合的原则。

⑨ 为教学创造最优条件的原则。
⑩ 教养成果、教育成果，以及其他教学成果的巩固性和效用性原则。

2.2.8 范例教学模式

以德国教育家克拉夫基（W. Klafki）和瓦根舍因（M. Wagenschein）为代表提出的范例教学论，是在批判传统教学的过程中逐步明确和丰富起来的。范例教学论认为，要克服传统教学的弊端，就要反对庞杂臃肿的传统课程内容和死记硬背的教学方法，选择学科材料中最典型的材料，形成知识的"稠密区"，让各种知识交融，学生通过对这个"稠密区"的探究、思考，形成一种整体的认知结构，从而达到把握其他各种材料的目的。这种教学模式主要分为4个阶段：

（1）运用范例阐明"个"的阶段　教师以具体直观的方法阐明一个范例，使学生首先对"个"的本质特征有一个认识。教师对作为范例的个别事物进行分析解释，通过个别事物的典型特征来说明整体。

（2）阐明"类"的阶段　通过对上一阶段"个"的认识成果进行归类、推理，使学生认识这一类事物的普遍特征，其目的在于使学生从"个"的学习迁移到"类"的学习中，掌握同一类事物的普遍特征。

（3）掌握规律的阶段　要求通过前两个阶段所获得的认识，提高到规律性的认识，其目的在于使学生掌握事物发展的普遍规律。

（4）获得一般性的实践经验或生活经验

2.2.9 知识建构理论

随着信息技术的快速发展，教育正在深刻变革，从而引发知识的变革，使学生获取知识、知识建构的方式越来越多样。知识建构理论自提出以来，受到众多研究者的关注。在全面培养创新创业人才的今天，培养学生创新能力、集体认知责任能力和意识是大学的重要职责之一。2015年，黄荣怀提出：信息技术支持的10大创新教学模式中有协同知识建构。协同知识建构是小组协作学习的一种典型形态，师生或学生之间通过交流对话而产生新的知识，能够促进高阶认知能力的培养。开放教育资源（OER）的兴起，MOOC的大规模、在线、免费等特点为传统课堂教学带来一定的优势和互补，知识的获得不再局限于课堂，学习者在课堂上不再只是知识的接受，更多的是知识的内化和知识的建构。

《教育信息化"十三五"规划》提出要依托信息技术营造信息化教学环境，促进教学理念、教学模式和教学内容改革，推进信息技术在日常教学中的深入、广泛应用，适应信息时代对培养高素质人才的需求。在大众创业、万众创新的时代，应积极探索培养学习者的知识建构，而知识建构的机制是观点的持续改进、知识的持续创造。知识建构强调的不只是个人的，还包括参与集体讨论、改进观点等参与各种实践、知识社会和教育改革的需要。知识建构也是一种以理论建构为中心的探究性学习。也有学者认为，构建一个知识社会将对我们的健康、教育、文化和金融产生深远的影响，未来将是一个终身学习创新、知识和技能，以及解决未来发展的问题。

知识建构是为使学生在实践的过程中，能获取知识、更深层地理解知识而进行的教学或学习方式。国内外学者研究了知识建构理论、知识建构过程，探究了学习者是如何进行知识建构的,包括知识建构原则、知识建构过程等。国内外学者也对知识建构进行了不同的定义,见表2-3。

表2-3 国内外学者关于知识建构的定义

研究者	知识建构定义
Scardamalia & Bereiter	知识建构是通过提高个体在社区中的价值,不仅包括个体知识获得,而且包括知识的内化、知识创新和知识发展。知识建构分为个体知识建构与协同知识建构。其中,协同知识建构是个体与社会或他人之间的互动中建构知识
Stahl	是与他人交互的社会化过程,包含小组和个人观点的相互影响和转换,认为知识是存在于协作学习的交互模式中,是社会交流与协商的一个产品
赵建华	知识建构是个体在某特定社区中相互协作、共同参与某种有目的的活动(如学习任务、问题解决等),最终形成某种观念、理论或假设等智慧产品。个体在该公共知识的形成中获得相关知识
钟志贤	知识建构的显著特征主要为:学习者面临的学习任务,通常是情境性、真实性和劣构性的问题,具有挑战性;挑战性的任务是促进学习者知识或意义建构的催化剂;学习者需要不断地同化或顺应,改变原有的认知结构,通过学习者交互、目标导向、环境支持、活动组织构造出新的认知结构;建构的过程是学习者在先前的知识基础上同化或顺应的;建构的过程是一个双向的过程;学习者的建构结果是多元的;学习者构建的环境既支持个体知识建构,又支持协作知识建构;学习者学习是高阶或有意义的学习
谢幼如	协同知识建构是指学习者在特定的组织中互相协作、共同积极参与特定的有目的性的活动,最终形成一定的观点理解、方法、思想等智慧产品的过程

目前,国内外对知识建构并没有完全统一的定义,但是不同的学者对知识建构的定义都有类似之处,其知识建构的主要特点是:知识是在协商交流中建构的,是学习者在原有知识和经验基础上,不断改进形成的。知识建构教学原则如下:

(1) 真实的观点、现实的问题 有以下几点:

① 现实世界中的现实问题是建构知识的出发点。学生所研究的问题应该是来源于学生的日常学习和生活中,在日常生活中进行情境体验。

② 观点必须是真实的,每个学生提出的观点都是发自内心真实的。

③ 观点是有生命的。

知识建构的学习就是通过不断地提出自己真实的观点、理解他人的观点、批判已有的观点、抛弃错误观点和综合建立新的观点,建构和发展社区公共知识。

(2) 多样化的观点 观点的多样性可以更好地引导学习者发展自己的观点,如家长、教师、社区、同伴的观点等,教师和学生的角色发生变化,学生可以通过知识建构平台更好地综合多样化的观点,进而不断地改进观点。

(3) 持续改进的观点 在知识建构中,学生认识问题时产生的误解不再被认为是错误和必须纠正的,而是被看作可以提高的观点,在社区中得到分享和讨论。

(4) 观点的概括和深化 通过对观点的概括和深化,学习者能够超越琐碎的、简单观点的探讨,使知识建构达到更高的层次。

（5）学生是积极的认知者　传统的课堂中，学生都是听从教师的安排，进行问题和活动的设置。而知识建构强调的是学习者自己为问题设定目标，制定长期计划，并处理动机和评估等问题。

（6）社区知识与协同认知责任　在传统课堂中，学习者之间更多的是竞争者关系，学习者一般只要完成自己的个体认知。而在翻转课堂中的知识建构学习中，每个人都有对社区知识推荐负有不可推脱的责任。

这种责任包括两个方面：一方面是小组成员需要共同承担推进社区知识，也就是每个学习者都要了解他人的观点，对他人的观点提出自己的看法，帮助同伴改进观点。另一方面是每个人都需要吸收他人的观点，升华自己的观点。

（7）民主化的知识　传统课堂中，教师是权威的，而翻转课堂中教师的角色发生了转变，教师是学生学习的促进者、帮助者等。在翻转课堂的知识建构学习中，每个学习者都可以自由地表达自己的观点，每个学生的观点都得到理解和重视。

（8）对等的知识发展　传统的课堂知识传授教学把学生看作是知识的贫瘠一方，认为教学方式就是把知识从拥有丰富知识的教师一方传递给学生。但在翻转课堂的知识建构学习中，对等的知识主要表现在学习者与学习者之间、个体与个体之间、小组与小组之间等的知识分享与知识发展，对等的知识教师与学生之间的互动，实现教学相长。

（9）无处不在的知识建构　知识建构不再局限于特定的场合或某门科目，而应该在校内外的所有生活中。因此，知识建构应该与学生的学习生活密切相关，促进学科之间的融合。

（10）知识建构对话　对话是知识建构的基本途径。知识建构中的话语不仅是为了分享知识，还是为了提炼和完善知识。知识建构学习应该支持多种形式的社区成员或小组之间的交流和分享。

（11）权威资料的建构性使用　虽然知识建构是以学习者的观点为中心，但它并不否定权威性资料的作用，学习者需要批判地去使用和建构这些权威资料。

（12）嵌入活动的形成性评价　知识建构把评价看成是知识发展的一部分，用于发现正在进行的知识建构活动中的问题。知识建构学习应该为形成性评价提供多种分析工具，随时为教师和学习者提供所需要的反馈信息。

2.3　视听教学理论

二维码2-4
视听教学理论

　　与前面介绍的教学理论不同，视听教学理论的研究范畴要小一些，主要研究如何利用视觉、听觉感官的特点和功能，提高教育信息传递的效果。其目的就是要总结和阐述在视听教育活动中各类媒体的地位和作用，以指导媒体的设计和选择。视听教学理论产生于20世纪初的视听教育运动，后随着媒体种类的不断丰富，该理论的研究也进一步发展，并成为教育技术重要的基础理论之一。视听教学理论的心理学基础是以行为主义心理学为背景的视听感知规律和"经验之塔"理论。

2.3.1 视感知规律

1. 人眼的视觉特性

(1) **视觉的光谱灵敏度**　光源的辐射功率是一个与视觉特性无关的客观物理量,但是人眼对辐射功率相同而波长不同的光的敏感程度不同。人眼对波长 555 nm(纳米)的绿光的灵敏度最高,随着波长的增大或减小,灵敏度逐渐下降至零。在可见光谱范围之外,即使辐射能量再大,人眼也是没有亮度感觉的。这是由于波长越短,人眼中的光学介质对光波的吸收作用越强;而波长越长,人眼中的感光细胞的敏感性越差。所谓可见光,其实就是波长在 380～780 nm 之间的电磁波,在通常情况下,人们看到的光不是一种波长的光,而是由许多不同波长的光组合而成的。

(2) **视觉范围**　人眼的视觉范围是指人眼所能感觉到的亮度变化的范围,它在数值上等于亮度上、下限之比。在光学中,亮度的单位是 cd/m^2,读作"坎德拉每平方米"。人眼所能感觉到的亮度最低可至万分之一坎德拉每平方米,最高可达几百万坎德拉每平方米。这样宽的视觉范围是任何光学仪器所望尘莫及的,但是人眼也不能同时感受到这样大的亮度范围。实际上,当人眼适应了某一环境的平均亮度之后,所能分辨的亮度差别的范围就会小得多。在平均亮度适当时,人眼的视觉范围为 1 000∶1;在平均亮度很低时,视觉范围仅为 10∶1。

人眼的明暗感觉是相对的。人眼在观察实际景物时,亮度感觉并不是完全由景物的亮度所决定的,它还与周围环境的亮度有关。例如,在晴朗的白天,环境的平均亮度约为 10 000 cd/m^2,这时人眼的视觉范围为 200～20 000 cd/m^2,低于 200 cd/m^2 的亮度就会引起黑色的感觉。而当环境的平均亮度降低为 30 cd/m^2 时,视觉范围为 1～200 cd/m^2,此时 100 cd/m^2 的亮度就已使人眼感到相当明亮了。可见,人眼的亮度感觉随环境亮度的变化而变化。所以在教学中,为提高电视、投影画面的亮度,就需要遮挡门窗以降低室内环境的亮度。

(3) **彩色视觉**　现代神经生理学证实,在人眼视网膜上存在红、绿、蓝 3 种感色的锥状细胞,这是一类感光细胞,人眼的彩色视觉就是由这些感光细胞提供的 3 种彩色视觉合成的综合结果。而物体的颜色,则是物体表面对日光中某些光谱成分的反射光所引起的视觉效果。例如,日光照射到黄色的讲台时,日光中只有黄色被反射,而其他光谱成分均被吸收,因此人眼就产生黄色的视觉。又如,日光中只有几种不同波长的光谱成分被反射,它们同时作用于人眼时形成了混合效果,产生了诸如咖啡色等的混合视觉效果。

(4) **分辨力**　人眼的分辨力是指人眼刚能分辨出被观察物体上相邻两点至人眼所张视角的倒数。人眼的分辨力不仅与物体在视网膜上的成像位置、光的照度有关,还与景物的相对对比度有关。另外,观察静止和运动物体时人眼的分辨力也不相同,运动速度越高,分辨力越低。在电视技术中,就是根据这一特性来决定扫描行数的。

人眼对彩色细节的分辨力远比对高亮度细节的分辨力低,而且对于不同色调的细节,其分辨力也不一样。其中,对黑白细节的分辨力最高,而对绿蓝等彩色的分辨力则相对较弱。因此,彩色电视系统在传送视频图像信号时,细节部分不传送彩色信息,而只传送黑白信息,即用它的亮度信息来代替,可以节省传输通道的频带。在教学中,黑板上应尽量书写白字或白板上书写黑字,以提高字体的清晰度,便于学生观看学习。

(5) **视觉暂留**　物体在快速运动时,当人眼所看到的影像消失后,人眼仍能继续保留其影像 0.1～0.4 s(秒)的时间,这种现象称为视觉暂留现象。由于暂留时间有一定的限度,当作用于人眼的光脉冲重复频率不够高时,人眼已能分辨出有光和无光的亮度差别,因而产生或明或暗的感觉,这种现象称为闪烁效应。但是,若将光脉冲的频率增加到某一定值(称为临界频率)时,闪烁现象即消失,而给人以稳定的亮度感觉。

人眼的视觉暂留在电影技术中得到应用。电影是由一幅幅静止的画面组成,每幅画面的图像的相对位置都有些微小变化,由于人眼的视觉暂留,当这些画面以每秒24幅的速度快速地连续出现时,就得到了连续活动影像的感觉。同样,人眼的视觉暂留也是电视技术中顺序扫描分解与合成图像的基础。行频、帧频的选择,也充分考虑了人眼的这种视觉暂留和闪烁感觉。

2. 人的视觉心理

(1) **心理趋合** 心理趋合是指利用人们的想象力去填充实际在画面中并没有见到的空间。由于电视屏幕的画面是有限的,恰当地利用人们日常生活的经验,使被摄物在画面中取舍得当,会产生画面向外扩展的效果,从而让画面中未被展现的被摄物的其他部分,出现在观众的想象之中。例如,在人的视线前方和头顶上方都应留有一定的空白,也属于心理趋合反应的要求。当然,在画面构图中还应注意它的消极作用。例如,在拍摄中若不注意拍摄角度与背景的选择,画面中主体与某些背景物体的组合就容易使观众产生错误的联系和概念,形成不恰当的联想,这在教学节目中会严重地分散学生的注意力。

(2) **画面均衡** 画面均衡是人们对画面表现主题的一种形式感觉,是产生画面稳定感的因素。各种造型因素表现在画面上可能产生不同的效果,经过构图方面的处理,使画面达到视觉上和心理上稳定的感觉。这种均衡有时仅仅是视觉感受上的,但大多数时候是经过人们的思考和想象所达到的一种心理上的平衡感,是人们从生活体验中得来的一种审美心理。画面构图时,应当注意利用人们的均衡心理使画面产生稳定的美感。

均衡有两种形式。一种是对称式均衡(也叫绝对均衡),其主体居中、左右对称、稳定感强烈,但显得呆板、单调。在一些严肃、庄重的场合下,往往采用这种形式的构图来表现。另一种经常采用的构图方法是非对称式均衡(也叫相对均衡),它不是指数量、重量上的相等或形体上的对称,而是指运用人们心理上的感觉和生活中的体验,形成画面中力度和价值上的均衡。

一般来说,画面中同样形状的物体,大的比小的重,位置低的比位置高的重,离中心远的比离中心近的重。对形状、大小、位置相同的物体的感觉是,粗糙的比细腻的重,线条粗密的比线条细疏的重,暖色调的比冷色调的重,暗色调的比亮色调的重,但明亮的物体比灰暗的物体要突出,也显得重一些。而且,规则物体也常比不规则物体显得重。因此,在构图中要合理安排拍摄对象在画面中的大小、位置、明暗等,达到画面均衡的视觉效果。

(3) **视觉重心** 人们习惯于从左到右观察画面,把注意力停留和集中在右边的物体上,这就是视觉中的右撤现象。因此,在考虑构图时要注意右撤现象对均衡的影响。例如,把占优势的群体安排在左边容易达到均衡,电视摄像机一般是从左向右摇镜头也是照顾到人们的这种习惯。另外,人们的视觉重心往往放在"九井格"的交点处,因此,构图时往往将主题放在视觉重心位置以突出主体。

3. 视觉心理与构图

构图是指在画面设计或电视拍摄过程中把被摄对象及造型元素加以有机组织、选择和安排,以塑造视觉形象,构成画面样式的一种创作活动。摄像构图的造型元素主要有线条、色彩、明暗、节奏等。视觉心理是画面构图的基础,构图中必须充分考虑人的视觉心理。

(1) 线条　线条是构成画面的主要元素,任何画面都离不开线条。画面中,线条的结构往往会使观众产生不同的心理联想和心理效应。例如,地平线、海平线,给人以广阔、寂静、平衡和安定的感觉;林立的楼群、纪念碑经常代表生命永恒和权力,给人以庄严、宏伟、尊严和刚强的感觉;而倾斜的地平线、歪斜的旗杆,给人以运动、变化、跳跃和不安定的感觉;人体舞姿、蜿蜒小道、山脉,则给人以柔和、优美、和谐和韵律的感觉;一轮圆月、飞驰的车轮,给人以完整、圆满和圆润的感觉;光芒四射的太阳,则给人以活泼、奔放的感觉。

此外,线条的粗细、浓淡、虚实在人们的视觉心理上也能产生不同的反应:粗线强、细线弱,浓线重、淡线轻,实线静、虚线动。

线条形状、排列疏密的不同,也会让人产生不同的视觉节奏。斜线坡度大的,节奏快;线条汇聚收缩快的,视觉节奏快;线条呈直线转折节奏快,呈曲线转折节奏慢;实线条节奏快,虚线条节奏慢。在构图过程中,要注意选择、提炼一组线条作为画面的主要线条结构,并予以强化,要注意画面中所有线条组合的整体感,以符合人们的视觉心理要求。

(2) 色彩　根据人们对于不同色彩的心理反应或联想,可以把颜色分为暖色性和冷色性两大类。暖色是指红、黄或与它们相近的颜色,冷色是指青、蓝或与它们相近的颜色。冷色光的波长较短、刺激强,使人视觉上有后退和收缩的感觉。而暖色光的波长较长、刺激弱,使人视觉上有前进和扩张的感觉。利用冷、暖的对比,便可突出立体空间感。

色彩的个性以及人们长期的生活体验,会使人们产生各种联想,并赋予色彩某种象征意义,使人们产生不同的心理效应。例如,蓝色联想到天空、海洋,象征着崇高和深远;绿色联想到田野、春天,象征着生命与和平;红色联想到血、火,象征着革命、危险与暴力;黄色联想到丰收的金秋,象征着富有、高贵与欢乐;白色联想到白云,象征着纯洁;等等。

图像色彩鲜艳能激发学生的学习兴趣,产生美感,而色彩的和谐平衡和匹配更有利于形成知觉,增强对知识的记忆能力和进一步促进学习者的创造性思维活动。可见,为了达到和谐的色彩布局,也有诸多必须遵循的心理学因素,如对象和背景的色彩不能过近,视觉需要有相应的补色进行平衡等。

(3) 明暗　明与暗是构成视觉材料的最基本因素,在画面上可以形成黑、白、灰3种基本的色调形式。当画面中的色调以白、深灰、浅灰为主时,称为高调;若以暗灰、深暗灰、黑为主时,称为低调;介于两者之间,则称为中间调。画面中的明暗主要是由光线照射产生的,在摄像构图中,可以利用光线的明暗表现特定的时间、环境,或突出被摄主体,增强立体感。画面中还可能利用光线创造出不同的气氛,影响人们的情绪。明亮的色调会使人感到欢快,黑暗的色调会使人感到沉闷、寂静或神秘,明暗效果还能引起人们对善与恶、正确与错误的联想。在教育电视节目中,一般以光线明快、自然、明暗配置整齐的高调画面为主,让学生处于良好的学习气氛中,并对学生有强烈的感染力,激发学生学习的兴趣。

画面上最亮处的亮度与最暗处的亮度之比称为对比度。图像必须有足够的亮度和对比度才能呈现出各种不同的层次,赋予画面特有的"生命",给人以悦目、鲜明的感受。由此可见,明暗因素在教育传播中具有重要的作用。

(4) 视觉节奏　画面的视觉节奏是把画面中特征相近的物体和构图要素加以归类、结合,以各种形式不断重复,形成视觉上的"节拍",取得和谐的效果。

视觉节奏最简单的形式是,通过某种形象以相同间隔重复出现而形成一定的格局(至少要有3次的重复出现才能形成节奏)。例如,两个大小、颜色或影调不同的物体交替重复,同样的物体递增或递减、物体表现形式的渐变以及线条的收缩或向外辐射都可以形成节奏。另外,物体之间有规律地出现空白也能形成节奏,空白的大小还能影响节奏的快慢。当把视觉节奏作为构图原则,把特征相似的物体和构图要素组织起来以达到统一协调的目的时,会产生一种运动或流动的特征。任何一个形象只要按一个程序连续产生就会出现视觉上的动感,使人的注意力从一个形象转移到下一个形象。

由于电视呈现的是活动图像,被摄物体在画面中的运动是形成节奏的重要因素,运动速度的递增或递减使节奏由慢到快或由快到慢。以相同的速度运动的被摄体,其背景不同也形成不同的节奏。另外,以重复运动的形式也可以造成节奏。这种重复运动的方式可以由画面内部被摄体的运动形成(同一被摄体或相似被摄体间隔出现在画面中),也可以通过摄像机均匀运动来形成。

2.3.2 听感知规律

1. 人耳的听觉特性

人对声音的感知有响度、音调和音色3个主观听感要素。人的主观听感要素与声波的声压、频率和频谱成分之间既有紧密的联系,又有一定的区别。

(1) 响度 响度是人耳对声音强弱的主观感受。响度主要取决作用于人耳的声压(或声强)的大小,但两者并不是简单的正比例关系。例如,人耳刚能听到的声音的声压(称为闻阈)是 $2×10^{-5}$ Pa 规定为基准声压,而人耳开始难以忍受的声压(称为痛阈)是 20 Pa,两者相差 100 万倍,但是人听起来声音响度的增加程度却只有 120 倍。实验显示,声音的响度与声压具有对数关系。正是为了反映人耳的这一特性,采用声压级(声压与基准声压之比的自然对数的 20 倍)来表示声音的响度。国际规定,1 kHz 时闻阈点的声压为 0 dB,痛阈点的声压为 120 dB。

响度还与声音的频率有关,声压相同而频率不同,感觉的响度也不一样。通常,人耳可感知的频率范围在 20 Hz~20 kHz 之间,低于 20 Hz 的声波称为次声波,高于 20 kHz 的声波称为超声波,人耳听不到次声波和超声波,但人耳对 2~4 kHz 频率范围内的声波最为敏感。此外,声压级不同,其可闻声的频率范围也不同。如在重放音乐时,当音量开得很小时,总会感到频带变窄,高、低音明显不足,特别是低音损失更为严重。为了改善在低声压级听音乐时低频响度不足的现象,有些电声设备中专门设置了响度控制功能,在音量较小的低声级时,能按一定规律对高、低频电平进行提升,以便展宽频带、均匀音量,达到提高音质的目的。

(2) 音调 音调是人耳对声音调子高低的主观感觉,也称为音准。音调主要取决于频率,频率低的调子给人以低沉、厚实、粗犷的感觉,而频率高的调子则给人以亮丽、明亮、尖刻的感觉。音调与频率之间不存在线性的关系,特别是在闻阈的高频与低频两端,不一致性更为明显。

大量实验证明,人耳对声音音调的变化的感觉大体上呈现对数关系。当声音信号的频率变化比较大时,人耳对音调的变化感觉并不是很大,而频率相对值的变化却能够反映出听感上音调的变化。

人耳对声音音调的感觉同时还会受到声波振幅的影响。当声波振幅较大时,人的耳膜会因受到较大的刺激而产生超长的形变,从而影响到听感神经对音调的感觉。因此,一般情况下,当响度增加时,人耳对音调的听感灵敏度降低;而对于低频声波,人耳对音调的听感变化会更加迟钝。

(3) 音色 音色是人耳在主观感觉上区别相同响度和相同音调的两类不同声音的一种主观感受。实际上,声音极少是单频率的纯音,绝大多数声音都由一个基本振动频率和具有许多不同频率成分的谐波组成,这些谐波频率与基波频率之间成整数倍关系。基频决定声音的音调,而谐波频率则决定音色。因此,人耳能够区分出钢琴、小提琴、二胡等各种乐器的声音,欣赏具有不同风格的音乐。

2. 人耳的非线性效应

前面讨论的响度、音调和音色均存在着人耳听感方面的非线性效应。除此之外,人耳还存在着对声音信号进行各种"非线性加工"的特殊功能。例如,在人耳受到强烈声音刺激时,非线性加工能产生保护性的听感反应;不同乐音的组合产生新的音乐形象,即和声;对电声系统非线性畸变指标、环境噪声的影响都可降低要求;能把某些缺损的声信息在大脑中自动地完整化起来。下面主要讨论人耳听感方面的一些非线性效应。

(1) 人耳的掩蔽效应 当两个或两个以上的声音同时存在时,其中的一个声音在听觉上会掩盖另一个声音,这种现象称为掩蔽效应。因此,人耳想要倾听的声音可能会受到其他声音的干扰而被掩蔽。实验发现,低频声对高频声掩蔽作用明显;在时间上,掩蔽声越接近被掩蔽声时,掩蔽作用越大,且后掩蔽比前掩蔽效应更加明显;单耳听觉的掩蔽效应大于双耳听觉。

(2) 鸡尾酒会效应 人耳对掩蔽声具有一定的容忍能力。鸡尾酒会效应就是在纷乱的酒会现场,人们照样能听出其中某个人的声音。人耳的这种功能与人的心理需求有关,当人把注意力相对集中于某一说话内容,就会忽略或不理会掩蔽声的存在,使人在噪声中分辨信息的能力大大提高。

(3) 颤音效应 人耳同时听到两个频率相近的纯音时,会产生差频似的颤音感,这是构成配乐的生理心理基础。

(4) 哈斯效应 当内容相同的两个音相继到达人耳时,仅当第二个音延迟时间达到35~50 ms(毫秒)后,才会感受到有延迟音出现,此即哈斯效应。而当延迟声超过50 ms时,就会产生回声感,这种听觉的延迟效应是混响和立体声的心理学基础。

3. 人耳的声音定位机理

(1) 双耳效应 人耳主要靠双耳效应来进行声音定位的。由于头部近似于一个球体,双耳又位于头部的两侧,如果声源不在双耳连线的中垂面上,则声音传到双耳的距离就不一样。从声源发出来的声音到达两耳的时间就不一样,相位也不一样,声音的声压级因头部的遮蔽作用而有差异,这就是双耳效应。声音绕过头部在两耳间产生的声压级差,除了与声源方位有关外,还与声音的频率有关,声音频率越高,两耳间的声压级差就越大。人的听觉神经中枢就是根据声音达到两耳的时间差(或相位差)和声压级差等因素,进行综合判断来确定声音方位的。

(2) 耳廓效应 人耳的轮廓结构比较复杂。当声源的声波传送到人耳时,不同频率的声波会由于耳廓形状的特点而产生不同的反射。反射声进入耳道与直达声之间就产生了时间差(或相位差),这种效应称为耳廓效应。耳廓效应对声音定位起到一定的辅助作用,特别是对频率较高的声音。正是由于耳廓效应,有时凭借一只耳朵也能对声音进行定位。

以上有关视听觉的认知规律要素,在教学实践中有着具体的指导意义。在教学材料的编制中,要求画面的构图突出对象的本质特征,如线条、色彩、明暗等造型因素要符合对象的内涵,充分利用透视、重叠、阴影等构图技巧提示对象的意义;在教学内容的重点、难点方面,要在视听上重彩浓墨、形声并茂,以激发学生的高度注意力,引导和启发学生的思维活动和想象力。

2.3.3 "经验之塔"理论

在视听教育理论中,最具代表性的是美国教育家戴尔(E. Dale)的"经验之塔"理论,它是视听教育的主要理论依据。1946 年,戴尔在他的《视听教学法》一书中,研究了录音、广播等视听教学手段怎样在教学中使用,会产生怎样的教学效果等一系列问题,总结出一系列视听教学的方法,提出了相关的教学理论,这就是视听教学理论。由于戴尔把人类获取知识的各种途径和方法概括为一个"经验之塔"来系统描述,因此,人们又将这一理论称为"经验之塔"理论。

1. "经验之塔"理论的主要内容

"经验之塔"将人们获得知识和技能的经验与视听教学媒体按抽象程度分为 3 大类 10 个层次,归纳总结出学习活动从直接经验到符号传播、从具体到抽象的逐步发展过程,如图 2-5 所示。

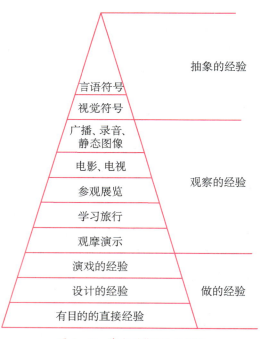

图 2-5 戴尔的"经验之塔"

(1) 底层 称为做的经验,包括 3 个层次:

① 有目的的直接经验。指直接与真实事物本身接触取得的经验,是通过对真实事物的看、听、尝、摸和嗅,即通过直接感知获得的具体经验。

② 设计的经验。指通过模型、标本等间接学习材料获得的经验。模型、标本等是对客观事物进行仿造,多与真实事物的大小和复杂程度有所不同。但应用在教学上有助于学习者区别对象本质和非本质的东西,比真实事物更易于感知、领会。

③ 演戏的经验。指把一些事情编成戏剧,让学生在戏中扮演角色,使他们在尽可能接近真实的情景中去获得经验。通常,有许多事情是无法直接去实践的,如一些历史事件。学习者通过演戏,可以弥补因时空限制而无法体验感知客观事物的某些直接经验。

(2) 中层 称为观察的经验,包括5个层次:

① 观摩演示。看别人怎么做,通过这种方式可以知道一件事情是怎么做的,以后也可以自己动手做。

② 学习旅行。这是一种突出教学性质的旅行,作为一种学习途径,其主要目的是使学习者观察在课堂上看不到的事物,包括访问、考察等活动。

③ 参观展览。参观展览也是一种学习途径。举办展览,一般只包括模型、照片、图表以及一些实物等,因此,参观展览的学习经验比校外考察旅行更为抽象。

④ 电影和电视。电影和电视提供的仅是真实事物的替代,学习者在观看事物的发展时并无直接接触、品尝等体验,他们只是观察,只能以一种想象的方式参与其中,不如实地参观时身临其境,感受深刻。

⑤ 广播、录音、静态图像。它们提供的内容更加抽象,照片和图解缺乏电影电视画面的动感,广播和录音则缺少视觉形象。但它们给学习者提供的是视听刺激,故仍属一种"观察"的学习经验。

(3) 顶层 称为抽象的经验,包括两个层次:

① 视觉符号。它包括地图、图表、示意图等提供的学习经验。在视觉符号里,人们看不到事物的真实形态,只看到一种抽象的代表物,如地图上的曲线代表河流、线条代表铁路等。学习中,学习者所接触到的符号与自己已认识的事物往往毫无相似之处。

② 言语符号。言语符号是一种抽象化了的代表事物或观念的符号,包括口头语言与书面语言的符号。它们与其所代表的事物或观念不存在任何视觉上的提示,因此,言语符号的学习是最抽象的经验学习。

2. "经验之塔"理论的基本观点

戴尔用"经验之塔"形象地说明了视听教学的基本要求:为了保证学习的效果,应该从尽可能低的层次上选择教学媒体;为了提高学习效率,应该从尽可能高的层次上着眼;采用的媒体越多样化,所发展的概念就越丰富、越牢固。"经验之塔"理论的基本观点是:

① 经验之塔最底层的经验最具体,越往上升,则越趋于抽象。但这并不是说,获得任何经验都必须经过从底层到顶层的过程。也不是说,下一层的经验比上一层的经验更有用,划分层次只是说明各种经验具体与抽象的程度。

② 教学活动应该从具体经验入手,逐步过渡到抽象,有效的学习之路必须充满具体经验。学生只记忆一些普遍法则和概念,没有具体经验作支撑是不行的。

③ 教学不能止于具体经验,而必须向抽象化发展,使具体经验普遍化,最后形成概念。概念可以作推理之用,是进行思维、进一步探求知识的基础,因而可以指导进一步的实践。把具体的直接经验看得过重,使教育过于具体化,而忽视达到普遍化的充分理解,那是很危险的。

④ 在学校教学中使用各种教学媒体，可以使得教学活动更为具体、直观，也能为抽象概括创造条件，从而获得更好的抽象。

⑤ 位于经验之塔中层的视听教学媒体和视听经验，较上层的言语、视觉符号更能为学生提供较容易理解的具体、形象的经验，它又能突破时空的限制，弥补下层的直接经验方式之不足。

"经验之塔"理论所阐述的是经验抽象程度的关系，符合人们认识事物由具体到抽象、由感性到理性、由个别到一般的认识规律。而位于塔的中部的广播、录音、照片、幻灯、电影、电视等介于做的经验与抽象经验之间，既能为学生学习提供必要的感性材料，容易理解、容易记忆，又便于借助于解说或教师的提示、根据、总结，从具体的层面上升到抽象的概念、定理，形成规律，是有效的学习手段。因此，它不仅是视听教育理论的基础，也是现代教育技术的重要理论之一。

2.4 传播理论

按照信息论的观点，教育过程实质是一个信息传播的过程，在这个传播过程中有其内在的规律性和理论，所以教育技术要以传播学的理论为理论基础。

二维码2-5
传播理论

传播理论产生于20世纪40年代的美国，是一门研究人类传播行为的新兴边缘学科，它是随着美国广播和电视事业的发展，逐渐从社会学、心理学、政治学等学科中分离出来的一门新学科。施拉姆（W. Schramm）在前人传播研究的基础上，把传播作为一门学问进行独立的研究，并力图使之系统化，从而形成了传播学。传播学的产生也是自然科学和社会科学趋于整体化联系的反映，传播研究吸取了信息论、控制论等一些自然科学的理论和方法。

2.4.1 传播的概念与类型

1. 传播的概念

传播指信息的交换与交流。传播是自然界和人类社会的普遍现象，从远古的生物进化，到当代形形色色的社会活动，无不涉及信息的传播和利用。广义的传播可理解为"大自然中一切信息的传送或交换"，包括植物、动物、机器、人所进行的信息传播。狭义的传播主要指人所进行的信息传播，而且又分为人的内在传播（或称自我传播）和人与人的传播。

2. 传播的类型

每个人都可一分为二，成为一个"主我（I）"与另一个"宾我（Me）"的对立统一体。平常一个人的自言自语、自我思考、自我安慰、自我剖析等，都属于人的内在传播。而人与人的传播，是指人们通过符号、信号、传递、接收与反馈信息的活动，是人们彼此交换意见、思想、感情，以达到互相了解和影响的过程。传播通常包括人际传播、组织传播、大众传播、教育传播和网络传播等类型。

（1）人际传播　人际传播是个人与个人之间的信息交流活动，包括面对面的直接传播和以媒体为中介的间接传播。直接传播主要是以语言表达信息，或用表情、姿势来强化、补充、修正语言的不足。间接传播是以媒体为中介，如电话、电报、电视、书信等进行信息交流。人

际传播的目的是:

① 沟通。通过交流,不仅使自己了解别人,也使别人了解自己,达到相互了解、建立和谐关系的目的。

② 调节。在传播过程中,通过了解别人对自己的各种反应,不断调节自己的行为和生活态度,使之符合社会需要。

(2) 组织传播　组织传播是组织与组织之间、组织内部成员之间的信息交流活动。传播是组织生存与发展的必不可少的条件,没有传播就没有组织。组织传播的目的是:与其他组织达成有效的沟通,增进了解,建立良好的关系;使组织内部成员贡献出自己的力量,并和睦共处,以共同的行动促进共同的利益。

(3) 大众传播　大众传播是传播者用专门编制的内容,通过媒体,对广大受众进行信息交流的活动。在大众传播中,传播者不是某个人,而是有组织的传播机构,如报社、广播电台、电视台等。传播的内容是经专门人员,根据预定的计划编写、设计、制作的,内容涉及的范围很广泛,运用的媒体有报纸、书刊、广播、电视等,受众是广大而不确定的人群,包括各种职业、各个阶层、不同文化程度的个体。大众传播的目的,是从多方面影响受众,使之接受或认同传播者的意向。

(4) 教育传播　教育传播是由教育者按照一定的要求,选定合适的信息内容,通过有效的媒体通道,把知识、技能、思想、观念等传递给特定的教育对象的一种活动,是教育者和受教育者之间的信息交流活动。它的目的是促进学习者的全面发展,培养社会所需的各种人才。

与其他传播活动相比,教育传播具有以下特点:

① 明确的目的性。教育传播是以培养人才为目的的活动。

② 内容的严格规定性。教育传播的内容是按照教学计划和教学大纲的要求严格规定的。

③ 受者的特定性。

④ 媒体和传播通道的多样性。在教育传播中,教育者既可以充分发挥口语和形体语言的作用,又可以用板书、模型、幻灯、电视等作媒体;既可以是面对面的交流,又可以是远距离的传播。

(5) 网络传播　若以媒体分类,现代传播又可分为书刊传播、电话传播、电报传播、广播传播、电视传播和网络传播等。网络传播是以计算机网络为物质载体进行传递或交流信息的行为和过程,是一种新的传播方式。

网络传播既是对传统传播的一种继承,又具有自身的特征:

① 传播的数字化。网络是以信息技术为基础的高速数据传递系统,只传递 0 和 1 的数字。

② 传播的互动性。网络公众通过 BBS 论坛、QQ 聊天室和网络调查等方式实现即时的信息交流、情感沟通。

③ 传播的快捷性。网络传播省略了传统媒体的印刷、制作、运输、发行等中间环节,发布的信息能在瞬间传递给受众,而且网络传播的内容可以方便地实现刷新,在内容上具有极强的时效性。

④ 信息的大容量。互联网络实现了在线资源共享,任何资料库内的信息资源只要联网,都是公众的共享资源。

⑤ 检索的便利性。利用搜索引擎或新闻站点等多种检索方式,可以快速地获得自己所需的信息。

⑥ 媒体的综合性。网络综合了报纸、广播、电视等媒体,将文字、图片、声音、图像综合为一体,为公众提供全方位的信息。

⑦ 信息的再生性。网络中传播的信息可以复制或打印成为个人信息。

⑧ 传播的开放性。网络的开放性体现在传播对象的平等性和传播范围的广阔性。

⑨ 传播的选择性。网络传播的网站众多,内容丰富且分工精细,网民选择范围极为宽广,每位网民都可自由选择合适的个性化网站。

2.4.2 传播过程与模式

传播过程是一种信息传送和交换的复杂过程。传播学者研究传播过程,都毫不例外地把传播过程分解成若干个要素,然后用一定方式去研究这些要素之间的相互联系与相互作用,这样就构成了多种多样的研究传播过程的模式。其中,有代表性的模式有以下几种。

1. 拉斯威尔传播模式

1948年,美国政治学家哈罗德·拉斯威尔(Harold Lasswell)在一篇论文中提出了一个用文字形式阐述的线性传播过程模式。他认为,"描述传播行为的一个方便的方法,是回答下列5个问题:Who(谁),Say what(说了什么),In which channel(通过什么途径),To whom(对谁),With what effect(取得什么效果)",这就是著名的5W模式。

从拉斯威尔传播模式的5个传播要素,我们得到传播研究的5大内容:

(1) 控制分析　研究"谁",也就是传播者,进而探讨传播行为的原动力。

(2) 内容分析　研究"说什么"(或称信息内容)以及怎样说的问题。

(3) 媒体分析　研究传播通道,除了研究媒体的性能外,还要探讨媒体与传播对象的关系。

(4) 受众(对象)分析　研究庞大而又复杂的受传者,了解其一般的和个别的兴趣与需要。

(5) 效果分析　研究受传者对接收信息所产生的意见、态度与行为的改变等。

拉斯威尔传播模式在大众传播中获得了广泛的应用。但这一模式过于简单,具有以下明显的缺陷:首先,它忽略了反馈的要素,它是一种单向的而不是双向的模式,由于该模式的影响,过去的传播研究忽略了反馈过程的研究;其次,这个模式没有重视"为什么"或动机的研究问题。在动机方面,有两种值得重视的动机:一是受众为何使用传播媒体;二是传播者和传播组织为什么去传播。

后来有人在5W的基础增加了"Why"和"Where"两个要素成为7W模式。

2. 香农-韦弗传播模式

香农(Shannon)和韦弗(Weaver)在研究电报通信问题时提出了一个传播模式,如图2-6所示。这一模式原是单向直线式的,但是,他们不久就将这一模式加入了反馈系统,并引申其含义,用来解释一般的人类传播过程。该模式把传播过程分成7个组成要素,模式中信源(传播者)和编码器往往是同一人,信宿(受传者)和译码器也是同一人。从信息源中选出准备传播出去的信息,然后,这一信息经编码器转换为语言、文字、图画、动作和表情等各种符号与信号,信号通过空气、纸张、身体、面部表情等传播媒体(信道)传递给受传者,受传者经

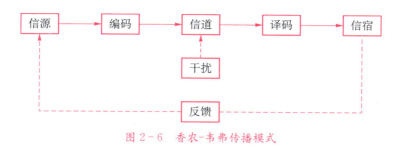

图 2-6　香农-韦弗传播模式

译码器转换成符号并解释为信息的意义,最后为信宿(受传者)接受利用。受传者收到信息后,必然在生理、心理上产生反应,并通过各种形式给传播者反馈信息。另外,在传播过程中还存在干扰信号,干扰信号可以影响到信源、编码、信道、译码、信宿等部分,这里为了简化,只集中表示对信道的干扰。一个优秀的传播者,将经常注意受传者的反应,修正传播内容,使之更适合受传者的需要、兴趣和经验等,以加强传播效果。

3. 贝罗传播模式

贝罗(D. Berlo)传播模式综合了哲学、心理学、语言学、人类学、大众传播学、行为科学等新理论,解释在传播过程中的各个不同要素。如图 2-7 所示,贝罗模式把传播过程分解为 4 个基本要素:信源(source)、信息(message)、通道(channel)和受传者(receiver),因此也称为贝罗 SMCR 传播模式。

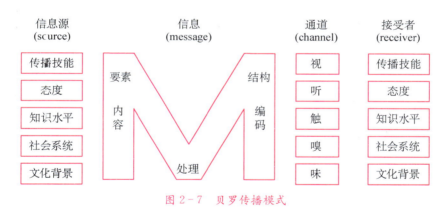

图 2-7　贝罗传播模式

(1) 信源和编码者　研究信源和编码者,需要考虑他们的传播技能、态度、知识水平、所处的社会系统及自身的文化背景等。

① 传播技能。信源与编码者不论是用说话还是用写作来传播,必须讲究传播的方式,才能保持信息本身的真实性和趣味性。传播技能包括语言(如语言的清晰和说话的技能)、文字(如文字写作的技能)、思想(如思维周密)、手势(如动作自然)及表情(如逼真)等。

② 态度。传播者是否喜爱传播的主题,是否有明确的传播目的,对受传者是否有足够的了解。

③ 知识水平。传播者对传播的内容是否彻底了解,是否有丰富的知识。

④ 社会系统。传播者在社会中的地位、影响与威信如何。

⑤ 文化背景。传播者的学历、经历和文化背景怎样。

(2) 受传者与译码者　信源、编码者与译码者、受传者,虽然在传播过程的两端,但是在传播过程中,信源——传播者可以变为受传者,受传者也可以变为传播者——信源。所以,影响受传者与译码者的因素与传播者、编码者相同,也是传播技能、态度、知识水平、社会系统与文化背景诸项。

(3) 信息　影响信息的因素有如下几项:

① 符号。包括语言、文字、图像与音乐等。

② 内容。为达到其传播目的而选取的材料,包括信息的成分与结构。

③ 处理。传播者对选择及安排符号和内容所做的种种决定。

④ 通道。传播信息的各种工具,如各种感觉器官,载送信息的声、光、空气、电波、报纸、杂志、播音、电影、电视、电话、唱片、图画、图表等。在传播过程中,信息的内容、符号及处理方式,均会影响通道的选择。例如,哪些信息适合于语言传送,哪些信息适合于视觉方式传送,哪些信息适合于触觉、嗅觉、味觉方式传送。

贝罗传播模式比较适合用于研究和解释教学传播系统的要素与结构,如S-M-C-R相当于教师-课业-手段-学生。我们还可以以其揭示的条件为依据,联系实际传播场合及要素的具体情况,预测教育传播的效果,发现可能存在的问题。

4. 海曼-弗朗克传播模式

德国的鲍尔·海曼(P. Haimann)与赫尔马·弗朗克(H. Frank)提出了一个课堂教学系统的六维空间结构模式。整个六维坐标系表示出影响课堂教学的6大因素,它们是:

(1) B　教学系统怎样施教。

(2) L　用什么教材施教。

(3) M　用什么教学媒体施教。

(4) P　对谁施教。

(5) S　在什么情况(环境)下施教。

(6) Z　为什么(目的)施教。

这一模式明确指出了教学过程的6大要素,这些要素相互关联、互相制约构成教学传播过程。教学过程要同时重视这6大要素并处理好它们之间的关系,才能取得好的教学效果。这一模式简单明了,清晰表明了教学系统有6个重要变量,适当控制这6大要素才能优化教学过程。但这一模式过于简单,未能表示出各要素之间的相互联系和因果关系。

2.4.3 教育传播

1. 教育传播要素

在教育传播中,构成传播系统的要素包括教育者、教育信息、受教育者、通道和媒体、传播环境等。

(1) 教育者　教育者是教育传播系统中具备教育教学活动能力的要素,是系统中教育信息的组织者、传播者和控制者,如学校里的教师、社团里的指导者、学生家长等。在学校里,直接面对学生进行教育教学活动的教师是最重要的教育者。教师的首要任务是发送教育信息,因此从这个意义上说,"教师"这一名称并不局限于上讲台的教师,还应包括教育管理者和教材编制者等,而且在特定条件下,教学机器也可以成为教师,即电子教师。在教育传播活动中,教师起着把关人的作用,传播什么内容、利用什么媒体都由教师决定。因此,教师必须能实现教育传播系统的整体目标,使学生在德育、智育、体育、美育、劳动诸方面都得到和谐的发展。而要完成这一重任,教师必须做好设计、组织、传递、评价等工作。

(2) 教育信息　信息是教育传播系统的主要要素之一,教育传播过程是一个信息交流的过程,自始至终充满了教育信息的获取、传递、交换、加工、储存和输出。信息是抽象的,当它被某种符号表征出来时才是具体的。表征教育信息的符号可分为语言符号和非语言符号两大类。合理运用各类传播符号,组成各种类型的教育、教学信息传播活动,是提高教育传播效率的有效措施。

(3) 受教育者　受教育者是施教的对象,一般来说就是接收教育信息的学生。在教育传播过程中,作为受者的学生,首先要接收传播信号,如阅读教科书和参考书、认真听取教师的课堂讲授、视听其他多种教学媒体、视听大众传播媒体、参加教学实践与社会活动等。然后,要对所接收的信息进行加工与储存,即将接收到的信号转换为语言符号或非语言符号,再将这些符号和已有的经验进行比较、分析、判断,得到符号的信息本义。但在教育传播系统运行过程中,学生对教育信息的接收并不是机械的、被动的,在大多数情况下,学生是主动地接受教育信息,甚至是有选择地去接收与理解教育信息的。

在信息传播过程中,学生的行为可概括为目标性行为、主动性行为和选择性行为。目标性行为是学生区别于一般大众传播中的受者的重要特征,具体表现为:学生接受教育信息要按培养目标所规定的,学生的传播行为是有组织有计划进行的。学生的主动性行为是指树立正确的学习动机,主动、自觉地进行学习,这是完成学习任务的重要保证。学生的选择性行为包括选择性接受、选择性理解和选择性记忆。出现这种行为的原因是学生接受传播之前,已经有了自己本身的一定经历、兴趣爱好,并且对事情、观念有一定看法。因此,当遇到不同于自己看法的传播时,往往对传播内容的理解会有所选择。

(4) 通道和媒体　所谓教育传播通道,就是教育信息传递的途径,教育信息只有经过一定的通道,才能完成传递任务,达到教育传播的目的。它的组成要素有各种教育媒体、教学环境、人的感觉器官、处理和传播信息的方式,也包括由一方传送到另一方所建立的联系方式。师生间面对面地进行教学是一种口耳相传的古老的联系方式。目前,除了印刷技术、光学影像技术外,通信技术、多媒体网络技术已被教育传播系统广泛采用,成为师生间重要的联系方式。按传递的信号形式来分,通道包括图像通道、声音通道和文字通道。

在教育传播通道中,教育传播媒体是必不可少的要素。教育传播媒体就是载有教育、教学信息的物体,是连接教育者与学习者双方的中介物,是人们用来传递和取得教育、教学信息的工具。各种教育、教学材料,如标本、直观教具、教科书、教学指导书、教学幻灯片、电影片、录音带、录像带、计算机课件等,都属于教育传播媒体。承载教育信息的所有物质形式都必须是能被师生双方的感官所能感受到的,这样才能沟通教育者与受教者之间的信息联系。

(5) 传播环境　教育传播环境是影响教育传播效果的重要因素,其内容是复杂的和多方面的。社会、经济、科技、文化背景、风俗习惯,以及各种自然物、人工物等都是教育传播环境中不可忽视的因素,其中影响较大较直接的有校园环境、教室环境、社会信息、人际关系、校风、班风、电、光、声、色等。

良好的教育传播环境能对教师的教学组织活动产生促进作用:

① 扩大教师采集和选择教育信息的范围。

② 为教师提供必要的物质条件。

③ 使教师有可能采取更为灵活有效的方式进行教育传播活动。
④ 为教师提供更多的与学生接触、与社会交往的机会。

同样,适宜的教育传播环境也能对学生的认知行为产生作用:
① 激发学习动机,提高学习积极性,促进学生的智力发展。
② 培养学生高尚的道德品质和行为习惯。
③ 促进学生的身体健康成长。

2. 教育传播的基本方式

根据教育传播中传播者与受传者的关系,可将教育传播分为以下几种:

(1) **自学传播** 自学传播是指没有专职教师当面传授的一种教育传播方式。自学者自定学习目标,从可能的环境中寻找合适的教师替身。平常较多的是选择自学的教材,即根据学习要求选购相应的书籍、录音带、录像带和 CAI 课件等学习材料,自定步调学习。

自学传播与自我传播是两个概念,前者是教育传播的一种方式,传播者不是本人,而是学习材料。比如,自学者看的书即起传者的作用。自我传播则是集传播者与受传者于一身,是主我和宾我的信息交流。

(2) **个别传播** 教育传播最早的时候即采取这种方式,是传播者与受传者单独面授知识和经验的一种教育传播方式。尽管这种教育传播方式相当古老,但因为它的效果显著而沿用至今。现在则可以通过传播手段进行,如在语言实验室中教师利用主控台设备与隔音座上的学生单独通话讲授。目前,国外开展的电话教学也可纳入这一范围。

个别传播与人际传播比较,有许多相似之处,如传播者与受传者都是不同的个体,并能即时得到反馈等。两者最大的不同点在于,个别教育传播具有明确的目标,如讲清一个原理、教会一种方法或技术等,教育信息流的流向倾斜于受传者,而且这个传播过程隶属更大的一个教育传播系统范围(例如,学校教育传播系统),它的目标是大系统目标的一部分。而人际传播则可能具有各种不同的目标,如朋友之间的交谈可以是各有所思、各有所求。

(3) **课堂传播** 课堂传播是当前学校普遍采用的教育传播方式,学生的学习主要依据课本和教师的语言讲解,亦即主要是通过语言和文字符号进行。这种传播方式有利于发挥教师的主导作用,教师能科学地组织教学过程,充分考虑情感因素在学习过程中的重要作用,学生能快速、有效地掌握知识技能,有利于培养学生的合作精神和竞争意识。但由于过分强调整齐划一,容易忽视学生的自主性和独特性,不利于发挥学生的全部潜力,不利于培养学生的兴趣、特长和发挥他们的个性才能。

若将课堂传播与组织传播比较,则它是一种不完备的组织传播形式。因为组织传播是组织内的成员与成员、本组织与其他组织间的信息互动,它包括过程、信息、网络、相互依赖和环境 5 个因素。也就是说,在一个组织中,信息传递方向自上而下、自下而上,加上横向传递,构成一个信息流动网络,成员之间形成相互依赖的关系,同时与组织之外的环境也发生信息互动关系。课堂传播中虽然也有教育信息的沟通过程,但是一般来说其沟通程度较差,学生很少有发言的机会。至于传播的网络、相互依赖和环境等因素,则更不完备。目前,在课堂上,一般总是以教师讲解为主,就是说自上而下的信息灌输是大量的,而学生提问、争辩则是极少的,至于学生之间横向交流在课堂上常常是被制止的,这样就造成学生过多地依赖教师,处于被动的地位。

(4) **远程传播** 远程传播是非面对面的传播活动,如函授、电视教学、网络教学等。这种教育传播方式随着广播、电视、录像、卫星广播、计算机和网络等现代通信传播和控制手段的推广而逐步得到普及,但还需要适当的辅导与之相配合。

如果将远程传播和大众传播加以比较的话,除了前者具有严格的教学目标和教学组织形式之外,两者十分接近,甚至无法分清。比如,大众传播中的教学节目、科普常识的广播等,虽然未将受众严密地组织起来,也不进行考试,但作为系列教学节目常常可为在校学生或自学者提供十分有用的教学信息。在开展远程教育传播方面,特别是在举办电大、广播学校、网络学院等方面,我国取得了令人瞩目的成绩。AECT 执行主任林·古布塞博士指出:"在诸如教学设计、计算机辅助教学和交互式系统这样的专业领域里,美国有许多东西可供借鉴,而中国则在利用广播和电视进行公共教育方面有不少地方值得美国学习。"

3. 教育传播过程

教育传播过程是一个由教育者借助教育媒体向受教育者传递与交换教育信息的过程。通过信息的控制,这些要素之间相互作用,形成一个连续的动态过程。这一过程可分为 6 个阶段:确定教育传播信息、选择教育传播媒体、通道传送、接收与解释、评价与反馈、调整再传送,如图 2-8 所示。

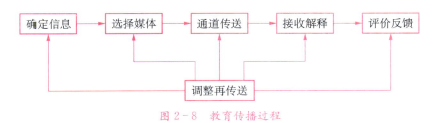

图 2-8 教育传播过程

(1) 确定教育传播信息　教育传播过程的第一步是确定传送的教育信息,传送什么信息,要依据教育目的和课程的教学培养目标。一般来说,课程的文字教材是按照教学大纲编写,通常都体现了要传送的教育信息。因此,在这一传播阶段,教育者要认真钻研文字教材,对每章节的教学内容进行分析,将内容分解为若干个知识点,并确定每个知识点对学习者要达到的学习水平。

(2) 选择教育传播媒体　选择教育传播媒体去呈现要传送的信息,实质就是编码的过程。某种信息该用何种符号和信号的媒体去呈现或传送,是一个复杂的问题,要用一套理论与方法去指导。一般来说,一是选择的媒体能准确地呈现信息内容;二是选用的媒体符合学习者的经验与知识水平,容易被接受和理解;三是选用的媒体容易取得,需付出的代价较少,却能取得较好的传播效果。依据这些原则,教育者应在分析教育信息和教育对象的基础上,首先在现有的媒体中去选择合适的,其次是去购置,最后是自行设计和编制新的教育传播媒体。

(3) 通道传送　在这阶段,教育传播通道通过教育媒体传送出信号,也称施教阶段。在这里首先要解决两个问题:一是信号要传递多远,多大范围。例如,课堂教学传播,教学对象是几十至几百人,范围是在几十至几百米之间;至于远距离教育传播,则要将信号传到几百甚至几千公里之外,受教育的对象可以有千千万万之多。因此,要根据信号的传送要求,选好传送通道,保证信号的传送质量。二是信息内容的先后传送顺序问题。在任何课堂教学传播中,每一节课,从开始至结束,教师何时口语传播、何时利用幻灯媒体、何时利用电视媒体,要遵循课程的教学结构;在远距离教学传播过程中,无论用广播、电视媒体,还是寄发印刷媒体,都有一个学习的先后顺序。因此,在通道传送前,教育者必须做好每一次传送的结构设计,在通道传送时,有步骤地按照教学结构方案去传送信号。通道传送应尽量减少各种干扰,确保传送信号的质量。

(4) 接收与解释　在这一阶段,受教育者接收信号并将它解释为信息意义,也就是信息译码阶段。受教育者首先通过视、听、触等感觉器官接收传来的信号,信号对感官的刺激通过神经系统传至中枢神经,通过分析将它转换为相应的符号;然后受教育者依据自身的知识与经验,将符号解释为信息意义,并储存在大脑中。

(5) 评价与反馈　受教育者接收信号、解释信息之后,增加了知识、提高了能力,能否达到预定的教学目标,要进行评价。评价的方式方法很多,可以观察学生的行为变化,也可以通过课堂提问、课堂作业,以及阶段性的考试等。评价的结果是教育传播过程中一种非常重要的反馈信息。

(6) 调整再传送　通过掌握的反馈信息与预定的教学目标比较,发现教育传播过程中的不足,再次调整教育信息、教育媒体和教育传送通道,进行再次传播。例如,在课堂提问时发现问题,即时调整传播;在课后作业、考试中发现问题,可进行集体或个别辅导;在远距离教学的作业中发现问题,可以补发辅导资料,或者可能时集中在一处作面对面的辅导等。

4. 教育传播的基本原理

教育传播的最终目的,是要取得良好的教育传播效果。教育传播效果是指在一定的教育传播过程完成之后,受教育者在知识、能力和行为等方面所发生的变化,以及与此相关的教学效率、教育规模等。研究发现,教育传播要取得好的效果,须遵循一些原理或规律。其中,利用媒体进行传播的几个主要原理为:

(1) 共同经验原理　教育传播是一种信息传递与交换的活动,教师与学生的沟通必须建立在双方共同经验范围内。一方面,对学生缺乏直接经验的事物,要利用直观的教育媒体帮助学生获得间接的经验;另一方面,教育媒体的选择与设计必须充分考虑学生的经验。

(2) 抽象层次原理　抽象层次高的符号,能简明地表达更多的具体意义。但抽象层次越高,理解便越难,引起误会的机会也越大。所以,在教育传播中,各种信息符号的抽象程度必须控制在学生能明白的范围内,并且要在这范围内的各抽象层次上下交替运用。

(3) 重复作用原理　重复作用是将一个概念在不同的场合或用不同的方式去重复呈现。它有两层含义:一是将一个概念在不同的场合重复呈现。例如,在几个不同的场合下接触某个外语生词,以达到长时记忆。二是将一个概念用不同的方式重复呈现。例如,同时或先后用文字、声音、图像去呈现某一概念,以加深理解。

(4) 信息来源原理　有权威、有信誉的人说的话,容易为对方所接受。资料来源直接影响传播的效果。因此,在教育传播中,作为教育信息主要来源之一的教师,应树立被学生认可的形象与权威。所用的教材与教学软件,其内容来源应该正确、真实、可靠。

拓展阅读▶

我国教育传播理论的建立与发展

1982年4月中旬,宣伟伯、余也鲁来到华南师范大学开展了为期7天的"教育传播"学术活动。参加这次学术活动的,有来自全国大中小学与教育机构的 300 多人。同时,宣伟伯、佘也鲁在广州 7 天的学术报告和佘也鲁在兰州的两次学术报告,后来经佘也鲁整理成为 9 章内容的专著,书名为《传媒·教育·现代化——教育传播的理论与实践》。

传播理论是电化教育(教育技术学)的理论基础,电化教育工作者必须学习、掌握、运用传播理论。由南国农、李运林按教学大纲编写的《教育传播学》一书的发行,标志着中国的"教育传播理论"已基本建立。

二维码 2-6 我国教育传播理论的建立与发展

2.5 系统科学理论

1932 年,美籍奥地利生物学家贝塔朗菲(L. V. Bertalanffy)提出了一般系统论,认为系统是统一体的完整性,是相互作用的诸要素的复合体。1947 年以后,贝塔朗菲又进一步发展和完善了他的一般系统论,从而丰富了系统和要素的概念。在系统论迅速发展的同时,1948 年维纳(N. Wiener)创立了控制论、香农创立了信息论。系统论、控制论和信息论各有其相对独立的理论与观点,但它们之间又相互渗透、相互交叉、密不可分,组成了系统科学理论,它是现代科学的一般方法论,对教育技术的形成与发展产生了重要的影响。

二维码 2-7 系统科学理论

2.5.1 系统论

系统论是研究一切系统的模式、原理和规律的科学。所谓系统,是指由相互作用和相互联系的若干组成部分结合而成的,具有特定功能的统一的整体。系统论认为,世界上一切事物、现象和过程几乎都是有机整体,且又都自成系统、互为系统;每个系统都是在与环境发生物质、能量、信息的交换中变化发展,并能保持动态稳定的开放系统;系统内部及系统之间保持一种有序状态。

系统论促使我们以整体的观点、综合的观点来考察教育教学过程与现象,运用系统方法来分析和解决教育教学问题。

2.5.2 控制论

控制论是研究生物系统和机器系统中的控制和通信的科学。所谓控制,是指通过反馈实现有目的的活动。而反馈,则是指系统的输出转变为系统的输入这一过程。

随着控制论的创立而发展起来的反馈控制方法和功能模拟方法等,在教育技术中有着十分重要的地位。

反馈控制方法是指把系统输出的信息返回到输入端,对系统的输入和再输出施加影响,从而使系统能稳定地保持在某种状态或按照一定路径达到预定目标的方法。

一个有效的教育教学系统,必须有一个良好的反馈控制系统。我们知道,教学过程实质上是教育信息传播和反馈的过程。教师备课就是将教育信息的储存状态重新组合,变换成输入状态,并考虑以怎样的表达方式和顺序传递给学生。在传递过程中,教师要运用反馈原理,不断地从学生的反馈信息中获得调节和控制的依据,从而了解情况、发现问题、改进教法、优化效果。学生也可以从教师那里获得反馈评价,了解自己的学习情况和存在的问题,从而改进学习方法,提高学习效率。

功能模拟方法是指在没有搞清楚或不可能搞清楚其系统原型内部结构的条件下,用一个与它的内部结构不同的模型,来实现与原型相似的功能的方法。在教育技术中,功能模拟方法被广泛采用。更重要的是,功能模拟方法启示人们用机器来代替人脑的部分功能,用电脑系统去完成人脑系统才能完成的工作。所以说,控制论的发展导致了人工智能的产生和发展。从发展的角度看,人工智能将成为一种重要的教育技术手段。

2.5.3 信息论

信息论是研究各种系统中信息的计量、传递、变换、储存和使用规律的科学。

信息普遍存在于自然、社会和人类思维之中,它是一切系统保持一定结构、实现其功能的基础。信息论认为,系统正是通过获取、传递、加工与处理信息而实现其有目的的运动的。

由于受信息论的影响,人们对教学过程的认识不再仅仅局限于"教学过程是一种特殊的认识过程"这一抽象的概括上,而将教学过程具体化为"教学信息交换的过程",认为学生与教师、同学、教材、教学环境之间,以及教师与学生、教材、同事、教学环境之间所存在的信息交换关系,这应是研究教学过程的重点。如何对教学信息进行分析与处理,如何分析教育教学系统中的信息传播特点与规律,这就是教育技术关注的问题。信息论为解决这些问题提供了很好的思路与方法。

2.5.4 系统科学的基本原理

系统科学理论可以归纳为 3 个基本原理,它们是反馈原理、有序原理和整体原理,构成了比较完整的理论体系。

(1) 反馈原理　任何系统只有通过反馈信息,才可能实现有效的控制,从而达到预期的目的。被控系统既有信息输入,又有信息输出。从信息的输入到信息的输出,再反馈到信息的输入,形成一个回路。没有反馈信息的回路,是不可能实现控制的。系统的控制部分正是根据反馈信息才能比较、纠正和调整它所发出的控制信息。在教育教学系统中,反馈原理具有普遍的指导意义。

(2) 有序原理　系统内部各要素有其排列组合的顺序、层次,其组织形式构成系统的结构。系统的结构决定系统的功能,不同的结构可以产生不同的功能。所以,要重视系统内部各要素的合理组织,重视系统的有序程度,发挥系统的最佳功能。

系统与外部环境存在着联系与制约,系统、环境与要素是有密切联系的。一种事物总是存在于某种系统之中,从而作为该系统中的一个要素。一切事物又自成系统,有其内部结构。对于一个特定系统来说,其他系统则是该系统存在的外部环境。所以,系统、要素和环境三者是有机统一的关系,是相互联系和相互制约的。

一个系统如果与环境有输入-输出关系,即与外界有物质、能量、信息的交换,则该系统称为开放系统。开放系统总是要适应环境的变化而调整自己的结构。系统由较低级的结构转变为较高级的结构,称为有序;反之,称为无序。系统从无序走向有序,就是系统的发展;反之,则为系统的退化。因此,系统的发展进化是一个不断地从简单到复杂、从低级到高级的有序化自组织过程。

根据有序原理，在研究与处理教育教学问题时，应注意教学系统与环境的关系，重视对构成教学系统的要素加以注意和选择，更要特别重视教学系统内部各要素的组织，以充分发挥教学系统的功能。

(3) 整体原理　任何系统都是一个有结构的整体，即系统是由若干相互联系、相互作用的要素构成的整体。但是在功能上，系统的整体功能$\Sigma_{整}$并不是简单地等于各个部分功能的总和，而是等于各部分功能的总和$\Sigma_{部}$加上各部分相互联系形成结构产生的功能$\Sigma_{联}$，即$\Sigma_{整}=\Sigma_{部}+\Sigma_{联}$。

整体原理要求我们在研究教育教学问题时，要具有整体意识，不仅要注意发挥系统中各部分的功能，更重要的是注意发挥各部分相互联系所形成结构的功能，达到教育教学系统的优化。

实 验 项 目

PPT 软件应用

实验目的

(1) 掌握 FPT 中集成多媒体信息的方法。
(2) 了解 FPT 的绘制功能。
(3) 掌握 FPT 的动画功能。
(4) 掌握 FPT 的模板与母版的使用。
(5) 掌握 PPT 中的交互功能。

实验任务与操作指导

(1) 自选内容制作 5 张图文并茂的幻灯片。其中，图片可以下载，也可以用 PPT 绘图工具绘制。
(2) 为幻灯片选择一个模板。
(3) 在母版中插入一个校徽图案，并在右下角插入幻灯片页码。
(4) 为幻灯片中的文字和图片添加合适的自定义动画。
(5) 为幻灯片添加音乐背景，并且音乐在第一张到第四张幻灯片播放期间都持续播放。
(6) 在第五张幻灯片中插入一段视频，下载的视频可以转换成 WMV 格式再插入。
(7) 增加一张新的幻灯片并拖动到第一张幻灯片之前，在该幻灯片中添加其他幻灯片的内容标题，为各标题插入超链接，分别链接到各张幻灯片中。

本章小结

本章对学习理论、现代教学理论、视听教育理论、传播理论及系统科学理论作了较为系统的阐述，重点论述了这些理论对教育技术实践的支持作用。"经验之塔"理论是教育技术中的一个重要理论，它在指导开展教育技术实践方面具有十分重要的意义。"经验之塔"理论把学习得到的经验按抽象程度的不同分为 3 大类 10 个层次，其中"塔"

基的经验,是最直接最具体的经验,越往上升,则越趋于抽象。教育应当从具体经验入手过渡到抽象。教育不能只满足于获得一些具体的经验,而必须向抽象化发展。本章还对教育传播的基本过程及规律进行了分析。

纵观目前各个流派的学习理论,如行为主义、认知主义、建构主义、连通主义等,它们都创建于学习技术含量尚不高和网络化程度较低的时期。在近几十年中,技术已经重组了我们的生活、交流与学习方式。传统以联结主义为核心的学习理论的中心法则为:学习发生在学习者个体内部。但是,在数字时代,学习高度社会化,学习情景日益复杂化,教育技术领域也日益强调基于技术的复杂学习。因此,传统以联结主义为核心的学习理论面临新的挑战。

思考与练习

1. 学习理论主要有哪些流派,它们的基本观点是什么?
2. 概述主要的教学理论。
3. 举例说明如何在教学中利用人的视、听觉特性。
4. 简述"经验之塔"理论的内容和基本观点。
5. 教育传播有哪些方式?它们有什么特点?
6. 简述教育传播的基本过程。
7. 系统科学的基本原理有哪些?联系实际谈谈它们对教育教学的作用。
8. 论述知识建构的主要观点及对教学的作用。

教学媒体选择与资源获取

学习目标

1. 描述教学媒体的含义和分类。
2. 掌握常见多媒体教学系统的教学应用。
3. 理解教学媒体的选择方法,能就特定的教学选择合适的媒体。
4. 掌握常见的数字化教学资源的搜索与获取方法。

知识结构

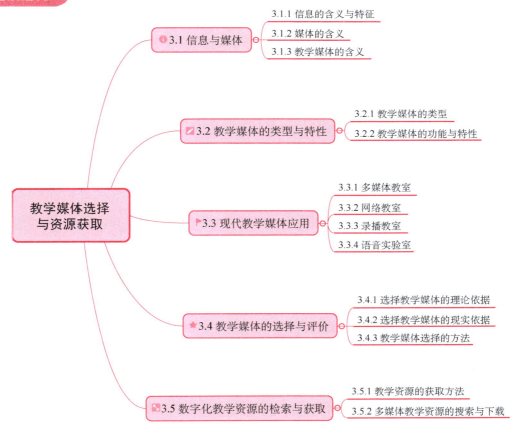

加拿大著名传播学家麦克鲁汉(Marshall McLuhan)在《理解媒介》(1964年)一书中曾指出：媒体是人体的延伸，就如同书是眼的延伸、广播是耳的延伸、电视是眼和耳的延伸。他认为，媒体是导致社会变动的最强大动力，其影响并改变人们的生活方式、工作方式与思维方式，改变人与人、人与世界的关系。

那么，什么是教学媒体？教学媒体的作用是什么？我们又如何选择教学媒体？这是本章重点讨论的问题。

3.1 信息与媒体

现代科学认为，客观世界的 3 个基本要素是物质、能量、信息。信息不同于物质，也不同于能量。信息已成为现代社会发展的一个先决条件，信息的重要性不言而喻。

3.1.1 信息的含义与特征

信息一词来源于拉丁语 information，意为解释、陈述。总体而言，人们对信息的含义有如下几种认识。

1. 信息是指消息、符号和知识

在日常生活中，人们所说的信息，通常指消息、知识。认为信息是"一和传播的消息"，"一种能加以运算、加工处理的数据与符号"，"一种认识世界、改造世界的知识"。正如韦氏字典和牛津字典给信息下的定义："信息是用以通信的事实，在观察中得到的数据、新闻和知识。""信息是谈论的事情、新闻和知识。"

2. 信息是指事物运动状态与规律的表征

信息论与控制论的创始人之一，诺伯特·维纳(Norber Wiener)所说"信息不同于物质，也不等于能量"。因此，从信息的本源去探讨，信息是指事物运动状态与规律的表征，如天体的运动、气候的变化、生物的生长、社会的变迁、人的发展都是用信息表征的。

3. 信息是可以传输和存储的

信息是普遍存在的，具有许多特征，如信息具有知识的秉性，信息是一种可以共享的资源等。此外，信息还具有可传输和存储、提取和加工变换等特征。

3.1.2 媒体的含义

如上所述，信息是抽象的，是可以传输和存储的，它必须借助一定的符号形态才能被传播并为受众所感受，而正是媒体承载了这一任务，这就是媒体的作用。因此可以说，没有媒体就没有信息的呈现，没有媒体就不可能传递信息。

媒体(media)源于拉丁语 medium，意为"中介"之意。麦克卢汉(Marshall McLuhan)对媒介的理解还有一个非常经典的主张，那就是"媒体也是信息"，随着媒体而来的内容可能是另外一种媒体。例如，电影的内容可能是一部小说、一部戏剧，或是一部歌剧，而小说、戏剧、歌剧都属于媒体。丹尼斯·麦奎尔(Denis McQuail)也曾经比喻：媒体就是使我们看到身外世界的窗口，是帮助我们领悟经历的解说员，是传递信息的站台或货车，是包括观众反馈的相互作用的传播,是给予指示和方向的路标,是去伪存真的过滤器,是我们正视自己的明镜。

从信息的角度来说,媒体是从信息源到接受者之间承载信息、传播(或交流)信息的物质工具或载体。从传播的角度而言,媒体指任何可以在信息源和接受者之间传递信息的载体,既可以是抽象的符号系统,也可是具体的实物,如图3-1所示。

图3-1 媒体的含义　　　　　图3-2 媒体示意图

因此,媒体代表两层含义,一是指存储、加工、传递信息的物质实体,如黑板、投影机、计算机、空气、电磁波等;二是指物质实体上所承载的信息及其符号系统,如语言、文字、图像等,如图3-2所示。黑板是指存储、加工、传递信息的物质,而"我"和☺则是黑板实体上所承载的不同符号系统的信息。

3.1.3 教学媒体的含义

教学媒体是媒体的下位概念,是指在学习和教学过程中,用来承载和传播教学信息的物质工具或载体,具有明确的教学目的、教学内容和教学对象。因此,当媒体用来完成教学任务的时候,这些媒体就称为教学媒体。

由此可知,教学媒体至少包含两个要素:一是媒体只有用于存储与传递教学为目的的信息时,才可称为教学媒体;二是媒体用于教与学活动的过程时,才能发展成为教学媒体。

需要指出的是,在各种教学活动中,尤其是信息化教学的今天,教学媒体已经成为教育教学中不可或缺的组成部分。

思考讨论 ▶

参照媒体的定义,和你的学习伙伴一起讨论,"白纸""教师"是不是媒体?并请说明理由。

表3-1 媒体的理解

"白纸""教师"是不是媒体?	理　　由
是	
不是	

> **拓展阅读** ▶

新媒体、自媒体、社会化媒体

新媒体(new media)、自媒体(we media)、社会化媒体(social media)都是当下很热的概念,它们各自的定义是什么?有什么区别呢?

图 3-3 新媒体、自媒体与社会化媒体概念出现的时间轴

新媒体: 美国《连线》杂志将新媒体定义为:"所有人对所有人的传播。"它是相对于电影、广播、电视、报纸等传统媒体而言的,是基于数字技术的所有媒体,包括网络媒体、手机媒体、数字电视、移动电视、博客和播客等。

自媒体: 美国资深媒体人鲍曼(S. Bowman)和威利斯(C. Willis)联合发布的名为"We Media(自媒体)"的线上研究报告指出,自媒体是普通大众经由数字科技强化、与全球知识体系相连之后,一种开始理解普通大众如何提供与分享他们自身的事实、新闻的途径。自媒体是一种特殊的新媒体,当把新媒体的传播者限定为"个人"时,它们就成为了自媒体,如个人博客、个人主页、个人日志等。

社会化媒体: 梅菲尔德(Antony Mayfield)在《什么是社会化媒体》一书中,将社会化媒体定义为一种给予用户极大参与空间的新型在线媒体,强调由个人对话的形式沟通,而非单向的组织传播。

二维码 3-2
社会化媒体

3.2 教学媒体的类型与特性

3.2.1 教学媒体的类型

为了清楚地认识各种教学媒体,方便我们选择和使用教学媒体,我们梳理了教学媒体和分类标准。目前,被人们广泛接纳的分类标准见表 3-2。

二维码 3-3
教学媒体的
定义与选择

表 3-2 教学媒体的分类

分类标准	类别	
时间先后	传统教学媒体	现代教学媒体
		电子技术:幻灯投影、广播录音等
		信息技术:多媒体系统、网络系统等

续表

分类标准	类别			
受众范围	大众媒体		自媒体	
信息的流动方向	单向媒体		多向媒体	
组合方式	单一媒体	组合媒体	集成媒体	聚合媒体
感官通道	视觉媒体	听觉媒体	视听媒体	综合性媒体
媒体特性	文字教材	声音	视觉画面	动态媒体	操作性媒体	人

1. 按时间先后分类

最常见的是根据教学媒体的发展时间,把教学媒体分为传统教学媒体和现代教学媒体,如黑板是传统教学媒体。现代教学媒体又可分为电子技术教学媒体(幻灯投影仪、广播电视等)和以信息技术为特点的多媒体教学系统、网络教学系统等。

2. 按受众范围分类

从这个角度而言,教学媒体可分为大众媒体和自媒体。教学媒体的趋势之一是从大众媒体转向自媒体,从促进学习的角度而言,自媒体的作用更大。

3. 按传递信息的流动方向分类

按传递信息的流动方向划分,教学媒体可分为单向媒体和多向媒体。一般,把电视、广播认为是单向媒体,计算机是多向媒体。

4. 按媒体的组合方式分类

按媒体的组合方式划分,可分为单一媒体、组合媒体、集成媒体、聚合媒体。其中,广播、录音属于单一媒体,投影仪、幻灯片、电视电影是组合媒体,而计算机多媒体、电子交互白板是集成媒体,网络多媒体是聚合媒体。

5. 按感官通道分类

依据媒体作用于人的感官的不同,也可以将教学媒体分为视觉媒体、听觉媒体、视听媒体和综合性媒体。

6. 按媒体特性分类

斯马尔蒂诺(Sharon E. Smaldino)、罗素(James D. Russell)等人在其经典著作《教学技术与媒体》一书中,把教学媒体分成6种,分别是文字教材、声音、视觉画面、动态媒体、操作性媒体和人。最常用的是文字教材,以数字、字母、汉字等混合编排,以书本、海报、黑板、计算机屏幕等形式显示;声音包括听到的任何事情,可能是实况,也可能是录音;视觉画面包括海报上的图表、照片和书上的插图等;动态媒体指显示动态信息的媒体,如录像带、动画等;操作性媒体是三维的,指实物和模型,学生能够触摸和操作;最后一类是人,既可能是教师,也可能是学生,或领域专家。

3.2.2 教学媒体的功能与特性

1. 教学媒体的功能

教育教学过程的实质就是一个信息传播的过程。因此,教学媒体的功能首先就是传递信息和存储信息,如利用投影仪显示教学信息、用计算机存储和处理学生信息和成绩;媒体的作用是促进沟通和学习。

其次,作为教学媒体的抽象形式的符号系统,其作用是能够建立符号和实物之间的对应,也可以在不同符号系统之间建立同步、对应关系。这一点在外语教学中表现尤为明显。

最后,不同媒体的处理能力,也影响着媒体在教学中的不同作用。

教学媒体除了上面列举的几个功能以外,在营造情境、陶冶情操和启发思维方面,也发挥着重要的作用。何克抗教授用表3-3的80个字,综合概括了媒体在教学中所发挥的作用。

表3-3 教学媒体的功能

A	提供事实,建立经验	F	演绎原理,启发思维
B	创设情境,引发动机	G	设难置疑,引起思辨
C	举例验证,建立概念	H	展示事例,开阔视野
D	提供示范,正确操作	I	欣赏审美,陶冶情操
E	呈现过程,形成表象	J	归纳总结,复习巩固

2. 教学媒体的特性

教学媒体的特性,首先是作为一般媒体所表现出来的共性,具有固定性、扩散性、重复性、组合性、工具性和能动性等。除此之外,教学媒体还具有自己独有的特性,即表现性、重现性、接触性、参与性和受控性,见表3-4。

表3-4 教学媒体的特性

表现性	指教学媒体表现事物的空间、时间和运动特征的能力。空间特征指事物的形状、大小、距离、方位等;时间特征指事物出现的先后顺序、持续时间、出现频率、节奏快慢等;运动特征指事物的运动形式、空间位移、形状变换等
重现性	指教学媒体不受时间、空间限制,把储存的信息内容重新再现的能力
接触性	指教学媒体把信息同时传递到学生的范围的大小
参与性	指教学媒体在发挥作用时,学生参与活动的机会。模型、录音、录像、计算机等媒体提供学生自己动手操作的可能,使学生可能随时中断使用而进行提问、思考、讨论等其他学习活动,行为参与的机会较多;电影、电视、无线电广播、多媒体计算机等媒体有较强的感染力,刺激学生的情绪反应较为强烈,容易诱发学生在感情上的参与
受控性	指教学媒体接受使用者操纵的难易程度

二维码3-4
《三角形内角和》课例

实践活动

和小组学习伙伴一起观摩这个教学案例,分析案例中使用了哪些教学媒体,这些媒体的类型、作用以及案例对你的启发,并填入表3-5中。

表3-5 教学媒体分析表

主要教学内容		
所用教学媒体	媒体类型	
	媒体内容	
	媒体作用	
	使用方式	
	启发	

拓展阅读

媒体与学习

媒体与学习是教育技术学的两个基本概念,也是教育技术学专业早期研究的重心问题,在教育技术学研究史上有著名的学媒之争。关于媒体与学习的关系主要有如下4种观点。

1. 麦克卢汉的媒体观

(1) 媒介就是信息。

(2) 媒介是人体的延伸。

(3) 媒介有"冷"、"热"之分。

2. 克拉克的媒体观

(1) 媒体仅仅是传递信息的一种工具,本身对信息没有任何影响。

(2) 影响学习效果的是教学方法而不是媒体。

(3) 方法是独立于媒体之外的,并且只有方法才会真正影响到学习结果。

(4) 人们对媒体的比较研究发现,不管是哪一种媒体,在学习上都"没有引起比较显著的差别",教学结果的差别往往是由不同的教学方法或内容的差异。

3. 考兹曼的媒体观

(1) 媒体与方法是共同作用于学习的,学习是一个复杂的过程,并不是只有方法才会影响到学习。

(2) 媒体和方法是相互作用来共同影响教学效果的。

(3) 借助于媒体的学习只是学习过程的辅助作用。

4. 贝茨的媒体观

(1) 媒体一般是灵活的,可替换的。

(2) 每种媒体都有独特的内在规律。

(3) 不存在"超级媒体",各种媒体各具优缺点。

(4) 对某些具体的教学目标,还是存在某种媒体的教学效果要优于其他媒体。

二维码3-5
《理解媒介》

3.3 现代教学媒体应用

在实际教与学的实践活动中,教师很少只利用一种媒体进行教学。为了提高教学效率/效果,学校创设了系统化的现代教育技术设施与条件。在这里,我们主要论述与课堂教学息息相关的多媒体教学系统。

多媒体教学系统是学校开展多媒体教学的重要设施与场所,是指以多媒体计算机和相关外围设备聚合成的一个教学系统,常包括多媒体教室、多媒体网络教室、语音实验室和微格教室等。

3.3.1 多媒体教室

1. 多媒体教室简介

多媒体教室也称多媒体演示室。多媒体教室是由多媒体计算机、投影仪、视频展示台、中央集成控制系统、投影屏幕、录像机、音响设备等多种现代教学设备组合而成,如图3-4所示。现阶段被广泛运用于课堂教学、培训、会议报告等多种场合,它能使教师方便、灵活地应用多种媒体实施媒体组合教学。在中小学课堂教学中,可满足多学科的教学演示、示范教学、开展学术活动等。

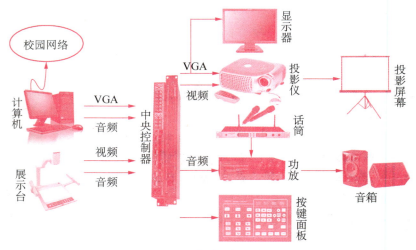

图3-4 多媒体教室系统

多媒体教室的基本功能如下:
① 演示各类多媒体教学课件,开展计算机辅助教学。
② 播放录像、VCD、DVD等视听教学节目。
③ 播放各种声音信号,并能完成现场声音的录制。
④ 展示实物投影。运用视频展示台进行实物投影,以及投影各类幻灯片、投影片、照片、图片等。
⑤ 连接校园网络和因特网,使教师能够根据教学需要方便地调用网络资源,实现网络联

机教学。

⑥ 与校园闭路电视网连接,可接收闭路电视节目,进行电视教学。

2. 多媒体教室系统构成

在多媒体教室系统构成中,各种不同类型的教学资源通过相应媒体送入中央控制系统(中央控制器),然后通过计算机软件界面或桌面按键或遥控器进行操作控制,完成各种信号之间的切换,实现对视音频设备的全面控制,如图 3-5 所示。

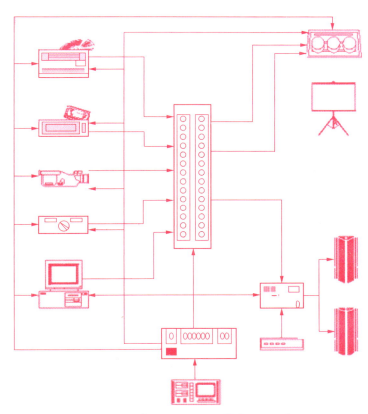

图 3-5　多媒体教室系统基本结构示意图

其中,中央集成控制系统是多媒体教室的核心,利用集成控制系统可将各设备连接起来,实现对多媒体教室各设备的功能、电源控制和视音频切换等操作,大大提高了设备的利用率。根据控制方式的不同,集成控制系统可分为按键开关式、触摸屏式、软件控制式 3 种。

(1) 按键开关式　它用线路连接各种媒体设备的控制信号,用手动按键开关进行操作。图 3-6 所示是一种常见的按键开关式集成控制系统的控制面板,其特点是简单、可靠、价格低等。

(2) 触摸屏式　它是通过触摸屏去控制主控机的输出,从而实现对各种设备与外设的操作与控制,如图 3-7 所示。其特点是技术先进、使用方便,但价格贵。

(3) 软件控制式　通过运行在多媒体计算机上的软件进行控制,软件界面也非常直观,使用方便,如图 3-8 所示。

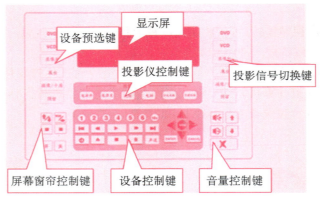

图 3-6　按键式集成控制系统的控制面板

图 3-7　触摸屏式集成控制系统的控制面板

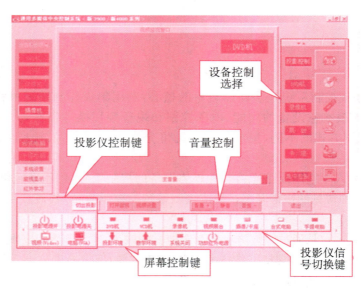

图 3-8　软件式集成控制系统的控制面板

3. 多媒体教室集成控制系统的使用

（1）开机　开机步骤如下：

① 确认投影仪、计算机和信号分配器的电源处于关闭状态。

② 确认投影仪、计算机的信号线已与信号分配器正确连接。

③ 打开信号分配器电源。

④ 使用升降屏幕开关将幕布放到合适的位置。

⑤ 将遥控器对准投影仪正前方，并按下 POWER 或者 STANDBY/ON 按钮打开投影仪。

⑥ 打开计算机。

（2）关机　关机步骤如下：

① 使用遥控器对准投影仪正前方，先按一下 POWER 或者 STANDBY/OK 按钮，此时大屏幕下方会提示是否关机语句："是否待机？是的话，再按一次！"此时，再按一下 POWER 或者 STANDBY/OK 按钮。屏幕会显示"正在终止，请等待"的信息。这样，投影仪就关闭了。

② 关闭计算机。

③ 收起大屏幕。

④ 等待 5 min 后，再切断总电源开关。

目前，多媒体教室设备大都采用"一键开/关"机，操作方便。上课时，教师只需要按"上课"键，系统就能自动将所有设备电源打开，教师可以直接上课；下课后，按"下课"键，系统会自动关闭投影仪、电动屏幕和设备电源等。

4. 多媒体教室集成控制系统使用的注意事项及常见故障的处理方法

① 投影仪不要频繁地启动，因为投影仪灯泡比较娇贵，且工作在高温高压状态，频繁关启既容易损坏也影响灯泡寿命。投影仪关闭与再打开时间间隔，一般需要 1~5 min 左右。

② 系统使用完毕，将功放音量调至较小，屏幕升上去，关闭系统电源。

③ 若投影仪没有信号，在确保投影仪电源打开的情况下，在控制面板的信号选择功能区选择相应的设备。选择计算机媒体时，要先选择"电脑（VGA）"按钮，如果选择展示台、影碟机等则选择"视频（video）"。如果还没有信号，请重新启动集成控制系统再尝试。

④ 若计算机没有声音，在确保功放电源打开的情况下，请连续按控制面板上"音量控制键"中的"加大音量"按钮；如果还没有声音，请检查计算机操作系统的声音设置是否"静音"或音量太小了，具体方法双击桌面右下角的小喇叭图标。

3.3.2　网络教室

网络教室是指分布在一个教室范围内，用网线、多个集线器（hub）或交换机（swith）把所有的计算机连在一起而组成的教室，如图 3-9 所示。

网络教室是在普通单机机房或普通教学网络的基础上，通过音频传输卡、视频传输卡、信号传输线、控制部件、耳机及麦克风等设备，实现教师机与学生机之间的互联，实现各计算机之间屏幕、声音的实时交换，并且具有多种辅助教学管理功能的教学系统。

利用多媒体教学网，可以实时传输大量语音、图像信息。教师能够将教学内容播放到所有学生的终端机，学生在终端上同步了解学习内容及教师的每一步操作。教与学实现了讲

图 3-9 多媒体网络教室

讲练练,控制了教学节奏。有了它,教师就可以充分利用图形、动画乃至声音,尤其是多媒体软件等丰富的教学资源,使教学模式和内容更加生动活泼、丰富多彩。

1. 网络教室系统工作原理

(1) 教学系统工作原理　它的中心原理是将讲课教师计算机上的内容同步传输到每一台被控端(学生机)上,其网络管理功能可以让老师方便管理教室中的多台计算机,达到计算机教室多媒体教学的手段。

(2) 核心技术　其核心技术包括:

① 音视频同步传输技术。在多媒体教学中,老师多使用音视频广播进行教学,音视频传输的同步是教学品质保障的关键。采用高速动态局部截屏、分块萃取、资料快速无损压缩和数据传输补偿技术,保证广播画面有效、快速地传输,保障图像质量。

② 流媒体和音视频同步技术。通过流媒体技术进行网络影院和多路广播时,主被控端影音同步实时。采用音视频同步技术,主被控端接收数据流,播放 VCD 时,音视频同步,无延迟。

③ 鼠标键盘底层拦截技术。老师遥控学生鼠标键盘进行操作,学生操作老师机的键盘鼠标进行演示,如同操作本机一样。

2. 网络教学系统的分类

按照控制信号传输方式的不同,多媒体网络教学系统可分为硬件式、软件式两种类型。

(1) 硬件式的网络教学系统　该方式需要给每台计算机安装多媒体传输卡,且教师机与学生机的多媒体传输卡不一样。各计算机之间直接铺设多媒体线路用于传输视音频信息,还需要配置专用的控制面板。基于硬件的多媒体控制成本较高、安装复杂、升级困难等,目前已逐渐被软件式所代替。

(2) 软件式的网络教学系统　在计算机局域网的基础上,利用专用软件进行教学控制和数据传输,无需额外的硬件设备,成本低、操作简单,便于后续升级,但系统在稳定性方面有待进一步提高,是目前网络教学系统的发展方向。常见的产品有 HiClass、LanStar、达道多媒体网络教室、红蜘蛛多媒体网络教室、赛思多媒体网络教室等,如图 3-10 所示。

图 3-10 红蜘蛛多媒体网络教学系统教师机的控制界面

软件主要在局域网络上实现多媒体信息的教学广播，是一款在电子教室、多媒体网络教室或者电脑教室中，进行多媒体网络教学的软件产品，集电脑教室的同步教学、控制、管理、音视频广播、网络考试等功能于一体，并能同时实现屏幕监视和远程控制等网络管理功能。具体包括：屏幕教学演示与示范、屏幕监视、遥控辅导、黑屏肃静、屏幕录制、屏幕回放、网络考试、网上语音广播、两人对讲和多方讨论、联机讨论、VCD/MPEG/AVI/MP3/RM 等视频流的网络播放、同步文件传输、提交作业、远程命令、获取远端信息、电子教鞭、电子黑板与白板、电子抢答、电子点名、网上消息、电子举手、锁定学生机的键盘和鼠标、远程开关机和重启、班级和学生管理等。

3. 多媒体网络教室的主要功能

国内市场上多媒体网络教学系统的品牌众多、性能各异，但它们在基本功能方面差异并不大，主要包括常用的教学功能、教学管理功能和其他辅助功能 3 大类。一般包括如下基本功能：

（1）广播教学功能　教师可将自己屏幕上的画面或声音，立即广播给某个、数个、群组或全体学生。执行广播时，可将学生的键盘和鼠标锁住。

（2）屏幕及语音转播功能　教师可将任何一个学生的屏幕画面转播给其他学生机。

（3）屏幕监看及语音监听功能　教师可监看任何一个学生的屏幕及监听其语音。监看对象也可为任何人、组或全体。

（4）控制功能　教师可利用自己的键盘控制个人、组或全体学生的键盘、鼠标，包括键盘的使用控制及锁定、文件传输、载入、键盘输入等功能。

（5）黑屏功能　提供教师将学生屏幕变黑的功能，并中断学生键盘的操作，以便注意老师讲解及制止学生不当操作。

（6）电子举手　学生遇到问题，可通过键盘电子举手，老师通过屏幕和耳机立刻得知，直接与学生进行双向沟通、讲解。

（7）引入多路视频　可以同时对两路以上的学生进行不同的多媒体教学，在向一路学生播放教师机音、视频的同时，可向另几路学生播放外部引入的音视频（如电视、VCD）。

（8）联机考试　教师可利用题库中的资料对学生进行当堂考试，并能进行实时阅卷和批改。

3.3.3 录播教室

1. 录播教室简介

录播教室的建设已经成为信息化教学构成要素之一。对学生来说，录播教室可实现优秀师资共享、精品课程的学习。对于教师来说，可以点评学习和改进课程，交流教学上的一些想法，以此来促进教学发展，提供校领导和家长观看，为评优秀教师和先进学校提供素材。对于学校来说，资源的整合优化了教学的各个发展，也是现代教学的一种潮流趋势。

如图3-11所示，建设一套完整的录播教室后，可实现对课堂、现场、实训基地等各种课件素材的采集，对教育资源进行录制、存储、编辑、转换处理，以及直播、录播、转播。

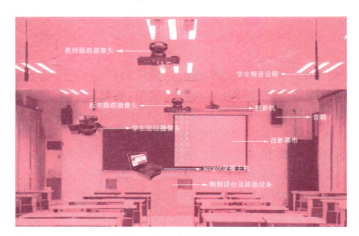

图3-11　录播教室效果

2. 录播系统的结构与功能

录播系统是录播教室建设的核心部分，系统设计是否完善直接关系到课程录播教室的实用效果。录播系统可以将教师在课堂中的教学内容以及与学生的互动过程完整地记录下来，这不仅是教学研究的课件资料，同时也是优秀的教育资源，便于学生课后学习和讨论。

录播系统一般由视音频信号采集系统、摄像跟踪定位系统、录播控制系统3大部分组成，如图3-12所示。

（1）视音频信号采集系统　视频信号采集系统由教师摄像机、学生摄像机和板书摄像机3种类型的摄像机组成。通常，教师摄像机和学生摄像机都采用带有旋转云台的快速球形摄像机，分别对准跟踪拍摄目标。板书摄像机应能清晰拍摄黑板上书写的全部文字和图形，既能拍摄黑板的局部，又能拍摄黑板的全部，8 m长黑板的全景图像，至少应能清晰地拍摄8 cm×8 cm的黑板字体。板书摄像机的数量，应根据黑板宽度和摄像跟踪定位方案的不同而各异。采用定焦距固定安装的多摄像机定位摄制方案，通常每台摄像机的覆盖区域为2 m，即6 m宽的黑板，需设3台固定摄像机。板书摄像机如果采用快速球形摄像机（有旋转云台），那么6 m宽的黑板只需一台摄像机，但该摄像机应设有自动跟踪定位装置。通常，应选用450 TV

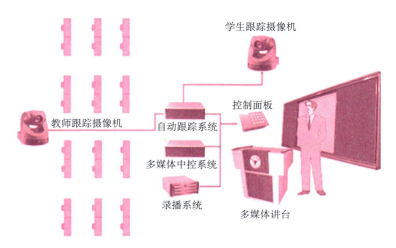

图 3-12 录播教室

线以上的摄像机,并具有自动变焦功能。高性能的视频设备是实现视频图像清晰记录与还原的保证。

拾音设备由教师拾音话筒和学生拾音话筒组成。音频信号采集与视频采集一样,高质量采集和录制课堂现场教师讲课的语言和互动教学的师生声音非常重要,否则网上收看的教学效果将大打折扣,必须纠正重视频轻音频的倾向。衡量录播系统的声音质量应参考执行国标 GB50371-2006《厅堂扩声系统设计规范》中,会议类扩声系统声学特征指标的最低等级(二级)的要求,保证所采集信号的质量。

(2) 摄像跟踪定位系统 智能跟踪定位系统是多功能录播系统的"大脑",可实现对教师、学生位置的智能跟踪,并根据讲课过程自动切换视频。跟踪控制系统的实现方式主要有3种:

① 红外线控制方式。其特点是跟踪过程不受其他运动物体干扰,但这种方式对人体有辐射。

② 图像识别控制方式。主讲人不需佩戴任何定位装置,不受光线、声音、电磁等外在环境影响。这种技术最先进,对人体健康不会产生影响。

③ 超声波控制方式。红外线装置安装在控制台内,控制主讲教师的活动画面。超声波装置安装在黑板下方,对教师在板书时的画面进行控制。使用超声波方式能够自动定位区域内物体的移动,准确判别教师在区域的位置、移动的方向、速度,根据定位系统的信息,判别并调度摄像机组中的摄像机,协同工作。对于学生的互动环节,采取学生主动触发的方式进行控制,这种方式对人体有辐射影响。

④ 声音识别控制。通过声音识别进行摄像机的智能跟踪定位是一项领先技术,当前市场上能做到的厂家较少。

(3) 录播控制系统 录播控制系统包括录播软件、录播控制台和智能切换控制系统。录播系统如果要成为日常教学的重要辅助手段,必须减小操作的复杂程度,实现自动录制、自动切换、自动停止。录播软件能完成单画面、画中画、多画面模式的课件录制,自动生成片头片尾。录播控制台设备可自动或手动控制设备协同工作,控制设备的切换、使用、参数调节,并通过显示、指示功能,直观地显示结果。智能切换控制系统能实现智能剪辑、自动编辑,提供多组输入输出接口,自动镜头切换,实时录播。

3.3.4 语音实验室

1. 语音实验室简介

语言实验室又称语音教室。20世纪70年代以来,我国开始大量使用语音实验室。最初的语言实验室是利用各种实验仪器进行语音分析和研究的场所,在录音机出现后,逐步演变为外语教学的场所,现阶段还逐步向其他学科领域拓展。

从技术的特点来看,语音实验室分模拟型和数字型两大类。发展趋势从多媒体模拟、半模拟半数字化、全数字化到最新型的网络化。现在,不少产品集语音实验室、多媒体网络教室和计算机实验室等多种功能于一体,可以开展多学科教学,具有广泛的适用性。

2. 语音实验室的结构与功能

(1) 语音实验室的功能　一般而言,多媒体学习型语音实验室具有以下功能:

① 全数字化语音传输。支持多种音频编解码格式(ADPCM、PCM、MP3等),效果达到CD音质。网络下载资源直接兼容,无须转换。

② 多路音频实时广播。教师能根据学生层次任意编组,指定其收听的音频节目源(多路可选),做到因材施教。数字音频和外部模拟音频(录音机、录像机等)都可作为节目源使用。

③ 可视化音频点播。学生能查询并点播教学资料库中丰富的语音及文字资源,自主控制播放进度,有复读、跟读和书签功能,学生能自主学习。

④ 硬盘数字录音。支持学生机录音数据海量存储,并可添加到教学资源库长期保存;支持口语考试功能,录音答卷统一管理。

⑤ 语音课件编辑系统。具备教学材料和语音考题制作功能,实现音频文件同步混合播放,支持多种音频格式。

⑥ 实现与校园网互联。计算机采用以太网接口,TCP/IP协议标准,可接入校园网或多个语音实验室互联。

(2) 语音实验室的主要教学功能　语音实验室在教学中的作用主要可从以下几方面体现:

① 创造良好的语言学习环境。语音教室可以利用幻灯、电影、电视、录像、影碟等视觉教材,把有声语言和形象结合起来,有利于学生加深对所学语言的理解;而且,教师利用对讲功能辅导个别学生的时候,其他同学照样可以自己练习或收听教师播放的录音教材。

② 便于自主学习和因材施教。学生可以接收来自教师控制台传送的多路教材,为不同程度的学生提供不同的学习内容,学生可以根据自己的实际情况选择学习内容;每个学生都能以适合自己的速度进行学习,而不必顾及班上其他同学学习进度的快慢;另外,教师可以通过监听了解和掌握每个学生的学习情况,学生也可通过呼叫向教师请求帮助,这就便于教师有针对性地进行个别指导,或给予适合某个学生兴趣和需要的材料或作业,真正实现因材施教。

③ 功能多样,使用灵活。语音教室的教学功能多,能讲、能录、能听、能呼叫、能双向通话,教师可面向全班、小组或个人讲话,使用灵活方便,既可进行集体教学,又可进行个别教学。全班学生可以学习同一内容,也可按小组学习不同的内容,或每个学生利用自己座位上的录音机选择不同的录音教材进行自学。

④ 便于教师改进教学方法。利用语音教室,教师可以通过监听、呼叫等功能,及时收集学习反应信息。另外,还可以利用录音机将教学过程录制下来,便于教师课后总结经验教训,进一步改进教学。

实践活动

对你所在学校的媒体教学环境作一次调查,并将调查的结果填写在下面的表格中。

表 3-6 教学媒体环境调查表

媒体教学环境	基本配置	现在具备的教学功能	应改进之处
语言实验室			
计算机教室			
多媒体教室			
网络教室			
录播教室			

3.4 教学媒体的选择与评价

3.4.1 选择教学媒体的理论依据

选择教学媒体的理论依据,主要是戴尔的"经验之塔"理论和建构主义学习理论。这些理论对选择教学媒体主要有如下几点指导作用。

1. 从具体到抽象

"经验之塔"将人们获得知识和技能经验与视听教学媒体的关系,按抽象程度分类。这一理论指出:当缺乏相关的经验背景,进入到一个新的学习领域时,教学应当尽可能遵循从具体到抽象这一原则。例如,从动作性经验开始,然后采用形象化表征(如使用图片和录像带),最后采用符号化表征(如使用文字描述)。

儿童正处于从具体的生活经历向抽象的文字理解过渡的阶段,教学过程中,媒体与材料的选择尽可能遵循从具体经验入手。成人学习者进入一个新领域时,其文字描述的案例也应该尽可能具体,如在"机会成本"教学中,选择教学媒体与材料的时候有两种方案,一是选择国内的经济教科书关于机会成本的定义,二是选用美国曼昆出版的《经济学原理》。

"机会成本"教学媒体选择方案

选择方案一:选自国内的经济学教科书:机会成本的定义。

机会成本是指为了从事某一种业务而损失掉的其他业务带来的收益。例如,一块地种玉米的机会成本就等于种萝卜可能取得的收益。

选择方案二：选自美国曼昆的《经济学原理》：乔丹应该自己修剪草坪吗？

迈克尔·乔丹是NBA最优秀的球员，他做其他的事情也很出色。如乔丹能用2h修剪完草坪。在这同样的2h中，他能拍一部运动鞋的电视商业广告，并赚到1万美元。与他相比，住在乔丹隔壁的小姑娘杰尼弗能用4h修剪完乔丹家的草坪。在这同样的4h中，她可以在麦当劳店工作赚20美元。

在这个例子中，乔丹修剪草坪的机会成本是1万美元，而杰尼弗的机会成本是20美元。乔丹在修剪草坪上有绝对优势，因为他可以用更少的时间干完这件活。但杰尼弗在修剪草坪上有比较优势，因为她的机会成本低。请问乔丹应该自己修剪草坪吗？

这两个方案中，虽然都是通过文字描述什么是"机会成本"，但是后者明显比前者更具体。

2. 传递效率与认知效果

在传递同样的教学内容时，采用抽象的文字描述，教学传递的效率比较高；采用"做中学"等具体体验的方式，教学效率比较低。依据建构主义学习理论，学习不仅取决于教师的教学，更关键还在于学习者的主动意义建构。因此，选择教学媒体，不仅要考虑到其传递效率，更要考虑到学生的认知效果。

如果媒体的抽象层次与学生的认知能力不匹配，学生不能很好地理解文字信息，那么在"传授"过程中节约的时间，将会浪费在"理解"和"内化"的过程中。

例如，教学对象是低阶段学生，虽然文字描述的传递效率比"做中学"的传递效率高，但由于低阶段学生的认知能力有限。所以，教学过程中可能要选择与他们匹配的教学媒体及教学材料，如图片、动画、视频等。因此，教师要按照学生的具体情况，选择教学媒体的抽象层次。

3.4.2 选择教学媒体的现实依据

教学是一个系统，包括教学目标、教学方法、教学媒体、教学对象和学习环境等，各部分必须协同工作，才能完成学习活动，实现学习目标。因此，选择教学媒体就不能单从媒体的角度出发，还必须依据教学目标、教学内容、教学对象和教学条件等。

（1）依据教学目标　每个知识点都有具体的教学目标，为达到不同的教学目标常需要使用不同的媒体去传递教学信息。

（2）依据教学内容　各门学科的性质不同，适用的教学媒体有所区别；同一学科内的各章节内容不同，对教学媒体的使用也有不同要求。

（3）依据教学对象　不同年龄阶段的学生对事物的接受能力不一样，选用教学媒体时必须顾及他们的年龄特征。

（4）依据教学条件　教学中能否选用某种媒体，还要看当时、当地的具体条件，其中包括资源状况、经济能力、师生技能、使用环境、管理水平等因素。

此外，还要考虑教学媒体的使用成本、时间、地点、班级规模、可获得性、便利性、学生的偏爱等因素。

3.4.3 教学媒体选择的方法

系统地选择教学媒体时，要求我们应系统地选择方法、媒体类型和教学材料。具体包括如下 3 个步骤：
① 按照给定的学习任务和目标，确定适当的教学方法。
② 选择与教学方法相匹配的教学媒体的类型。
③ 依据媒体类型，选择、修改或设计教学材料，如图 3-13 所示。

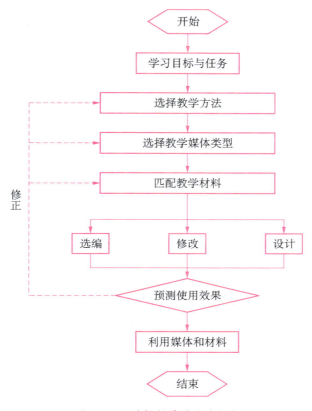

图 3-13　选择教学媒体的方法

1. 选择教学媒体类型

美国加利福尼亚国际 SRI 学习技术中心主任考兹玛（Kozma）认为，学习是一个复杂的过程，把方法和媒体分开是没有必要的，也是不可取的，媒体与方法共同作用于学习。当特定媒体与能充分发挥该媒体优势的教学方法结合在一起时，才会影响学习者表达和处理信息的方式。

因此，选择教学媒体应该优先考虑教学方法，依据所确定的教学方法，选择能够发挥其最大效果的媒体类型和格式。

选择媒体是一项复杂的任务，需要考虑的因素非常多，如媒体特性、学习者的多样性等。为了简化这一工作，多年来，人们开发出了各种媒体选择模型，最常用的有问题表型、矩阵型、算法型和流程图型。本书采用流程图来选择具体教学媒体的类型。

流程图建立在问题模型的基础上，通常先确定过程和分解过程按序列排列的步骤。每一步骤有一个问题，由选择者决策，决策后进入下一个问题分支。循序渐进，回答最后一个问题时,就会对一种或一组媒体进行了认定,即决策对特定教学目标适合的媒体是什么,如图3-14所示。在选择媒体类型时,这是一个行之有效的办法。

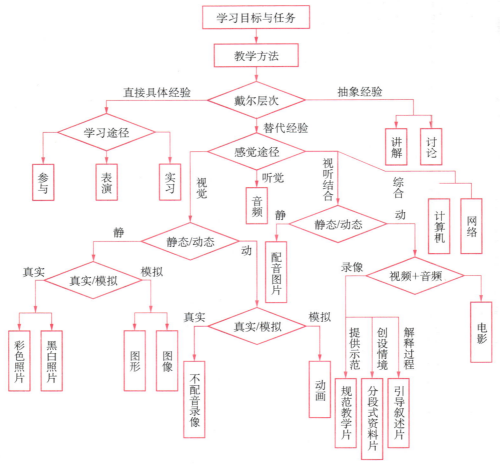

图3-14 选择教学媒体类型的流程

2. 匹配教学教材

一旦选定了教学媒体的类型,接下来的任务就是匹配合适的教学材料,方式通常有3种,如图3-15所示:

① 选择可用的教学材料。
② 修改现有的教学材料。
③ 设计新教学材料。

显然,如果有现成的符合要求的教学材料,可以直接采用该教学材料;如果没有完全满足教学目标或者适合学生的教学材料,可以修改现有的教学材料;如果没有可供修改的材料,那就只能自己设计编制新的教学材料了。

3. 评估使用效果

我们介绍了媒体选择的方法,一旦已经为教学选定好了教学媒体和教学材料,接下来,可以从以下几方面去检验媒体选择的效果:

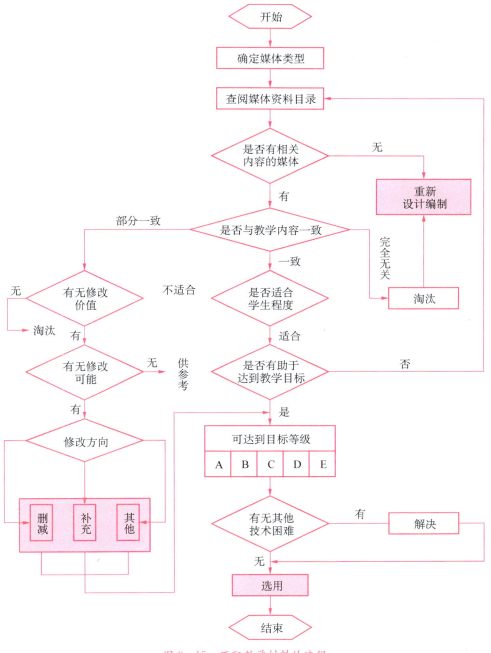

图 3-15 匹配教学材料的流程

① 媒体与**课程**是否匹配？
② 媒体的内容是否准确？信息是否最新？
③ 媒体所使用的语言是否清楚、准确？
④ 媒体是否能激发、维持学习者的兴趣？
⑤ 媒体是否提供了学习者参与的机会？
⑥ 媒体是否有好的技术质量？

⑦ 有没有证据证明其有效性？
⑧ 内容是否没有偏见、没有广告性？
⑨ 是否包含用户手册或其他的文档资料？

实践活动 ▶

结合你的专业，选择一节学科教学内容，为教学设计方案选择合适的教学媒体，认真填写表3-7中各项内容。

表3-7 媒体选择分析表

知识点	学习目标	媒体类型	媒体内容要点	教学作用	使用方式	占用时间	媒体来源

拓展阅读 ▶

ASSURE 模式

二维码3-6
ASSURE 案例

ASSURE 模式由印第安纳大学海涅克（Robert Heinich）、莫伦达（Michael Molenda）和美国普度大学罗素（James D. Russell）于1989年提出，以认知学习理论为基础，有机整合了加涅提出的9段教学事件理论。它也是一种很有价值的教学设计模式，被广泛接受，能够推广到课堂教学、远程教育和企业培训等多个领域。

ASSURE 模式是对教学设计过程主要步骤的导引，同时它也能确保（ASSURE）在教学中运用教学媒体的良好效果。ASSURE 是一个缩写，每个字母分别代表模式中的一个环节：

A 分析学习者特征（analyze learner）。
S 阐明学习目标（state objective）。
S 选择媒体与材料（select materials and media）。
U 运用媒体与材料（utilize materials and media）。
R 要求学习者参与和响应（require learner participation）。
E 评估与修订（evaluate and revise）。

3.5 数字化教学资源的检索与获取

数字化教学资源，是指利用数字技术存储和传递教学信息的多媒体教学材料。数字化教学资源的检索与获取能力是中小学教师教育教学必备技能,掌握数字化教学资源的检索与获取方法,不仅可以丰富课堂教学资源、吸引学生的注意力、优化课堂教学质量,也是促进教师专业发展的重要途径之一。

二维码 3-7
教学资源的获取

3.5.1 教学资源的获取方法

教学资源搜索

王芳是一名刚入职不久的小学语文老师,下周有一次全校的公开课,上课内容为"春晓",为了这一次教学,她做了如下准备:

首先,访问了中国知网(http://www.cnki.net),查阅并下载了所有以"春晓"为篇名的文章。她发现有许多相关的教学理念与教学设计思路的文章,这为她的教学设计奠定了基础。

第二步,利用百度搜索引擎,收集了关于"春晓"的教学设计方案、课件、图片、视频等。

第三,人民教育出版社网站、国家教育资源公共服务平台、一师一优课等网站有她需要的资源,为此,她专门浏览了这些网站。

不仅如此,她还利用手机微信的"搜一搜"功能,搜索与阅读关于"春晓"的移动资源。

通过以上案例,我们可以看出,王芳主要采用了对 4 类教学资源的获取途径,它们分别是:通用搜索引擎、学科教学资源库、专业文献数据库、移动互联网等。

1. 利用通用搜索引擎

利用搜索引擎搜索资料,是最常用的检索与获取教学资源的方法。国内常用的搜索引擎有必应(https://www.bing.com/)、百度(https://www.baidu.com/)、搜狗(https://www.sogo.com/)等,常用的搜索技巧见表 3-8。

表 3-8 常用搜索技巧

搜索技巧	方法	示例	说明
逻辑与	关键词1 AND 关键词2 关键词1_关键词2	上饶师范学院 AND 物理与电子信息学院 上饶师范学院_物理与电子信息学院	搜索上饶师范学院的物理与电子信息学院
逻辑或	关键词 OR 关键词 关键词1|关键词2	教育技术 OR 教学技术 教育技术|教学技术	搜索含有教育技术或者教学技术的网页
精确匹配:""	"关键词"	"信息技术与课程整合"	不能拆散"信息技术与课程整合"这一关键词
查找特定类型的文件:filetype	关键词_filetype:ppt	背影教学设计_filetype:doc Can you play the guitar_filetype:ppt	搜索"背影"的教学设计文档,搜索"Can you play the guitar"的课件

续表

搜索技巧	方法	示例	说明
在指定网站内搜索：site	关键词_site:网站	现代教育技术_site:www.hep.com.cn	在"高等教育出版社"网站上搜索"现代教育技术"的课程
限定于网页标题：intitle	Intitle:关键词	Intitle:乔丹应该自己修剪草坪吗？	搜索"乔丹应该自己修剪草坪吗？"

实践活动▶

利用以上介绍的搜索技巧，为选题搜索教学设计、教学实录、教学反思、课件和图片、视频等素材。

2. 利用优秀教学资源网站

除了利用通用搜索引擎检索常用的教学资源外，熟悉一些综合性教学资源平台、学科优秀教学资源网站也是非常有必要的。

（1）综合性教学资源平台 典型的综合性教学资源平台，如国家教育资源公共服务平台（http://www.eduyun.cn/）、各省市教育资源公共服务平台、上海教育资源库（http://www.sherc.net/Index.html）等。这些综合性教学资源平台汇聚了大量的各学科的教学设计方案、课件、课堂实录等素材，具有比较高的参考价值。国家教育资源公共服务平台是由中华人民共和国教育部主办、中央电化教育馆运行维护的一个国家级教学资源平台，利用该平台可以"晒优课、找资源、看教研"，如图3-16所示。

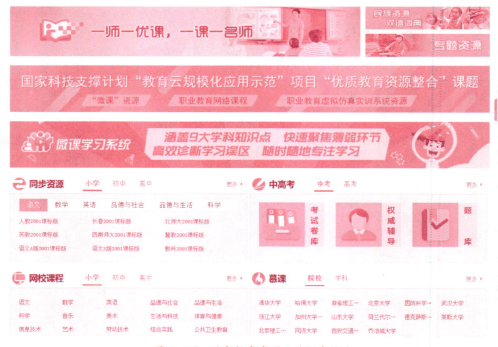

图3-16 国家教育资源公共服务平台

（2）学科网站或 APP　除了以上提到的综合性教育资源平台，每个学科都有自己的学科教育资源网或 APP。例如，语文学科有查字典语文网（https://yuwen.chazidian.com/）、中华语文网（http://www.zhyww.cn/），数学学科有洋葱数学平台（http://yangcong345.com/stucentIndex.html#/study?_k=e6dz3i）。纳米盒（https://www.namibox.com/v）里面包含了各学科的听力资源。

（3）利用专业文献数据库　最常用的文献数据库是中国知网、万方、维普与超星四大数据库。中国知网收录的期刊最全，目前收录了中国期刊全文数据库、中国优秀博硕士学位论文全文数据库、中国重要会议论文全文数据库、中国重要报纸全文数据库等。常见的外文数据库主要有 WOS、JSTOR、EBSCO、PQDD、Wiley online、SpringLink、Elsevier 等，但这些数据库都是商业数据库，一般高校均有购买使用权限，校内上网可以免费查阅。

二维码 3-8
免费文献数据库使用方法

（4）常用免费文献数据库　目前，越来越多的图书馆、数据库、期刊提供了免费获取文献的功能。表 3-9 是一个常用免费文献数据库下载列表，表 3-10 是常用博硕士学位论文数据库。

表 3-9　免费文献数据库与网站列表

序号	名称	网址	说明
1	国家哲学社会科学学术期刊数据库	http://www.nssd.org/	由国家投入和支持开展的哲学社会科学文献信息资源建设和服务。只需要邮箱注册即可下载论文全文文献
2	中国国家图书馆	http://mylib.nlc.cn/web/guest	资源库推荐里有很多资源库，如维普、万方等，需要网上身份证实名注册
3	全国图书馆参考咨询联盟	http://www.ucdrs.superlib.net	使用文献传递服务将文献免费传递到邮箱中，可传递中英文文献、图书、学术论文、标准与专利等
4	Microsoft Academic（微软学术）	https://academic.microsoft.com/	类似于 Google 学术，是微软开发的一个专用于学术文献检索的站点，其宗旨是帮助学术研究者更好地追踪领域的研究，目前收录了 12 亿出版物
5	Open Access Library	http://www.oalib.com/	Open Access Library（开放获取图书馆）提供的开源论文超过 400 万篇，涵盖所有学科，所有文章均可免费下载
6	DOAJ 期刊检索平台	http://www.doaj.org	DOAJ（Directory of Open Access Journal），又称开放存取期刊目录，由瑞典的隆德大学图书馆 Lund University Libraries 设立于 2003 年 5 月，从最初的 350 种期刊开始
7	ERIC	https://eric.ed.gov/	教育资源信息中心（Educational Resources Information Center）是美国教育协会维护的一个教育类学术资源站点，也是搜索教育类外文文献最常用的网站之一，收录了许多被 EI、SCI 等检索的期刊

续表

序号	名称	网址	说明
8	Highwire Press	http://www.highwire.org	是美国斯坦福大学所属的 HighWire 出版社建立的,主要收集生命科学、医学以及物理科学和少量社会科学的出版物及网络出版物
9	Highwire	http://highwire.stanford.edu	世界上第二大免费数据库,该网站提供部分文献的免费检索和所用文献的超级链接,免费文献在左边标有 FREE
10	OpenStax CNX	http://cnx.org/ https://cnx.org/	由莱斯大学(Rice University)的巴拉纽克博士在 1999 年创办。所有书籍支持在线阅读和免费下载
11	美国国家学术出版社(National Academies Press)	http://www.nap.edu/	美国国家学术出版社于 2011 年起,将其出版的所有 PDF 版图书对所有读者免费开放下载。用户需要注册后使用
12	Library Genesis	http://gen.lib.rus.ec/	是一个常用来下载外文图书的网站

表 3-10 博硕士学位论文

序号	名称	网址	说明
1	台湾博硕士论文加值系统	http://ndltd.ncl.edu.tw/	可检索台湾各高校硕博士学位论文
2	诺丁汉大学硕博论文库	http://etheses.nottingham.ac.uk/	Nottingham 诺丁汉大学硕博论文库 Nottingham ePrints
3	弗吉尼亚工大硕博论文库	http://scholar.lib.vt.edu/theses/	Virginia 弗吉尼亚工大硕博论文库
4	滑铁卢大学硕博论文	http://www.lib.uwaterloo.ca/theses/	Waterloo 滑铁卢大学免费硕博论文 Thesis and dissertations
5	俄亥俄州立大学学位论文库	http://www.ohiolink.edu/etd/search.cgi	OhioState 俄亥俄州立大学学位论文库 ETD Home

(5) 免费文献传递功能　如果遇到需要的文献检索不到,或查找到的文献只提供部分内容在线阅读的情况,可以考虑图书馆或文献中心提供的文献传递服务。文献传递服务是指图书馆或文献中心通过一定的方式,从异地获取读者所需的文献,并把该文献传递给读者的服务。

目前,国内图书馆的三大文献传递服务机构分别是全国高等院校图书文献保障体系、中国高校人文社科文献中心、国家科技图书文献中心。其他可提供文献传递服务的平台还有超星发现、百链云图书馆、中国国家图书馆与全国图书馆参考咨询联盟。

文献传递服务的使用流程如图 3-17 所示,首先需要在文献传递服务的网站注册、登录系统,然后检索、填写文献请求单、提交申请即完成一次文献传递请求。耐心等待服务商把需要的文献通过邮箱或其他方式传递过来。

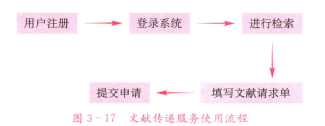

二维码3-9 文献传递服务

图3-17 文献传递服务使用流程

实践活动

（1）小组协作收集10个优秀学科教学资源网站，并填入表3-11中。

表3-11 学科教学资源网站汇总表

学科：		
序号	教学资源网站名称	网　　址

（2）下载并阅读本章的补充阅读教材《Instructional Technology and Media for Learning》(Sharon E. Smaldino，Robert Heinich，James D. Russell，Michael Molenda 等），并就资源所在网址、获取方法说明填入表3-12中。

表3-12 资源下载说明

版本、作者信息	
资源所在网址	
获取方法说明	

3.5.2 多媒体教学资源的搜索与下载

1. 文本教学资源的搜索与获取

（1）数字化文本教学资源的保存方法　下载和保存网页中的文本资源最常用的方法是复制与粘贴。即在网页中选择所需要的文字；然后按右键，选择"复制"菜单；再执行"粘贴"按钮，将其粘贴到需要的地方。

（2）利用涂书笔记等 APP 将纸质文字电子化　要将纸质文字转化为数字化文字，以前一般用扫描仪＋OCR 输入，现在可以利用涂书笔记等 APP 直接将纸质文字电子化。涂书笔记（http://biji.baidu.com/inotes/）是一款全新的图书笔记记录工具，可以把纸面文字马上电子化。主要功能包括：手机拍照＋涂抹，记录书中的精彩句子；随手记下读书感悟；随时随地分享精彩笔记。

> **实践活动** ▶
>
> 利用涂书笔记 APP，把 3.1.1 的纸质文字转化为电子版，保存在以"第三章：教学媒体选择与资源获取.doc"命名的 Word 文档中，并排版。

2. 图像信息的搜索与下载

（1）利用关键词检索图像：通用搜索引擎　利用搜索引擎，通过关键词检索图形图像是最常用的搜索方法，主要包括两种检索图片的方式：

① 必应、百度等搜索引擎专门提供了"图片"搜索功能，如图 3-18 所示。

图 3-18　必应图片搜索功能

② 利用网页搜索功能，在搜索框输入"Image：关键词"或"关键词 AND 图片"，如图 3-19 所示。

图 3-19　必应关键词搜索

（2）利用图像检索图像：反向图像搜索引擎（reverse image search engine）　如果网上下载的图片需要注明图片出处，或者原有这张图片尺寸可能太小，也可能是图片清晰度不高，需要获取一张类似的图片,通常的解决方法是利用反向图像搜索引擎检索。

反向图像搜索引擎主要有百度识图(http://image.baidu.com/?fr=shitu)、TinEye(https://www.tineye.com/)等,如图3-20和图3-21所示。反向图像搜索引擎的检索方法非常简单,如图3-22所示,主要包括:本地上传图片、提供图片URL地址搜索相似图片、直接拖拽图片。

图3-20　百度识图

图3-21　TinEye

图3-22　反向图像搜索引擎检索方法

(3) 利用图形的下载方法　常用的下载和保存方法有:

① 使用鼠标右键单击图片,再使用快捷键菜单中的"图片另存为",即可以达到我们保存图像的目标。

② 利用键盘上的[PrintScreen]键,抓取整个桌面上的图像到剪贴板;或使用[Alt]+[PrintScreen]键,抓取当前活动窗口上的图像保存到剪贴板。

③ 使用专用的屏幕抓取软件,如 Snagit 软件。

④ 使用常用软件微信、QQ、Word、PowerPoint 等自带的截屏功能,如微信的截屏快捷键是[Alt]+[A]、QQ 的截屏快捷键是[Ctrl]+[Shift]+[A]等。

实践活动 ▶

体验百度识图的"以图识图"功能,请为本机电脑上的图片找到出处或者与之类似的图片。

3. 视频教学资源的下载和保存

视频以其独特的优势,深受学生喜爱,视频教学资源在教育教学过程中显得越来越重要。

腾讯、优酷、爱奇艺这一类的视频网站一般都自带了视频下载工具,可以利用这些工具下载视频。但是利用这种下载方法有 3 个缺点:一是下载的视频需要利用视频网站自带的视频播放软件播放,二是下载的视频有时不能方便地插入教学课件中,三是不能下载其他网站的视频。对此,可以采用第三方视频下载软件和浏览器插件两种方法。

(1) 视频下载软件 常用的第三方视频下载软件主要包括:硕鼠 FLVCD(http://www.flvcd.com/)、维棠视频下载器(http://www.vidown.cn/)、稞麦综合视频下载器(http://www.xmlbar.net/)。这里我们以稞麦综合视频下载器为例,介绍其功能与使用方法:

① 稞麦综合视频站下载器(xmlbar)简介。稞麦综合视频站下载器(xmlbar)是一个专门用于下载 CNTV 流媒体、乐视(Letv)、百度贴吧(tieba.baidu)、优酷(Youku)等重要视频网站的软件。如果网站上视频分了块,稞麦还能自动下载各分块,并将分块视频合并成完整的一个文件保存。还支持多个视频文件同时下载,并能显示出真实视频文件的下载地址,而且还有查看管理下载历史记录和视频搜索的功能。

② 使用方法:

方法一:把含有视频的网页地址粘贴到"输入视频地址"下的文本框中,单击【下载(&D)】按钮,即开始下载,如图 3-23 所示。

图 3-23 稞麦综合视频下载界面

方法二:将页面地址从浏览器地址栏拖到稞麦软件的浮动窗口,它就会自动识别后下载。

(2)浏览器插件 Video DownoadHelper　第三方插件 Video DownloadHelper 的特性与使用:

① Video DownloadHelper 简介:Video DownloadHelper(http://www.downloadhelper.net/)是一个提供视频(当然也包括音乐、动画)下载 Firefox 插件,通过安装该插件,可以下载包括 Youtube、facebook、优酷、中国大学 MOOC 在内的数百个视频分享网站的视频。该插件适合 Firefox、QQ、Chrome 等浏览器。

② Video DownloadHelper 安装方法与下载:

方法一:打开火狐浏览器→点击工具→附加组件→查看更多附加组件,如图 3-24 所示。

图 3-24　附加组件

在附加组件页面搜索框中输入"Video DownloadHelper",点击【＋添加到 Firefox】按钮。如图 3-25 所示。按照此方法,还可以安装浏览器的其他组件。

图 3-25　Video DownloadHelper 组件安装界面

方法二：直接必应搜索"Video DownloadHelper"，打开 Video DownloadHelper-Official Site 的网站，如图 3-26 所示。

图 3-26 Video DownloadHelper 组件网页下载界面

安装完毕后，插件会在导航栏的右上方显示（如果不在，可以自行到附件组件里添加），其插件的图标为红黄蓝三色的 3 个球，如图 3-27 所示。当打开网上视频时，球上会显示当前缓存视频的个数，选中需要下载的视频，点击【Download】选择保存路径即可。

图 3-27 Video DownloadHelper 组件下载方法

▶ 实践活动 ▶

1. 利用硕鼠、维棠、稞麦等第三方下载软件、火狐 Video Downoad Helper 插件，分别下载"一师一优课"网站的"老师的一天""洋葱数学"平台上的"倍长中线大法"视频。

2. 利用本节的方法，把与你选题有关的教学设计方案、课件、图形、音频、视频等资源分别下载下来。

将下载方法填于表 3-13 中。

表 3-13 资源下载说明

教学资源类型	教学资源内容	获取方法	资源网站

实 验 项 目

网络资源的获取

实验目的

（1）学会利用网络获取所学专业（或一门课程）的主题网站或网络社区等资源。
（2）提高网络学习资源管理能力，能够合理组织与分类资源，并合理引用。
（3）了解各种网络学习资源的特点，并掌握获取、管理与应用这些资源的方法。
（4）掌握利用数字图书馆各种资源的基本方法。

实验任务与操作指导

（1）根据所学专业或喜爱的课程，搜集一些相关资源。例如，物理教育专业可以找一找网络上有哪些针对物理的论坛、主题网站、精品课程、学习课件、视频课程、教师网站等，或其他的相关资料。
（2）将搜索到的资料适当分类，并简单地评述，如资源特色、使用限制和范围、资源质量等。
（3）通过适当方式（如 QQ 空间或网络教学平台的课程讨论区等），共享与传播整理好的资源。
（4）所有引用的资源要附上原来网址的链接。
（5）数字图书馆可以访问学校图书馆，如上饶师范学院图书馆网址：http://tsg.sru.jx.cn/，了解电子期刊与电子图书等资源类型。
（6）在清华同方中国期刊全文数据库或万方数据库中，自定关键词搜索下载两篇论文，且保存并阅读。
（7）了解电子书籍的下载与阅读方法。

本章小结

本章首先介绍了教学媒体的含义、类型与特性。未来教师不仅要学会使用多种教学媒体，重要的是，要学会为教学选择合适的媒体。选择媒体是个复杂的过程，需要依据学习目标、学习内容、学习对象及其学习条件等诸多因素。多年来，人们积累了许多媒体选择模型,应配合不同的教学方法和教学媒体配合使用。在实际教学中,总是多种教学媒体一起使用。只有这样,教学效果才能最优。

思考与练习

1. 媒体、教学媒体的主要含义是什么?
2. 教学媒体有哪些特性?它在教学中的主要作用是什么?
3. 数字化的教学媒体主要包括哪些?
4. 选择教学媒体的理论依据有哪些?
5. 教学资源的获取途径主要有哪些?

第4章 多媒体技术

学习目标

1. 理解多媒体技术的概念与特点。
2. 熟悉常用多媒体素材的格式。
3. 掌握文本、图形与图像、音频、动画、视频等素材的处理。
4. 掌握 PowerPoint 开发教学课件的技能。

知识结构

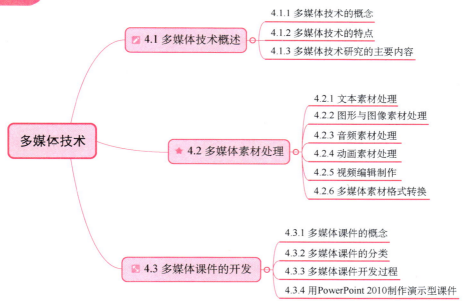

本章内容以实践操作为主,建议结合课程实验和实际应用掌握常用媒体素材的处理方法和 PPT 课件的制作。

二维码 4-1
本章导入

4.1 多媒体技术概述

4.1.1 多媒体技术的概念

1. 多媒体技术

多媒体技术(multimedia technology)是利用计算机对文本、图形和图像、声音、动画、视频等多种信息综合处理、建立逻辑关系和人机交互作用的技术。计算机多媒体技术主要涉及信息内容及其符号系统的数字化处理过程。

2. 多媒体基本元素

(1) 文本 以文字和各种专用符号表达的信息形式,它是现实生活中使用得最多的一种信息存储和传递方式。用文本表达信息给人充分的想象空间,它主要用于对知识的描述性表示,如阐述概念、定义、原理和问题,以及显示标题、菜单等内容。

(2) 图形和图像 多媒体软件中最重要的信息表现形式之一,它是决定一个多媒体软件视觉效果的关键因素。

(3) 动画 利用人的视觉暂留特性,快速播放一系列连续运动变化的图形图像,也包括画面的缩放、旋转、变换、淡入淡出等特殊效果。通过动画可以把抽象的内容形象化,使许多难以理解的教学内容变得生动有趣,合理使用动画可以达到事半功倍的效果。

(4) 声音 人们用来传递信息、交流感情最方便、最熟悉的方式之一。在多媒体课件中,按其表达形式,可将声音分为讲解、音乐、效果3类。

(5) 视频 具有时序性与丰富的信息内涵,常用于交待事物的发展过程。视频非常类似于我们熟知的电影和电视,有声有色,在多媒体中充当重要的角色。

3. 超文本与超媒体

(1) 超文本 超文本(Hypertext)是用超链接的方法,将各种不同空间的文字信息组织在一起形成的非线性网状文本。超文本中的文字包含有可以链接到其他位置或者文档的链接,允许从当前阅读位置直接切换到超文本链接所指向的位置。

(2) 超媒体 简单地说,超媒体=超文本+多媒体。超媒体在本质上和超文本是一样的,只不过超文本技术在诞生的初期管理的对象是纯文本,所以叫做超文本。随着多媒体技术的兴起与发展,超文本技术管理的对象扩大到文本、图形、图像、音频、视频、动画等多媒体,此时把超文本改称为超媒体。

4.1.2 多媒体技术的特点

(1) 多样性 指信息的多样性。

(2) 交互性 不是简单的单向或双向传输,用户可以与计算机的多种信息进行交互操作,从而为用户提供了更加有效地控制和使用信息的手段。

(3) 集成性 指以计算机为中心综合处理多种媒体信息,它包括媒体信息的集成和处理这些媒体的设备的集成。

(4) 数字化 信息以数字形式存在。

(5) 实时性　声音、动态图像(视频)随时间变化。

(6) 非线性　通过超链接把信息以一种更灵活、更具变化的方式呈现。

4.1.3　多媒体技术研究的主要内容

多媒体技术研究的主要内容有：

(1) 多媒体数据压缩　多模态转换、压缩编码。

(2) 多媒体处理　音频信息处理，如音乐合成、语音识别、文字与语音相互转换、图像处理、视频处理、虚拟现实。

(3) 多媒体数据存储　多媒体数据库。

(4) 多媒体数据检索　基于内容的图像检索、视频检索。

(5) 多媒体著作工具　多媒体同步、超媒体和超文本。

(6) 多媒体通信与分布式多媒体　CSCW、会议系统、VOD 和系统设计。

(7) 多媒体专用设备技术　多媒体专用芯片技术，多媒体专用输入输出技术。

(8) 多媒体应用技术　CAI 与远程教学、GIS 与数字地球、多媒体远程监控等。

拓展阅读

3D 虚拟现实技术简介

扫描二维码 4-2 获取详细内容。

二维码 4-2
3D 虚拟现实
技术简介

4.2　多媒体素材处理

4.2.1　文本素材处理

文本是指计算机产生的以各种文字和各种专用符号表达的信息形式，是多媒体软件中最基本、最重要的部分。

1. 文本素材特点

在多媒体应用系统中，文本作为重要的基本素材而被广泛应用，它具有信息表达清楚、计算机处理方便、存储容易、传输快捷等优势。

(1) 编码简单　在计算机中，西文字符最常用的编码是 ASCII 码，一个 ASCII 码字符在内存中占一个字节。

汉字在计算机中也是以编码形式处理的，汉字输入用输入编码，汉字存储用机内码，汉字输出用字形码。在计算机中存储时，一个汉字占两个字节。

(2) 容易获取、存储、处理和传输　多媒体计算机系统中，文本资料可以用多种方式获取，可采用多种输入编码录入，还可以用光电技术或语音识别技术输入。

西文字符和汉字在计算机占用的空间很小，处理和存储都非常方便，所生成的文本格式文件也很小，一篇 10 万字的纯中文文本仅占 200 k 左右的空间，移动和传输都很容易。

(3) 表现形式丰富　通过对文本字体、字号、颜色、字形、字间距、对齐等设置，使文本在多媒体作品中变得丰富多彩。

（4）可以配合其他媒体的应用而提高作品表现力　文本可以配合其他媒体，共同完成对事件的描述，提高多媒体作品的表现能力。例如，为图片添加说明、为视频添加字幕、为声音解说配上文字注释等。

（5）可以建立超文本链接　例如，在多媒体作品中，文章的标题、导航菜单、按钮中的文本都可以建立对应的超链接，用户可通过点击超链接选择自己需要的信息，这样可满足一些教学软件联想式学习的需要，以及一些多媒体软件交互式操作的需要。

2. 文本素材格式

按照所使用文本处理软件的不同，文本素材格式主要有：

（1）TXT 格式　纯文本格式的文本文档，用"记事本"等程序可以创建，是现在最流行的电子书格式之一。

（2）DOC 格式　Word 文档格式，这种格式可以包含更多的内容，表现力强、操作简便；可在文件中嵌入图表、图片、数学公式，建立超链接等。由于文件中包含了字体信息、段落格式、文字色彩、页眉页脚等信息，文件体积相对纯文本文件较大。

（3）RTF 格式　以纯文本描述内容，能够保存各种格式信息，可以用写字板、Word 等创建。RTF 格式是一个很好的文件格式转换工具，用于在不同应用程序之间进行格式化文本文档的传送。

（4）WPS 格式　金山公司文字处理软件的文档格式，类似于 DOC。

（5）PDF 格式　是由 Adobe Systems 公司在 1993 年用于文件交换所发展出的文件格式，它的优点在于跨平台、能保留文件原有格式、开放标准。PDF 格式修改过许多次，主要是随着 Adobe Reader 的版本而更新的。

（6）CAJ 格式　CAJ 文件是一种同 PDF 文件类似的文件格式，网络上的许多电子图书均使用这种格式。CAJ 格式文件使用的浏览器为 CAJViewer。CAJViewer 是中国期刊网的专用全文格式阅读器，它支持中国期刊网的 CAJ，NH，KDH 和 PDF 格式文件。

（7）Web 页　俗称网页，它是采用超文本技术组织起来的页面，静态网页格式主要有 .html 和 .htm。

3. 文本素材的获取

文本信息输入、采集的方法主要有以下几类：

（1）键盘输入方法。

（2）语音输入方法。

（3）联机手写识别输入。

（4）扫描仪＋OCR（光学字符识别）输入法。

（5）混合输入方法。

4.2.2　图形与图像素材处理

1. 图形与图像基础知识

图形与图像是多媒体制作中最常用的素材，是一种直观的教学媒体。有的可直接用于教学，如生物课中的各种动植物图片、历史课中各历史资料的图片、语文课文中相关背景资料图片等；有的可以作为课件制作的背景，如山水风光、边框图案等；有的用来点缀课件画面,如花草、动物图案等。

(1) 矢量图与位图　数字图像根据其在计算机中的处理及运算方式的不同,又分为矢量图(vector-based image)和位图(bit-mapped image)。

位图是将像素按点阵的方式排列而成的图像,而矢量图是用数学方法将点、线、多边形等图元进行相应组合而得到的图形。通常,把位图称为图像,矢量图称为图形。

位图的优点是色彩显示自然、柔和、逼真;缺点是图像在放大或缩小的转换过程中会产生失真,且随着图像精度提高或尺寸增大,所占用的磁盘空间也急剧增大。矢量图的优点是信息存储量小,分辨率完全独立,在图像的尺寸放大或缩小过程中图像的质量不会受到丝毫影响,而且它是面向对象的,每一个对象都可以任意移动、调整大小或重叠,所以很多 3D 软件都使用矢量图;缺点是用数学方程式来描述图像,运算比较复杂,而且所制作出的图像色彩显示比较单调,图像看上去比较生硬、不够柔和逼真。

(2) 数字图像的参数　数字图像参数包括:

① 分辨率。

a. 图像分辨率:每英寸图像含有多少个点或像素(dpi)。

b. 设备分辨率:每单位输出长度所代表的点数或像素。

c. 位分辨率:每个像素存储的信息位数。

② 图像深度与颜色。

a. 图像深度:图像中每个像素的数据所占的位数,真彩色是指图像深度为 24 bit。

b. 图像颜色数:一幅图像中所具有的最多的颜色种类。

c. 图像大小:(位图高度×位图宽度×图像深度)/8。

(3) 数字图像的色彩　如下所述:

① 色彩三要素。色彩可用色相、饱和度和明度来描述,人眼看到的任一彩色光都是这 3 个特性的综合效果。

a. 色相:各类颜色的相貌称谓(如红、黄、绿、蓝等)。

b. 明度:色彩的明暗度。

c. 饱和度:颜色的鲜艳或鲜明的程度。

② 颜色模式。颜色模式是图像的本质属性,每种模式都有其各自的意义和适用范围。模式代表的是颜色范围,也称为数字图像色彩模式,即一类颜色的总和。常用的图像模式有 RGB 模式、CMYK 模式、Lab 模式、HSB 模式、灰度模式、位图模式等,模式之间可以实现相互转换。

2. 常用数字图像格式

(1) BMP　BMP 是 bitmap(位图)的缩写,该格式可用于 Windows 下的绝大多数应用程序。这种格式的特点是包含的图像信息较丰富,几乎不进行压缩,因此 BMP 文件所占用的空间很大。由于 BMP 图像具有极丰富的色彩,所以常用于多媒体演示、视频输出等。

(2) GIF　GIF 是 graphic interchange format(图像互换格式)的缩写,是一种基于 LZW 算法的连续色调的无损压缩格式,其压缩率一般在 50% 左右。GIF 格式的图像比较小,在网络上传送图像文件时,使用 GIF 格式的图像文件要比其他格式的图像文件快得多,但这种格式的图像颜色数最多为 256 色。另外,它还可以存储动态图像,网页很多动态小图片是 GIF 格式。

(3) JPEG　JPEG 是 joint photographic experts group(联合图片专家组)的缩写,是最常见的一种图像格式。它用有损压缩方式去除冗余的图像和彩色数据,获取极高的压缩率的同时能展现十分丰富生动的图像;JPEG 格式具有很好的压缩比。用户可以在存储前选择图像的最后质量,这样就能够控制数据的损失程度。网页上大多数静态图片是 JPG 格式。

(4) TIFF TIF 或 TIFF 是 tagged image file format(标签图像文件格式)的缩写,它是印刷行业标准的图像格式。通用性很强,几乎所有的图像处理软件和排版软件都对其提供了很好的支持。广泛应用于程序之间和计算机平台之间进行图像数据交换。

(5) PSD 和 PDD PSD 和 PDD 格式是 PhotoShop 软件自身的专用文件格式。PSD 和 PDD 格式能够保存图像数据的细节部分,如图层、附加的遮罩、通道等和 PhotoShop 对图像进行特殊处理的信息,在没有最终决定图像的存储格式前,最好先以这两种格式存储。修改较为方便,但占用较多的磁盘空间。

(6) WMF 格式 是 Windows 中常见的一种图元文件格式。具有文件短小、图案造型化的特点,整个图形常由各个独立的组成部分拼接而成,但其图形往往较粗糙。只能在 Microsoft Office 中调用编辑。

(7) 其他格式 其他格式还有:
① DIB 格式。与 BMP 相似。
② CDR 格式。Coreldraw 中使用的格式。
③ DWG,DXB,DXF 格式。Autocad 中使用的格式。
④ EMF 格式。用于弥补 WMF 的不足。
⑤ ICO 格式。Windows 的图标文件。

3. 常用图形与图像处理软件

图形图像编辑软件很丰富,常见的图形与图像创作工具软件中,Windows"附件"中的画笔(Paintbrush)是一个功能全面的小型绘图程序,它能处理简单的图形;还有一些专用的图形创作软件,如 AutoCAD 用于三维造型、CorelDraw,Adobe Illustrator,Macromedia Freehand 等也都是创作和编辑矢量图形的常用软件;PhotoShop 是公认的最优秀的专业图像编辑处理软件之一,它有众多的用户,但精通此软件并非易事;专业的网页图形设计也离不开 Fireworks 的支持,它可以编辑矢量和位图,快速创建专业的 Web 图形和复杂的交互。

4. 图像素材的获取

课件制作中需要的图像可以从多种渠道获得,如从因特网上下载、从计算机屏幕上直接截取、从动画或视频中捕捉、利用扫描仪或数码相机直接采集、数字化仪输入、用软件创作等。

(1) 从因特网上下载图像素材 因特网是一个资源的宝库,从中可以得到很多有用的图像,用于课件制作。我们既可以从专门的图像网站上下载图像,也可以到与课件制作内容相关的网站,如一些教育网站上去寻找。有些图像文件直接显示在网页上,这些文件可以直接保存在课件制作素材库中。

(2) 截取屏幕图像 有以下几种方法:
① 使用[PrintScreen]键(全屏)和[Alt]+[PrintScreen]组合键(活动窗口)。

a. 整个屏幕的捕捉:第一步将屏幕打开至自己要捕获的图片状态,第二步按下[PrintScreen]键,第三步打开某个软件(如,画图、Word、PowerPoint、PhotoShop 等),执行"编辑"→"粘贴"。

b. 屏幕中的某个窗口的捕获:第一步在要捕获窗口的菜单上方单击鼠标,让窗口呈被激活状态。第二步按下[Alt]+[PrintScreen]键。第三步打开某个软件(例如画图、Word、

PowerPoint、PhotoShop 等),在其中进行粘贴。

② 使用 QQ 截图。启动 QQ,按下默认截图快捷组合键[Ctrl]+[Alt]+[A],框选要截取的区域,单击【完成】按钮。

③ 使用专用截图软件。例如,Snagit,扫描二维码 4-3 获取"Snagit 抓图软件使用"内容。

(3) 其他途径获取图像素材　其他素材主要有:

① 捕获 VCD、DVD 图像。用计算机看 VCD、DVD 时,有时会觉得某些图像与我们要制作的课件主题相符,可以用"迅雷影音"等多媒体播放软件将画面截取下来。

二维码 4-3
Snagit 抓图软件使用

② 扫描课本上的图像。课本、照片、杂志、宣传画、教学挂图是一些常见的、传统的承载图像的媒体,要将这些图像输入计算机中就得借助扫描仪。

③ 用数码相机和手机拍摄。数码相机和手机使用光电耦合器,并用存储卡(如记忆棒、软盘、SM 卡、CF 卡或 CD-R)来保存拍摄的图像。将保存的图像存入计算机后,可以作为课件素材直接使用。

④ 通过素材光盘获取图像。市场上有许多专业的素材库光盘,其中有着丰富的图像素材,如中国大百科全书、Flash 资源大全、中国地图大全、牛津百科等不胜枚举。

5. 使用 PhotoShop CS2 处理图形与图像素材

(1) PhotoShop CS2 简介　PhotoShop CS2(PS)是美国 Adobe 公司开发的图形图像处理软件,具有强大的功能,是流行的专业平面设计软件。

(2) 窗口界面介绍　如图 4-1 所示,窗口主要部分有:

① 菜单。操作命令的集合。

② 工具选项。选中哪个工具,则放的就是选中工具的各个参数,可以进行不同的参数设置。

图 4-1　PhotoShop 界面

③ 工具箱。提供了几乎所有能够辅助我们进行各种操作的有用的工具。

④ 浮动面板。也叫调板、控制面板等，是帮助我们监视和修改图像的，默认有"导航器"、"颜色"、"历史记录"、"图层"等面板，可以通过"窗口"菜单来控制面板的出现与隐藏。

⑤ 状态栏。窗口底部的状态栏会显示有用的信息。例如，当前图像的放大倍数和文件大小，以及当前工具用法的简要说明。

（3）新建、打开和保存图像文件　操作如下：

① 新建图像文件。可以在"文件"菜单中点击"新建"，也可以通过快捷键[Ctrl]+[N]键来实现。然后，设置弹出的如图4-2所示的新建文件对话框，选择图像尺寸的单位、输入图像的高度和宽度、选择分辨率、选择新图像的背景颜色、在名称框中输入新建图像的文件名。最后，单击【确定】按钮。

图4-2　"新建文件"对话框

② 打开图像文件。点击文件菜单里的"打开"、"浏览"、"打开为"、"导入"都可以打开图像文件。

③ 保存图像文件。当一个图像做好要保存时，可以点击"文件"菜单中"存储"或"存储为"或"存储为Web所用格式"，如图4-3所示。

图4-3　"另存为"对话框

"存储"是存储为默认的格式，如果一开始是JPG的格式，存储时就是JPG。"存储为"是无论开始做的文件是什么格式，按"存储为"时都会跳出存储的对话框，可以选择想要存储的格式。

"存储为Web所用格式"，是将图片用于网页上时常用的格式。点开后有"原稿"、"优化"、"双联"、"四联"几栏，一般选"优化"。它的右边有预设，可以设定需要的格式，设好后就可以存储了。

（4）熟悉常用工具　想要用好 PhotoShop，首先要了解 PhotoShop 中最常用到的工具。PhotoShop 的工具箱就像是一个百宝箱，提供了几乎所有能够辅助我们进行各种操作的有用工具，如图 4-4 所示。

① 选择工具组（选框工具、套索工具、移动工具以及魔棒工具）。选框工具有 4 种，右击可拉出工具列表，如图 4-5 所示。"矩形选框工具"用于创建矩形选区；"椭圆选框工具"用于创建任意半径的椭圆形选区；"单行选框工具"创建高度为 1 像素的单行选区；"单列选框工具"创建宽度为 1 像素的单列选区。

图 4-4　PhotoShop CS2 工具箱

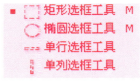

图 1-5　选框工具

套索工具也是一种经常用到的制作选区的工具，可以用来制作折线轮廓的选区或者徒手绘画不规则的选区轮廓。套索工具共有 3 种，右击可拉出工具列表，如图 4-6 所示。"套索工具"常用来勾勒一些形状不规则的图像边缘；"多边形套索工具"可以帮助我们在图像中制作折线轮廓的多边形选区；"磁性套索工具"是一种具有自动识别图像边缘功能的套索工具，使用时将鼠标移动到图像上单击，确定选区的起点，然后沿物体的边缘移动鼠标，这时，"磁性套索工具"会根据图像边缘的颜色深浅生成物体的选区轮廓。

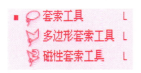

图 4-6　套索工具

魔棒工具是一个有趣的工具，可以帮助大家方便地制作一些轮廓复杂的选区，为我们节省了大量的精力。该工具可以把图像中连续或者不连续的颜色相近的区域作为选区的范围，以选择颜色相同或相近的色块。魔棒工具使用起来很简单，只要用鼠标在图像中点击一下即可完成操作。

重点提示▶

用选取工具所选择的范围是要进行处理的范围，所执行的一切命令都只对选择区域范围内的对象有效。

移动工具是移动已经选择的图像或者范围的工具。

② 裁剪工具。使用裁剪工具可以对图像进行任意的裁剪，重新设置图像的大小。

③ 修复工具组和仿制图章工具。如图 4-7 所示，修复工具组

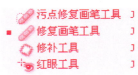

图 4-7　修复工具

包括"污点修复画笔工具"、"修复画笔工具"、"修补工具"以及"红眼工具",主要是修补图像中破损或者效果不理想的部分。

"污点修复画笔工具"是 PhotoShop CS2 的新功能,它不同于一般的修补工具,在使用之前不需要选取选区或者定义源点。我们可以为修复选择混合模式,并能在近似匹配和创建纹理两者中选择。

"修复画笔工具"可以对图像进行修复,原理就是将取样点处的图像复制到目标位置。

"修补工具"可利用样本或图案绘画以修复图像中不理想的部分。

"红眼工具"也是 PhotoShop CS2 新增的工具。多数时候无需改变默认的设置,即能对图像各种红眼有很好的消除作用。现在只需两次点击(每只眼睛点击一次),即可从多数照片中移除红眼。

"仿制图章工具"是在图像中的某一部分进行定义点,然后将取样绘制到目标点。

"修复画笔工具"和"仿制图章工具"的不同之处是:"仿制图章工具"是将定义点全部照搬;而"修复画笔工具"会加入目标点的纹理、阴影、光等因素,自动适应周围环境。

所以说,当要修改的图像位置在背景颜色、光线相接近时,可用仿制图章工具。如果有差别,可以用修复画笔。比如皮肤,用修复画笔可以很好地保持皮肤的纹理。

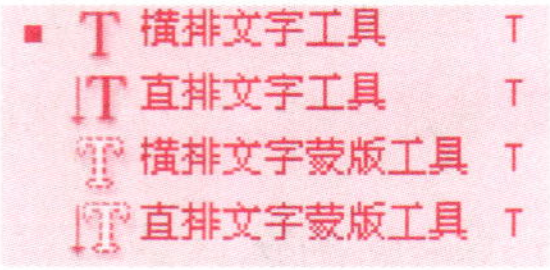

④ 文字工具。工具箱中的"文字工具",包含"横排文字工具"、"直排文字工具"、"横排文字蒙版工具"、"直排文字蒙版工具"4 种类型,如图 4-8 所示。前两者是实体字,后两者打出的只是文字的虚框,必须通过填充等处理才能见到文字。

当在某个文档中输入文字后,窗口上方会出现相应的属性栏。在属性栏中可以选择字体、字号、段落对齐、字体色彩、文字排除变形等操作。

图 4-8 文字工具

当输入文字时,系统会自动产生一个图层;如果用文字蒙版工具,一般要新建一个图层后再输入;要修改文字的属性,必须在选中文字的情况下才能进行。

(5) 图层操作 PhotoShop 中,一幅图像通常是由多个不同类型的图层,通过一定的组合方式,自下而上叠放在一起组成的,它们的叠放顺序以及混合方式直接影响着图像的显示效果。所谓图层,就好比一层透明的玻璃纸,透过这层纸,可以看到纸后面的东西,而且无论在这层纸上如何涂画,都不会影响到其他层中的内容。"图层面板"就是用来控制这些透明玻璃纸的工具,它不仅可以帮助我们建立/删除图层以及调换各个图层的叠放顺序,还可以将各个图层混合处理,产生出许多意想不到的效果,如图 4-9 所示。

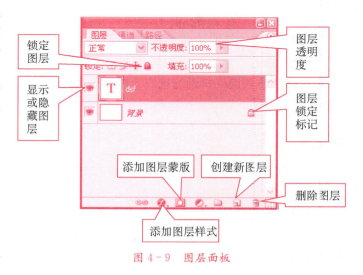

图 4-9 图层面板

① 新建图层。在实际的创作中,经常需要创建新的图层来满足设计的需要,单击"图层面板"中的【创建新图层】按钮,新建一个空白图层,这个新建的图层会自动依照建立的次序命名,第一次新建的图层为"图层1"。

② 图层的复制和删除。

a. 复制图层:在图层面板上右击要复制的图层,在快捷菜单中选择"复制图层"命令。

b. 删除图层:要删除没有用的图层,先选中要删除的图层,然后单击"图层面板"上的【删除图层】按钮,再单击【是】。

③ 图层的显示与透明度、移动与锁定。

a. 图层的显示与隐藏:单击图层面板上图层列表前的"眼睛"标识,可显示或隐藏图层。

b. 图层的锁定与解锁:先选中要锁定的图层,单击图层面板上【锁定图层】按钮可锁定或解锁图层。

c. 图层次序的移动:在图层面板上拖动图层可改变其次序。

d. 图层的透明度:选中图层,拖动图层面板上不透明度滑块,改变图层透明度。

④ 图层的变形。在处理图像时,为了得到合适的画面效果,可以对图像中的各个图层进行缩放、旋转、倾斜、扭曲和透视等变形操作,图层的变形功能可以用"编辑"菜单中"自由变形"命令来实现。

⑤ 图层样式。图层样式可以实现多种效果,选中要添加样式的图层,单击图层面板上【添加图层样式】按钮,选择一种样式,弹出对话框,如图4-10所示,设置样式的参数后单击【确定】。

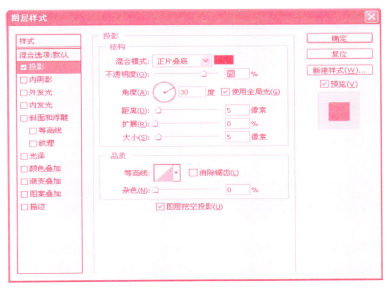

图4-10 图层样式

(6) 图片处理常用操作 常用操作包括:

① 调整图片大小。使用"图像"菜单中"图像大小"命令,或者利用裁切工具(用工具箱里的裁切工具裁切大小)。

② 旋转图片。使用"图像"中的"旋转画布"命令,或者使用"编辑"菜单的"变换"中的"旋

转"命令。

③ 矫正倾斜的图片。照相时,难免会因为相机或者角度不好,结果导致照片倾斜,需进行调节:

第一步,用裁剪工具沿图像边沿拉出裁剪框(注意:勾选工具属性栏的"透视"项)。

第二步,鼠标按住角上的控制点,水平或垂直方向拖动调整,调整好后释放鼠标。

第三步,按回车键确认操作。

④ 修复背光图片。由于照相时背着光,或者在阴暗的地方,所以照出的相片人物脸面往往看不清。修复的方法是,首先打开背光照片,然后从"图像"→"调整"→"阴影/高光",得到最终效果。

"阴影/高光"命令不是简单地使图像变亮或变暗,它基于阴影或高光中的周围像素(局部相邻像素)增亮或变暗。

⑤ 自动色阶、自动对比度和自动颜色。用 PhotoShop 给数码图片调色时,最现成的方法就是"自动色阶"、"自动对比度"和"自动颜色"。多数情况下,会帮助我们获得比较满意的图像效果。

a. 自动色阶:用鼠标选择"图像"→"调整"→"自动色阶"。

b. 自动对比度:用鼠标选择"图像"→"调整"→"自动对比度"。

c. 自动颜色:用鼠标选择"图像"→"调整"→"自动颜色"。

⑥ 添加文字和文字变形、文字特效。其步骤为:

第一步,打开一张图片。

第二步,点击工具箱中的文字工具,选择"横排文字工具"或"直横排文字二具",鼠标在文档中要输入文字的地方单击后,输入文字。

第三步,选中输入的文字,在属性栏中设置字体、字号、色彩之后,点击【创建文字变形】按钮,在对话框中点击"样式"栏中的下拉按钮,在其下选择合适的变形样式(如"花冠",系统提供了 15 种变形样式)。

第四步,点击【好】按钮。

⑦ 去除图片上的拍摄日期、文字等。方法有:

a. 使用修补工具去除。如果图片的背景色彩或图案比较一致,使用修补工具就比较方便。具体的操作是:选取修补工具,在工具选项栏中选择修补项为"源",关闭"透明"选项;然后用修补工具框选文字,拖动到无文字区域中色彩或图案相似的位置,松开鼠标完成复制。

修补工具具有自动匹配颜色的功能,复制出的效果过渡柔和,这是仿制图章工具所不具备的。

b. 使用修复画笔工具去除。按住[Alt]键,在无文字区域点击相似的色彩或图案采样,然后在文字区域拖动鼠标复制以覆盖文字。只是修复画笔工具与修补工具一样,也具有自动匹配颜色的功能,可根据需要进行选用。

c. 复制变形图形去除。某些情况下,框选无文字区域的相似图形(或图案),按[Ctrl]+[J]键将其复制成新的图层,再利用变形工具将其变形,直接用以覆盖文字会更为快捷。

⑧ 应用滤镜。PhotoShop CS2 具有近百种内置滤镜,这些滤镜不但使用简单、方便,而且使用范围也很广泛,几乎可以模拟和制作摄影与印刷中所有特殊技术效果。它的出现给予用户无限的想象空间。应用方法为:

第一步,打开图片文件。

第二步,选择要应用滤镜的图层,在如图4-11所示的"滤镜菜单"中选择一种滤镜。

第三步,在对话框中设置滤镜的参数。

⑨ 替换图片背景。要替换背景就需要抠图。抠图是替换背景、移动人物时最常用的方法,在PhotoShop中有很多方法:套索抠图、橡皮擦抠图、钢笔抠图、魔棒抠图、蒙版抠图、色彩抠图、通道抠图等。抠图需针对不同的图片进行分析,魔棒适合做颜色单一的图像,套索适合做边缘清晰一致能够一次完成的图像,通道适合做影调能做区分的图像。

a. 套索抠图:套索属于手绘型工具,选择套索工具后,属性栏上方会出现羽化这一栏,因为套索比钢笔更灵活,但没有钢笔那么细致,所以羽化数值可以填写大一点(0~10不等,看具体图片决定),这样边缘就不会

图4-11 滤镜菜单

觉得生硬抠的不仔细。选择好后鼠标变成套索图标,此时点住鼠标不放,以手绘的形式围绕要抠的图的轮廓画一圈,形成闭合路径同时则建立了选区,这时再反选删除,更换背景或者直接拖动选区换背景来完成后续的工作。

b. 通道抠图:通道的应用非常广泛,可以用来建立选区,进行选区的各种操作。通道抠图主要是利用图像的色相差别或者明度差别为图像建立选区。

例如,用通道把图4-12所示的人物抠选出来,步骤为:

二维码4-4
通道抠图操
作演示

图4-12 通道抠图源图

第一步,打开图片,双击背景图层成图层0,观察通道面板中各通道。

第二步,观察发现,在通道面板中,绿通道图像中人物和背景的反差更大一些,如图4-13所示,所以这里选择了绿色通道为目标。

第三步,右击绿通道,选择"复制通道"得到"绿副本"通道。

第四步,为了将图中所要的人物和背景颜色亮度有更明显的区别,可以利用"图像"→"调整"→"亮度/对比度"把反差加大,想要的部分越黑越好,不要的地方越白越好,如图4-14所示。

图 4-13 绿通道图像

图 4-14 绿通道"亮度/对比度"调整

第五步，在通道里白色是"有"，而我们要的这个人物却是黑色的，所以按下快捷键[Ctrl]+[I]反向一下颜色，得到如图 4-15 所示效果。

图 4-15 绿通道反相

第六步，人物身上难抠的头发差不多都是白色的了，可是还有一部分不是。处理方法是：将背景色调成白色，用橡皮擦工具把人物其他部分擦成白色（适当放大图片），如图 4-16 所示。

第七步，执行"选择"→"载入选区"。

第八步，回到图层面板，发现人物已经选定，如图 4-17 所示。可以用移动工具拖到其他背景图片中。

图 4-16　绿通道反相后修整图

图 4-17　人物选区

c. 复杂边缘图像抠图：对于边缘复杂、颜色丰富、边缘清晰度不一、影调跨度大的图像的抠图，最好用蒙版来做。

图层蒙版可以理解为在当前图层上面覆盖一层玻璃片，这种玻璃片有透明的和黑色不透明的，前者显示全部，后者隐藏部分。然后，用各种绘图工具在蒙版上（即玻璃片上）涂色（只能涂黑白灰色）：涂黑色的地方蒙版变为不透明，看不见当前图层的图像；涂白色则使涂色部分变为透明，可看到当前图层上的图像；涂灰色使蒙版变为半透明，透明的程度由涂色的灰度深浅决定。

如图 4-18 所示是一位在大自然中的写生者，背景不好，需要替换。要把人物和地面抠出来，路径、魔棒、套索、通道都不好用，用蒙版更合适。

第一步，首先在图层面板上双击背景图层，点确定转换成图层 0（在背景中不能用蒙版，必须转换为图层）。

第二步，先用套索工具或其他选择工具，勾勒出大致的选区。

第三步，单击图层面板中【添加图层蒙版】按钮，建立图层蒙版。

图 4-18　复杂边缘抠图源图

第四步,把前景色要设为黑色,需适当放大图片,再用画笔工具沿着边缘细心涂抹掉不需要的部分(注意:画笔工具要用适合的大小和硬度,不透明度也要在100%以上,否则会有阴影)。

第五步,如果什么地方涂抹错了,可以将前景色变为白色,再涂抹在错误的地方,抹掉的图像又重新修补回来了。

第六步,抹好后,执行"选择"→"载入选区"。

第七步,现在,可以用移动工具把选区移动到任何背景上了。

4.2.3 音频素材处理

1. 声音的概念

声音是振动的波,是随时间连续变化的物理量。因此,自然界的声音信号是连续的模拟信号。

(1)描述声波的物理量 声波与普通波形一样,可以用3个物理量来描述:振幅、周期和频率。

① 振幅。振幅是声音波形振动的幅度,表示声音的强弱。

② 周期。周期是声音波形完成一次全振动的时间。

③ 频率。频率是声音波形在1秒钟内完成全振动的次数,表示声音的音调。

(2)声音的三要素 三要素分别是:

① 音调。音调代表声音的高低。与频率有关,频率越高,音调越高。

② 音色。音色是声音的特色,声音分纯音和复音两种类型。纯音的振幅和周期均为常数;复音是具有不同频率和不同振幅的混合声音,是影响声音特色的主要因素,自然界的大部分声音是复音。在复音中,频率最低的声音是"基音",是声音的基调;其他频率的声音是"谐音"。基音和谐音是构成声音音色的重要因素。人的声音、其他生物的声音以及自然界各种声响,都具有自己独特的音色。人们往往是依据音色来辨别声源种类的。

③ 响度。响度也称为音强,是声音的强度。响度与声波的振幅成正比,振幅越大,音强越大。

2. 声音的数字化

把模拟声音信号转换为数字音频信号的过程称为声音的数字化,它是通过对声音信号进行采样、量化、编码来实现的。

(1)采样 采样就是每隔一定的时间间隔 T,抽取模拟音频信号的一个瞬时幅度值样本,实现对模拟音频信号在时间上的离散化处理。

(2)量化 模拟音频信号的采样样本数字化表示,称为量化。对于每个采样,系统均会分配一定的存储位(bit)来存储采样点的声波振幅的数值。通常,把存储采样点使用的二进制位数(如16位)称为采样分辨率或采样精度,也叫量化位数。

(3)编码 编码就是按照一定的格式把离散的量化数值加以记录,并在有用的数据口加入一些用于同步、纠错和控制的数据。

3. 数字音频的常用格式

(1)WAV格式 微软公司开发的一种声音文件格式,也叫波形声音文件,用于保存Windows平台的音频信息资源,被Windows平台及其应用程序广泛支持,是最早的数字音频格式。它直接记录声音的波形,所以形成的文件很大。

(2) MIDI 格式　也称作乐器数字接口,是数字音乐/电子合成乐器的统一国际标准。MIDI 文件中存储的是一些指令,由声卡按照指令将声音合成出来。这种格式的文件很小,适于背景音乐、游戏音轨以及电子贺卡等。

(3) CDA 格式　CDA 格式是 CD 音乐格式,采样频率为 44.1 kHz,16 位量化位数。CDA 格式记录的是波形流,是一种近似无损的格式。

(4) MP3 格式　MP3 的全称是 MPEG(moving picture experts group)Audio Layer-3,起源于德国,能够以高音质、低采样率对数字音频文件进行压缩。

(5) WMA 格式　是微软力推的一种音频格式,以减少数据流量但保持音质的方法来达到更高的压缩率为目的,其压缩率一般可以达到 1∶18。支持音频流技术,可以在网络上在线播放。

(6) MP4 格式　采用了"知觉编码"压缩技术,加入了保护版权的编码技术。MP4 的压缩比高于 MP3,但音质却没有下降。

(7) QuickTime 格式　苹果公司推出的一种数字流媒体。

(8) RealAudio 格式　Real Networks 公司推出的一种文件格式,可以实时传输音频信息。RealAudio 文件格式主要有 RA,RM,RMX 3 种,能够随着网络带宽的不同而调整声音的质量,在保证大多数人听到流畅声音的前提下,令带宽较宽的听众获得更好的音质。

(9) VOC 格式　常用在 DOS 程序和游戏中,是随声卡一起产生的数字声音文件。

(10) AU 格式　应用于互联网上的多媒体声音,是 UNIX 操作系统下的数字声音文件。

(11) MAC 格式　苹果公司开发的声音文件格式,广泛应用于 Macintosh 平台软件。

(12) AAC 格式　是 MPEG-2 规范的一部分,压缩能力强、压缩质量高。可以在比 MP3 文件缩小 30% 的前提下,提供更好的音质。

4. 音频素材的获取途径

① 从因特网上下载。
② 音频素材光盘。
③ 录制音频。

5. Windows"录音机"的使用

(1) 录音　录音步骤如下:

① 设置录音选项。右击任务栏上托盘中的音量图标,在右键菜单中选择"打开音量控制",在如图 4-19 中执行"选项"→"属性"设置录音属性。

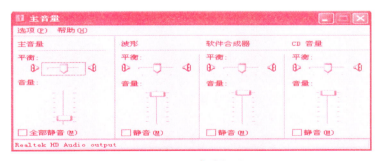

图 4-19　音量控制

图 4-20 录音属性设置

在如图 4-20 所示对话框中,音量控制列表主要有:

a. 麦克风音量:用麦克风作为录音音源。

b. 线路音量:用音频线连接的外部设备(如用音频线与电脑连接的复读机)作为录音音源。

c. 立体声混音:用声卡的输出(如电脑播放视频时的声音)作为录音音源,也叫内录音。

② 准备并连接好录音设备,如连接好麦克风。

③ 启动 Windows 的"录音机"程序。如图 4-21 所示,单击红色的录音按钮开始录音。

④ 录完一个 60 s 后,如果想继续录可接着单击红色录音按钮。

⑤ 录完后保存文件(WAV 格式)。

图 4-21 录音机界面

图 4-22 录音机音频剪辑

(2) 声音素材的剪辑 在"录音机"中,使用"文件"→"打开"命令打开音频素材,拖动"录音机"程序窗口中位置滑块到剪辑位置(如 1.50 s 处),使用"编辑"→"删除当前位置以前的内容"或"删除当前位置以后的内容",如图 4-22 所示。

(3) 声音素材的复制与粘贴 在"录音机"中,使用"文件"→"打开"命令打开音频素材,拖动"录音机"程序窗口中位置滑块到某位置,使用"编辑"→"复制",将会复制当前位置以前的内容至剪贴板中。

拖动"录音机"程序窗口中位置滑块到要粘贴音频的位置,选择"编辑"菜单中"粘贴插入"或"粘贴混入"。

(4) 声音的混合 步骤如下:

① 插入声音文件(如在文件 A 中某位置插入文件 B)。其步骤为:

第一步,打开源文件 A。

第二步,确定文件 B 要插入的位置。

第三步,执行"编辑"→"插入文件"命令。

第四步,执行"文件"→"另存为"命令保存。

② 前景声音与背景声音的合成。其步骤为:

第一步,打开一个背景音乐文件。

第二步,执行"编辑"→"与文件混音",选择前景音乐文件。

第三步,执行"文件"→"另存为"命令保存文件。

(5) 声音的效果 使用"效果"菜单中的"加大音量"或"降低音量"可改变音量。使用"效果"菜单中的"加速"或"减速"可改变回放速度。使用"效果"菜单中的"添加回音"可以使音频素材加上回音的效果。

6. Adobe Audition 3.0 的使用

(1) 简介 Adobe Audition(前身 Cool Edit Pro)是 Adobe 公司开发的一款功能强大、效果出色的多轨录音和音频处理软件。

(2) 编辑界面 编辑界面如图 4-23 所示。

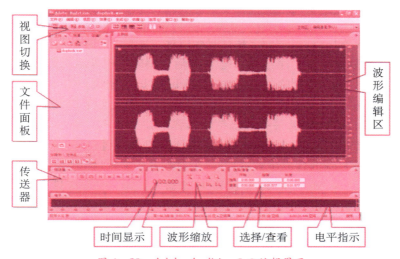

图 4-23 Adobe Audition 3.0 编辑界面

(3) 录音 录音步骤是：

① 设置好录音选项。

② 准备并连接好录音设备，如麦克风。

③ 单击图 4-23 所示的视图切换区的"编辑"按钮切换到波形编辑界面，再单击"传送器"面板区中的红色录音按钮，出现"新建波形"对话框，如图 4-24 所示。设定波形参数后，单击【确定】开始录音。

④ 录完后，单击"传送器"面板区中的停止按钮。

⑤ "文件"→"另存为"保存录音波形。

图 4-24 "新建波形"对话框

如果想录制配乐朗诵或卡拉 OK 伴唱，可以按下面步骤进行：

第一步，设置录音选项，连接好麦克风。

第二步，切换到多轨模式下。

第三步，右击"音轨 1"→"插入"→"音频文件"，选择配乐朗诵的背景音乐文件或卡拉 OK 伴奏音乐文件。

第四步，单击"音轨 2"中的"R"按钮。

第五步，单击"传送器"面板中红色录音按钮开始录音。

第六步，录完后，单击"传送器"面板中的"停止"按钮。

第七步，执行"文件"→"另存为"保存。

（4）音频编辑　步骤如下：

① 波形的选定。在波形编辑窗口单击波形确定起点，拖动鼠标到终点，就选定了一段波形，也可以在"选择/查看"面板的选择区输入音频开始时间和结束时间进行选择。[Ctrl]+[A]可实现全选；要解除选择，只需单击就可。

② 波形的复制、粘贴。

　a. 复制和剪切：选定一段波形后，"编辑"→"复制"或"剪切"。

　b. 粘贴：复制或剪切后，单击确定粘贴起始位置，"编辑"→"粘贴"。

　c. 将选定波形复制为新文件：选定一段波形后，"编辑"→"复制为新的"。

③ 删除波形。先选定要删除的波形，按[Delete]键即可删除。

④ 波形混合。插入声音文件（如在 A 文件中某位置插入文件 B）步骤：打开源文件 A，确定 B 文件要插入的位置，"编辑"→"混合粘贴"，弹出如图 4-25 所示对话框，依次选择"插入"→"从文件"，单击【选择文件】按钮，选择文件 B，单击【确定】。

前景声音与背景声音的合成步骤：打开一个背景音乐文件，确定混合起始位置，"编辑"→"混合粘贴"，弹出如图 4-25 对话框，依次选择"重叠（混合）"→"从文件"，单击【选择文件】按钮，选择前景音乐文件，单击【确定】。

图 4-25　"混合粘贴"对话框

⑤ 降噪。在 Adobe Audition 的"效果"→"修复"子菜单中，包含了很多消除噪声的命令，可以选择其中一项来进行降噪处理。使用"降噪器（进程…）"的降噪步骤如下：

第一步，打开要降噪的波形，反复试听找出噪声的波形区域（可适当放大），选定这段噪声波形。

第二步，选择"效果"菜单中的"修复"→"降噪器（进程）…"命令，弹出如图 4-26 所示的对话框。

单击图 4-26 中【获取特性】按钮，系统会捕获噪音特性，降噪器对话框会变成如图 4-27 所示对话框。根据降噪要求设置相关参数，也可使用默认值。

一般可设置参数如下：

采样快照：600～1 200 之间，可设为 800。噪音衰减：建议 80（dB）。FFT 大：8 192，此数

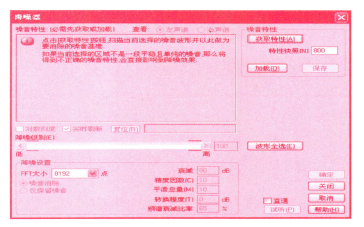

图 4-26 "降噪器"对话框

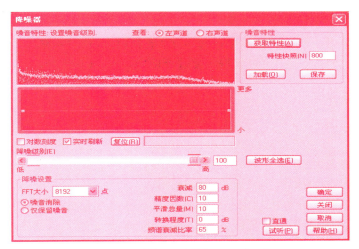

图 4-27 "降噪器"参数设置对话框

值越大越好。精度因素:设为10,如果小于7将会产生明显的抖动。平滑总量:设为10,此数值越小,噪声越低,但对原音的破坏也越大。降噪级别数值,在多次降噪情况下应逐渐增大。

第三步,调整参数后,单击图4-27中的【波形全选】按钮,然后单击【确定】按钮,完成一次降噪。

第四步(可选),如果还有其他噪声,重复第一至第三步即可。

⑥ 波形的变速/变调。选择"效果"→"变速/变调"中的某项命令。

⑦ 音量调整。在降噪完成之后或之前,经常需要调整音量大小使得前后音量平衡一些。"效果"菜单中"振幅和压限"提供了很多调整音量的方法,其中的"硬性限制"方法在保证没有爆音的前提下提升声音的整体音量。

首先选中要处理的波形,依次打开选择"效果"→"振幅和压限"→"硬性限制",弹出如图4-28的对话框。根据音频音量的大小进行设置,最后单击【确定】。

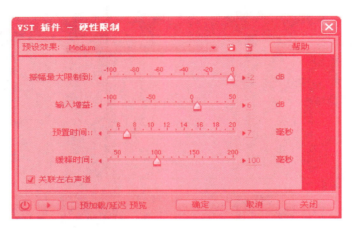
图 4-28 "硬性限制"对话框

图 4-29 声音效果菜单

⑧ 其他声音效果。"效果"菜单中还提供了"延迟和回声"、"混响"、"滤波和均衡"、"调制"等诸多效果,在音频处理中可以根据需要选择使用,如图 4-29 所示。

4.2.4 动画素材处理

1. 动画基础知识

（1）动画概念　计算机动画（computer animation）是利用人眼视觉暂留的生理特性,采用计算机的图形和图像数字处理技术,借助动画编程软件直接生成或对一系列人工图形进行一种动态处理后生成的可以实时播放的画面序列。

运动是动画的要素,计算机动画是采用连续显示静态图形或图像的方法产生景物运动的效果的。当画面的刷新频率在每秒 24～50 帧的时候,就能使人感觉到运动的效果。在实际计算机动画制作过程中,为了减少存储空间占用和运算数据量,画面的刷新频率常设置在每秒 15～30 帧之间。

计算机动画的另一个显著特点是画面的相关性,只有在任意相邻两帧画面的内容差别很小时（或者说是画面局部的微小改变）,才能产生连续的视觉效果。

（2）动画与视频的区别　根据每一帧画面的产生形式,动态图形与图像序列又分为两种不同的类型。当每一帧画面是人工或计算机生成的画面时,称为动画;当每一帧画面为实时获得的自然景物图时称为动态影像视频,简称视频。视频一般由摄像机摄制的画面组成。

也就是说,动画与视频是从画面产生的形式上来区分的。动画着重研究怎样将数据和几何模型变成可视的动态图形,这种动态图形可能是自然界根本不存在的,亦即是人工创造的动态画面;视频处理侧重于研究如何将客观世界中原来存在的实物影像处理成数字化动态影像,研究如何压缩数据,如何还原播放。

（3）动画的分类　按照画面景物的透视效果和真实感程度,计算机动画分为二维动画和三维动画两种。

按照计算机处理动画的方式不同,计算机动画可分为造型动画（Cast-based Animation）、帧动画(Frame Animation)和算法动画(Palette Animation)。

按照动画的表现效果分,计算机动画又可分为路径动画(Path Animation)、调色板动画(Algorithmic Animation)和变形动画(Animation)。

另外,不同的计算机动画制作软件,根据本身所具有的动画制作和表现功能,又将计算机动画分为更加具体的种类,如渐变动画、遮罩动画、逐帧动画、关键帧动画等。

2. 常见动画文件格式

(1) GIF 格式　由于采用了无损数据压缩方法中压缩率较高的 LZW 算法,文件尺寸较小,因此被广泛采用。GIF 动画格式可以同时存储若干幅静止图像,并进而形成连续的动画。目前,因特网上大量采用的彩色动画文件多为这种格式的 GIF 文件。

(2) SWF 格式　是 Micromedia 公司的产品 Flash 的矢量动画格式,它采用曲线方程描述内容,不是由点阵组成内容,因此这种格式的动画在缩放时不会失真,非常适合描述由几何图形组成的动画,如教学演示等。由于这种格式的动画可以与 HTML 文件充分结合,并能添加 MP3 音乐,因此被广泛地应用于网页上,成为一种准流式媒体文件。

(3) FLIC(FLI/FLC) 格式　是 Autodesk 公司在其出品的 Autodesk Animator/Animator Pro/3D Studio 等 2D/3D 动画制作软件中采用的彩色动画文件格式。其中,FLI 是最初的基于 320×200 像素的动画文件格式;FLC 是 FLI 的扩展格式,采用了更高效的数据压缩技术,其分辨率也不再局限于 320×200 像素。

(4) MMM 格式　是 MacroMind 公司著名多媒体创作软件 Director 生成的,一般集成在完整的应用程序中,单独出现的文件很少。

3. 常见动画制作软件

常见的动画制作软件有:
① Macromedia Flash。
② Ulead Gif Animator。
③ Swishmax。
④ COOL 3D。
⑤ 3DS MAX。

4. 使用 Swishmax 制作动画

(1) Swishmax 简介　Swishmax 就是 Swish 3,它是一款很容易使用的动画制作软件,软件内建超过 230 种诸如爆炸、漩涡、3D 旋转以及波浪等预设的动画效果,只要点几下鼠标,就可以制作出令人注目的酷炫动画效果。

(2) 工作界面　新建或打开一个影片后,如图 4-30 所示。

① 基本操作区。在这里可以添加特效、删除对象、控制时间线面板的表现方式等,其中最重要的是添加脚本按钮,按下后可在时间线上添加各种针对时间线的动作脚本语句。如果选择了对象,这里变成添加效果按钮,点开后可看到 230 个特效。

② 时间线面板。类似于 Flash 中的时间轴面板,两条黑线之间为 1 秒钟播放所需的帧频,在面板上可以看到各种特效的名称和帧数。

③ 概要目录区。用树状结构显示场景中所有的组件,如形状、文字、精灵等,以及它们之间的嵌套关系,并可设置显示、关闭、锁定 3 种状态。

④ 工具箱面板。提供了较 Flash 更好用的作图工具,利用它们可以很轻松地画出五角

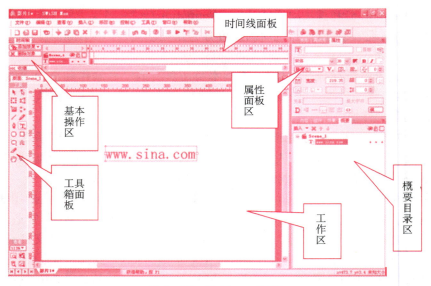

图 4-30 Swishmax 界面

图 4-31 Swishmax 工具箱

星、椭圆按钮等，工具箱的下部的几个按钮可用来显示场景的比例，如图 4-31 所示。

⑤ 工作区。类似于 Flash 中的场景。

⑥ 属性面板。提供当前对象属性设置。

(3) 新建影片　有以下两种：

① 使用模板建立影片。启动 Swishmax 时会有如图 4-32 对话框，选择一种影片模板后，单击【确定】。

② 新建空白影片。使用"文件"菜单中"新建"命令，将以默认模板建立空白影片。

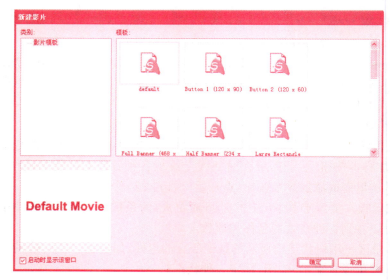

图 4-32 "新建影片"对话框

(4) 设置影片参数　点击"修改"→"影片"→"属性"出现如图 4-33 对话框,对影片背景色、宽度、高度、帧率进行设置。

(5) 保存和导出影片　方法如下:

① 保存。使用"文件"→"保存",保存的影片扩展名为".swi"。

② 导出影片。使用"文件"→"导出",选择一种格式如".swf"导出。

图 4-33　"影片属性"对话框

(6) 场景的操作　具体如下:

① 场景概念。场景是动画内容存在的场合与环境,一个动画可以由多个场景组成。

② 插入场景。使用"插入"→"场景",插入的场景可以在概要面板中进行切换,如图 4-34 所示。

③ 复制、剪切、粘贴、删除场景。右击图 4-34 中概要目录区中场景,在右键菜单中有对场景进行复制、剪切、删除、粘贴的命令;用鼠标拖动场景,可改变场景的次序。

图 4-34　概要面板

(7) 在场景中插入动画对象　做法如下:

① 插入文本。单击工具箱中的文本工具,这时可在当前场景中输入文本,在属性面板中设置文本格式,如图 4-35 所示。

② 插入图片。使用"插入"菜单中的"导入图像",可以将外部图片插入到当前场景中;插入后,可以通过属性面板设置图像的相关参数,还可以把图像导入到库中保存,如图 4-36 所示。

③ 调整插入对象的层次。在 Swishmax 中默认将后插入的对象放在上层,可以调整对象的插入层次。调整方法是:在概要面板中选中要调整的对象,直接用鼠标拖到想去的层次然后松开鼠标即可。

图 4-35　属性面板

图 4-36　图像属性面板

④ 设置动画特效。

a. 插入动画特效:选中某个动画对象(如文本或图片),在"插入"菜单的"效果"中选择一种动画特效,设置好后可以单击工具栏中动画播放按钮 ▶ 预览其效果。

b. 动画特效的复制、剪切、移动与删除：如图4-37所示，在时间线已有的特效上点右键，在弹出的菜单中选择"复制效果"或是"剪切效果"，最后在要放置特效的帧上选择"粘贴效果"。想删除效果时，在效果的时间线上点右键选择"删除效果"就可删除。移动效果的方法是，在效果上按下左键不放拖动效果，已有效果就可移动位置。

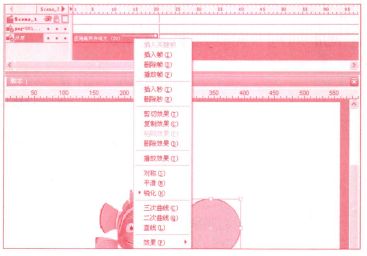

图4-37 设置动画特效

图4-38 修改动画特效

c. 修改特效：在时间线面板上双击某特效，在效果面板上可设置特效的相关参数，如图4-38所示。

⑤ 插入声音。执行"插入"菜单中的"导入声音"命令，找到要导入的声音文件，确定后会出现一个对话框，询问"是否作为音轨插入声音"，如果选择"是"，插入的声音会从第一帧开始平铺在时间线上；如果选择"否"，该声音文件通过动作脚本语句在相应的时间帧上调用。用这两种方法导入的声音，在"内容"库中都可以看到。

4.2.5 视频编辑制作

1. 模拟视频

模拟视频是通过传统的模拟摄像机获取的连续的运动图像，是由许多模拟图像组成的图像流。

（1）电视的色彩模型　模拟电视所采用的色彩模型，主要有RGB模型、YUV模型、YIQ模型。

RGB又称三原色相加混色模型，即任何一种颜色是由红（R）、绿（G）、蓝（B）3种原色相加而成。

YUV又称亮度色差模型。色差指RGB模型的3个原色中的一个原色信号与亮度信号的差。其中，Y表示亮度信号，U，V表示色差信号（R-Y，B-Y）。

YIQ模型中第一分量Y表示亮度，色度信息（色彩和纯度）包含于I和Q参数中。

(2) 电视信号相关参数　有以下几个：

① 帧频。每秒扫描的图像数。根据人眼的特点，应大于 25 帧/秒。

② 扫描方式。对于电视图像可采取逐行扫描或隔行扫描。例如，采用隔行扫描，则先扫描奇数行，再扫描偶数行，这样一帧画面要分两场扫描完毕。

③ 场频。每秒扫描的场数。在隔行扫描时，场频是帧频的两倍。

④ 行频。每秒扫描的行数。

(3) 电视制式　电视信号有 3 种制式：

① NTSC 制式。NTSC 采用的色彩模型是 YIQ。扫描方式是隔行扫描，帧频为 30 帧/秒(29.97 帧/秒)。每帧图像有 525 行扫描线。

② PAL 制式。PAL 采用的色彩模型是 YUV。扫描方式是隔行扫描，帧频为 25 帧/秒。每帧图像有 625 行扫描线。

③ SECAM。SECAM 采用的色彩模型是 YUV。扫描方式是隔行扫描，帧频为 25 帧/秒。每帧图像有 625 行扫描线。

2. 数字视频

(1) 数字视频的获取　将模拟视频信号以一定的频率进行采样，再进行 A/D 转换和色彩空间转换等处理，就可以转换成相应的数字视频信号。转换后的数字视频信号的数据量相当大，还要经过压缩才能有效保存。常用的压缩方法有无损压缩(又称冗余压缩)和有损压缩(又称熵压缩)。

(2) 数字视频的获取方式　主要获取方式有：

① 通过数字化设备，如数码摄像机、数码照相机、数字光盘等获得。

② 通过模拟视频设备，如摄像机、录像机等输出模拟信号，再由视频采集卡将其转换成数字视频存入计算机。

3. 常用数字视频文件格式

(1) 普通数字视频文件格式　有以下几种：

① AVI 格式。是一种视频与音频交错记录的文件格式(audio-video interleaved)，是微软公司采用的标准视频文件格式，它将视频音频交错混合在一起。AVI 文件使用的压缩方法有好几种，主要使用有损方法，压缩比较高，与 MOV 相比，画面质量一般，AVI 在多媒体中应用较多较广，一般视频采集直接采集的素材便为 AVI 格式。

② MOV 格式。是苹果公司开发的视频文件格式，采用有损压缩算法，在相同版本的压缩算法下，MOV 格式的画面质量要好于 AVI 格式的画面质量。

③ MPEG 格式。这是使用 MPEG 方法压缩的全运动视频图像。它的压缩方法是将视频信号分段取样(每隔若干幅画面取下一幅关键帧)，然后对相邻各帧未变化的画面忽略不计，仅仅记录变化了的内容，因此压缩比很大。

VCD 的视频采用 MPEG-1 压缩标准，音频采用 MPEG-1/2(Layer 2)编码。一张 VCD 光盘可以存放大约 70 分钟的 VCD 格式的视频，VCD 视频文件扩展名为.DAT。

DVD 的视频采用 MPEG-2 压缩标准，音频采用了 Dolby AC-3。DVD 可以分为单面单层、单面双层、双面单层和双面双层 4 种物理结构。单面单层 DVD 盘的容量为 4.7 GB，双面双层 DVD 盘的容量则高达 17 GB。DVD 视频文件扩展名为.VOB。

MPEG-4 格式是一种非常先进的多媒体文件格式，能够在不损失画质的前提下大大缩小文件的大小,将 DVD 格式压缩为 MPEG－4 以后,体积缩小到只有原来的 1/4,但是画质没有任何损害。

(2) 流媒体文件格式　流媒体技术也称流式媒体技术。就是把连续的影像和声音信息经过压缩处理后放上网站服务器,让用户一边下载一边观看、收听,而不是等整个压缩文件下载到自己的计算机上才可以观看的网络传输技术。常见的流媒体文件格式主要有:

① RM 和 RA 文件格式。RM 和 RA 是 RealNetworks 公司开发的流式视频和流式音频文件格式,主要用在低速率的网络上实时传输活动视频,同时可以根据网速不同而采用不同的压缩比率。在客户端,可通过 Real Player 播放器进行播放。

② ASF 文件格式。ASF 是 Microsoft 开发的串流多媒体文件格式。音频、视频、图像以及控制命令脚本等多媒体信息通过这种格式,以网络数据包的形式传输,实现流式多媒体内容发布。播放器是集成在 Windows 操作系统中的 Windows Media Player。

③ QT 文件格式。QT 是 Apple 公司开发的一种音频、视频文件格式,用于保存音频和视频信息,具有先进的音频和视频功能,是 MAC 常用播放软件 Quicktime 的主要视频格式之一(其他的还有 MOV 等)。QT 文件格式支持 25 位彩色,支持 RLC,JPEG 等领先的集成压缩技术,提供 150 多种视频效果。

④ SWF 文件格式。SWF 是基于 Macromedia 公司 Shockwave 技术的流式动画格式,由于其体积小、功能强、交互能力好、支持多个层和时间线程等特点,越来越多地应用到网络动画中。客户端安装 Shockwave 插件即可播放。

⑤ FLV 文件格式。FLV 全称 Flash Video,是 Flash 形式的流媒体文件。它的优点是文件体积小、网络加载速度快等。它的出现是为了解决 SWF 格式文件加载视频后导致文件体积过于庞大、上传至网络后加载速度过慢的问题,而开发的一种网络流媒体文件。包括优酷、土豆、新浪博客等视频网站上的视频使用的都是 FLV 文件。

⑥ AAM 文件格式。多媒体教学课件格式,可将 Authorware 生成的文件压缩为 aam 和 aas 流式文件播放。

4. 使用会声会影编辑视频

会声会影(VideoStudio)是一款个人家庭影片剪辑软件,使用它可以让我们体验全新的剪辑乐趣。

(1) 会声会影 10 操作界面　启动会声会影 10 后,首先出现如图 4－39 所示的操作向导窗口,常用的是第一项"会声会影编辑程序"。

图 4－39　会声会影 10 启动界面

① "会声会影编辑程序"界面。界面如图4-40所示。

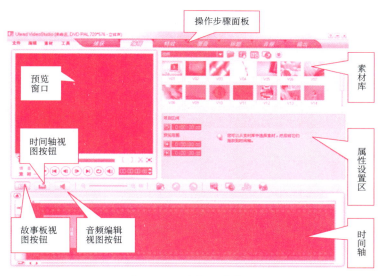

图4-40 编辑程序界面

② 3种不同的编辑视图模式。单击图4-40所示的相应视图按钮,可切换视图模式。

a. 故事板视图:如图4-41所示。

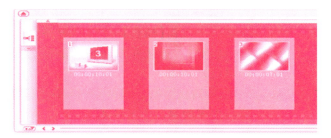

图4-41 故事板视图

b. 时间轴视图:如图4-42所示。

图4-42 时间轴视图

c. 音频编辑视图：如图 4-43 所示。

图 4-43　音频编辑视图

③ 会声会影 10 的操作步骤面板。按照视频编辑流程，会声会影在菜单栏的右侧安排了"操作步骤面板"，提供了"捕获"、"编辑"、"特效"、"覆叠"、"标题"、"音频"、"输出"等 7 个步骤，用户只需依次完成 7 个步骤就可完成视频编辑。下面也将按这 7 个步骤依次介绍会声会影 10 的功能。

(2) 素材的捕获　操作如下：

① 视频捕获。单击图 4-40 所示的"操作步骤面板"中的第一个按钮【捕获】，在窗口中将出现捕获方式列表，如图 4-44 所示。连接并准备好设备后，选择相应的捕获方式可以进行视频捕获。

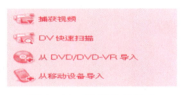

图 4-44　视频捕获界面

② 捕获图像。在图 4-44 中选择"捕获视频"方式后，在随后出现的窗口中选择如图 4-45 所示的"捕获图像"。

图 4-45　捕获图像界面

(3) 素材的编辑　单击图 4-40 所示的"操作步骤面板"中的【编辑】按钮，进入素材编辑界面，素材库如图 4-46 所示。

① 加载视频文件到素材库。当需要的视频素材不在素材库中时，可以单击图 4-46 所示的【加载视频】按钮，把外部视频文件加载到素材库中。要删除素材库的素材可右击该素材，在右键菜单中选择"删除"命令。

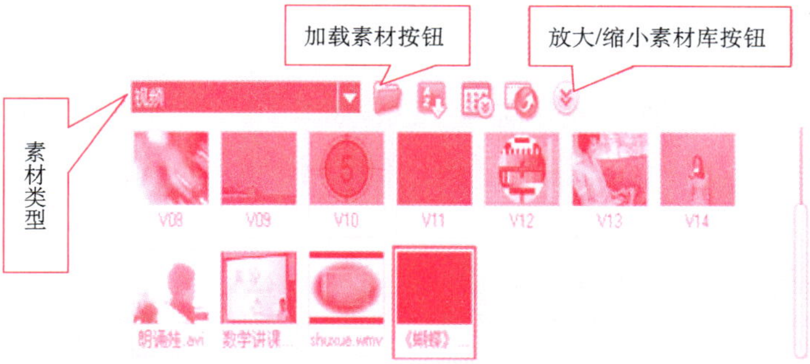

图 4-46 素材库

② 编辑视频素材。要编辑视频素材首先应将素材从素材库拖放到时间轴上。

a. 分割视频素材：如图 4-47 所示，鼠标拖动"预览滑杆"剪辑位置后，单击【剪辑素材】按钮。

图 4-47 素材播放控制界面

b. 修整视频素材：通过移动"预览滑杆"和单击"开始标记"或"结束标记"，便可保留视频素材□需要的内容。要保存修整后的视频素材，可使用"素材"菜单中的"保存修整后的视频"命令。

c. 素材属性设置：如图 4-48 和图 4-49 所示。设置项目主要有旋转视频素材的角度（利用面板上的角度旋转按钮，可以旋转时间轴上的视频素材的角度）、素材色彩的校正、视频素材的播放速度、按场景分割、多重修整视频、素材变形、视频滤镜等。

图 4-48 素材属性设置界面一

图 4-49 素材属性设置界面二

(4) 素材特效　操作如下:

① 特效。是指转场效果,而转场效果就是视频素材与素材之间的过渡,又称为软连接。会声会影10在转场库中共有10多个的转场模板,如图4-50所示,为编辑创作影视作品提供了很大的选择空间。

图4-50　特效库

② 设置特效。单击图4-40所示的"操作步骤面板"中的【特效】按钮,在窗口中将出现如图4-51所示特效列表(为了操作方便请切换到故事板视图下)。在特效库中选择一个特效将其拖放到时间轴上两个素材之间。

③ 修改特效。在时间轴上单击两素材之间的特效,如图4-51所示,单击"自定义"可修改特效相关参数。

图4-51　修改特效界面

(5) 素材的覆叠　单击图4-40所示的"操作步骤面板"中的【覆叠】按钮,系统会自动切换到时间轴视图。

① 覆叠轨。覆叠轨就是设置叠加的轨道,通过覆叠轨可以设置两个画面、3个画面,甚至更多的画面,使画面的内容、效果更丰富。

② 设置覆叠。从素材库拖放一个素材(可以是视频素材、图像素材、Flash动画素材、装饰素材等)到时间轴的覆叠轨上,在预览窗口中调整覆叠素材的大小、位置、扭曲等,在属性面板中设置覆叠属性,在覆叠轨上拖动素材左右两端的黄色矩形条改变覆叠素材起止时间,如图4-52所示。

(6) 制作标题　单击图4-40所示的"操作步骤面板"中的【标题】按钮,系统会自动切换到时间轴视图,如图4-53所示。

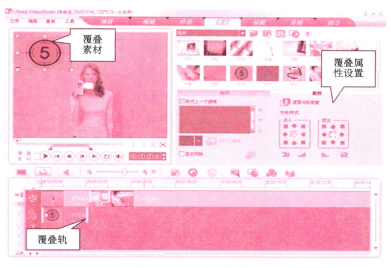

图4-52 覆叠操作界面

图4-53 标题设置面板

① 输入标题。按照预览窗口白色文字提示双击,便可以输入标题。

② 编辑标题。利用图4-54的选项卡,可以对标题文字的字体、大小和颜色进行编辑,也可以直接在预览窗口中用鼠标拖动文字的形状框,来调整文字的大小。

图4-54 编辑标题面板

③ 设置标题时间长度和位置。为保证标题在视频轨上对应素材播放的期间出现，必须对标题的时间长度和位置进行调整，调整标题播放时间的方法有两种。

方法1：标题时间长度精确设置。在标题轨上选中需要调整的标题，然后在标题选项卡的"区间"选项中，将时间调整为需要的时间，即可完成标题长度的精确设置。

方法2：标题时间长度直观设置。选择标题轨中的标题，将鼠标指针移动到所选标题的一端，鼠标指针变为箭头标志，按住并拖动鼠标，即可直观改变标题持续的时间，此时标题选项卡区间中的时间数值将产生相应的变化。

④ 为标题设置动画效果。会声会影10动画素材库为运动标题预设了丰富的字符运动效果模板，另外还可以根据影片需要，通过标题"动画"选项卡，如图4-55所示，可自定义文字动画效果。

图4-55 设置标题动画界面

(7) 音频编辑 单击图4-40所示的"操作步骤面板"中的【音频】按钮，系统会自动切换到时间轴视图，时间轴上提供了音频轨和音乐轨两个声音轨道，如图4-56所示。

图4-56 设置音频界面

① 加载音频素材。与加载视频素材类似，可以将外部音频文件加载到素材库中。

② 录音。

a. 麦克风录音：当连接并准备好录音设备后单击"录制语音"，如图4-56所示。

b. 录制 CD 中音频：单击图 4-56 中的"从音频 CD 导入"，可将 CD 中音频录制到音频素材库中。

　　③ 为作品添加音频。只需将选定音频从素材库中拖放到时间轴上的音频轨或音乐轨即可。

　　④ 设置音频的时间长度和位置。与标题时间长度和位置的设置类似。

　　⑤ 使用音频编辑面板编辑音乐。如图 4-57 所示，可以设置音量、回放速度、淡入与淡出、音频滤镜等，单击"音频视图"能进入到"音频视图"编辑模式，在这种模式下可以使用环绕混音器与音量控制线编辑音频。

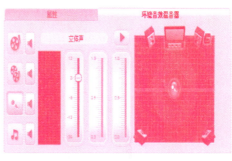

图 4-57　音频编辑面板

　　(8) 输出影片　单击图 4-40 所示的"操作步骤面板"中的【输出】按钮，窗口中将出现影片输出操作面板，如图 4-58 所示。

图 4-58　输出视频界面

　　① 输出影片至文件。先使用"文件"菜单的"保存"命令保存项目文件，然后单击图 4-59 的"创建视频文件"列出视频文件格式列表，选择一种格式后系统会将影片导出到指定格式文件中。

　　② 其他输出。除了把影片输出到文件外，还可创建音频文件、创建光盘、导出到移动设备等。

5. 使用爱剪辑编辑视频

　　(1) 爱剪辑简介　爱剪辑是国内首款全能免费视频剪辑软件，支持给视频加字幕、调色、加相框等齐全的剪辑功能。诸多创新功能和影院级特效，使其成为易用、强大的视频剪辑软件。

　　(2) 爱剪辑在线教程　扫描二维码 4-5 进入爱剪辑在线教程。

二维码 4-5 爱剪辑在线教程

4.2.6　多媒体素材格式转换

1. 文本类素材格式转换

　　在支持或创建该格式文本素材软件（如 Word、WPS、Adobe Acrobat）的"文件"菜单中，一般有"另存为…"命令，可以完成格式转换。

2. 图形与图像、音频、动画、视频类素材格式转换

　　(1) 格式转换方式　使用支持或创建该格式素材软件的"文件"菜单中的"另存为…"命令，可以进行格式转换。例如，在 Adobe Audition 3.0 中打开一个 wav 格式的文件，再使用

"文件"菜单中的"另存为…"命令,在弹出的对话框中选择保存类型为"＊.mp3",便可以完成wav格式到mp3格式的转换。

(2)使用格式工厂转换　操作步骤如下:

① 软件简介。格式工厂是一款多媒体格式转换软件,它支持各种类型视频、音频、图片格式,转换图片支持缩放、旋转、水印等常用功能,操作一气呵成;转换过程中,可以修复损坏的文件,转换质量无破损。

② 格式工厂3.3.5基本操作。现以avi转flv格式为例介绍格式工厂的基本操作。

第一步,单击如图4-59所示左边工具栏中的"视频"按钮,单击选择视频格式列表中的"->flv",弹出如图4-60所示的对话框。

图4-59　输出格式选择界面

第二步,在如图4-60对话框中,单击"输出配置"按钮设置输出格式,然后单击"添加文件"按钮添加想要转换的文件,如果要转换多个文件,可以单击"添加文件夹"添加目录,单击"改变"按钮指定转换格式后的输出文件夹,最后单击【确定】按钮。

图4-60　添加转换文件界面

第三步,弹出如图4-61所示的窗口,单击"开始"按钮,开始格式转换。

图 4-61 添加转换任务后界面

4.3 多媒体课件的开发

4.3.1 多媒体课件的概念

（1）课件　课件（courseware）是一种根据教学目标设计的，表现特定教学内容、反映一定教学策略的计算机教学软件。

（2）多媒体课件　多媒体课件是根据教学大纲的要求和教学的需要，经过严格的教学设计，并以多种媒体的表现方式和超文本结构制作而成的课程软件。

4.3.2 多媒体课件的分类

1. 根据教学任务或活动划分

（1）个别指导型课件　个别指导型课件主要完成对学生个别化学习的辅导。其基本策略是：根据教学的目标和要求，向学习者呈现一定的学习内容。学习者给予应答后，计算机进行评判和诊断。若是错误的应答，则给予适当的补充学习；若应答是正确的，则转向下一步内容的学习。

（2）练习训练型课件　练习训练型课件主要是用来对学习者某种技能的培养。学习者要掌握的技能、技巧大多数必须通过较长时间、较大量的练习才能获得，此时利用计算机代替人工或其他媒体较为经济、方便。其基本策略是：拥有大量的问题（如试题）、提出问题（呈现试题），学习者解答试题，核对判断，进行下一步的学习。

（3）模拟与游戏型课件　模拟与游戏型课件主要是模拟某种系统、现象或过程，形成较为"真实"的学习情境，以便让学习者参与进来，提高学习的兴趣和效率。游戏型课件往往设置一种带有竞争性的学习环境，对学习者有着强烈的吸引力。

（4）问题解决型课件　问题解决型课件主要是用来培养学习者分析问题、解决问题的能力。主要是设置特定的问题环境，引起学习者的求解欲望和调动其已掌握的基础知识。学习者输入解决问题的方案，计算机给予判断，若无错误，则允许学习者继续进行下一步的求解活动。

（5）资料型课件　资料型课件的主要目的是为学习者或课堂教学提供学习信息资源，但它不对学习过程实施评价和控制。资料型课件的编排大致有两类：一种是"百科全书"式的安排，即按教学内容内在的逻辑关系或类属关系来编排；另一种是"仓储式"的安排，即把教学中所需要的各种媒体，如文本、图片、录像和声音等分类集合存放。这样，在教学中方便教师调取演示。

（6）演示型课件　演示型课件的主要目的是在课堂教学中辅助教师的讲授活动。演示型课件是随着多媒体CAI的课堂活动方式而大量涌现的，也是目前广大教师能够直接参与设计制作的课件类型之一。这类课件基本上遵循着传统课堂授课的方式，比较容易被教师理解和接受，也比较容易设计和制作。因为，这类课件只关注教学内容，而把教学的策略、程序和控制等问题交给了上课的教师。

2. 根据CAI课件的组织方式划分

（1）固定型　固定型是根据教学内容的内在联系，控制各单元教学内容的呈现和单元之间的转移，按照设计人员事先编入的程序进行教学的一种课件结构形式。

固定型课件的特点是学生只能严格按照固定的教学流程进行学习。优点是程序设计比较简单且容易实现，转移控制也不复杂，教学效果较好。缺点是由于结构固定，在学习过程中不能随学生的学习情况而变化，不能很好地激发学生的学习兴趣和发挥个别化教学的特长。

（2）随机型　随机型结构由一个主程序和若干个子程序组成，其主程序阐述课件的教学目的、学习方法和教学项目，而子程序则具体呈现各种教学内容和教学策略。

随机型课件的特点是在使用过程中，把主程序调入内存后，屏幕上会显示出本教学内容的教学目的、学习方法和教学项目，供学生选择。优点是学生可以根据自己的学习需要自由选择课件上的教学内容，加强了教学的针对性，能发挥学生学习的主动性。缺点是教学内容不够丰富多变，不能很好地体现因材施教。

（3）生成型　生成型是利用某种数据结构和预先安排的算法，产生与学生知识水平相适应的多变教学内容的一种课件结构形式。生成型课件结构是在固定型和随机型的基础上发展而来的。

生成型课件的特点是向学生提供的教学信息不是预先存储在计算机中，而是在学生与计算机交互过程中动态生成的，教学内容丰富且灵活多变。优点是能体现因材施教，好学生可以较快地学完整个课程，差学生可以经过较多的教学单元内容的学习，弥补知识的不足。缺点是程序设计和编制比较困难，算法比较复杂。

（4）智能型　智能型是利用人工智能原理和技术产生的一种CAI课件结构形式，又称智能CAI系统（简称ICAI系统）。它能基于学习者的特征和学习状态，跟踪学习者的特征与状态的变化，自动生成教学信息，调整教学过程和教学策略。ICAI系统由学生模块、知识库模块、个别指导模块和人机界面模块所构成，如图4-62所示。

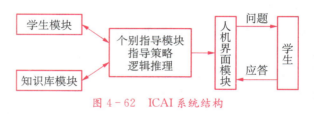

图4-62　ICAI系统结构

学生模块存储着学生的各种情况，包括学生的学习历史、知识水平、解题能力和出现各种错误原因的分析信息。学生模块的作用是为教师模块提供教学决策的依据，使系统能正确地评价学生理解知识的程度、判断正误和分析错误的原因，并能提供适当的补习材料。

智能CAI系统通过人机界面与学习者相互作用。系统通过人机界面向学习者传递各种信息，同时又通过人机界面获取学习者的有关信息。系统通过个别指导模块与学生模块的相互作用，确定学习者的学习特点和学习状态，并基于对学习者的这种理解，从知识库中检出相应的知识，以一定的提示序列呈现给学习者。

学生模型的设计、知识库的建立和个别指导策略的研究、自然语言的识别理解，都是智能CAI研究的重要课题。

3. 根据课件的开发和研制角度划分

（1）基于课堂教学策略的课件　该类型课件是将教学策略和教学模式设计寓于课件之中，或说这类课件意在体现某种教学策略或模式。上述根据教学任务和活动来分类的课件，大都属于这类课件。

（2）电子作业支持系统　这是一种具有"及时学习"或"即求即应"学习功能的课件类型。这类课件主要由知识库、交互学习、训练支持、专家系统、在线帮助，以及用户界面等部分组成。它将学习置于工作过程之中，既有利于解决工作中的实际问题，又便于学习者理论联系实际。

（3）群件　这是一类能支持群体或小组合作化学习的课件。这类课件是基于网络技术产生的。学习者利用网络和电脑可进行群体或小组形式的学习。群件的结构和形式有其独到之处，主要将研制的重点放在对小组学习过程的控制、管理、学生之间的通信以及友好学习界面的设计等方面。

（4）积件　这是一类由结构化的多媒体教学素材或知识单元组合而成的课件。多媒体教学素材和知识单元就像一块块积木，可根据教学的需要将它们搭配组合，故称之为积件。利用某个著作工具，教师只需要简单地将部分素材元素进行组合，便会形成一个自己教学需要的课件。这种根据教师自己的思路和教学风格来灵活组合课件的方式，正受到教育界的欢迎。由于网络在提供多媒体素材和知识单元上给予越来越大的支持，将会给积件的开发带来更大的方便。

4.3.3 多媒体课件开发过程

高质量课件的开发是一项复杂的系统工程，它的制作涉及教育学、心理学、传播学、美学、计算机科学等不同学科的多种专业知识，且需要不同专业的人员组成开发组，通过分工合作，共同完成课件的开发。不同的开发人员有不同的文化背景、兴趣爱好，导致各种不同的多媒体课件开发模型。一般来说，多媒体课件开发的过程分为需求分析、系统设计、系统集成、测试评价、形成产品几个阶段。

1. 需求分析

（1）课件目标的确定　包括确定教学内容的重点和难点、确定如何利用CAI课件弥补传统教学方式的不足、确定采用何种教学模式（辅助讲解工具、学生自用工具、作为考试工具用），以及确定采用一种模式还是多种模式的组合。

（2）课件内容选择　应当以教学大纲为依据，最好由从事教学实践的教师或从事教学、心理研究的工作者来决定，应尽量突出教学中的难点和重点。

（3）课件使用对象分析　应注意分析学习者在从事新的学习或进行练习时，其原有知识水平或原有的心理发展水平对新的学习的适合性。该分析通常包括学习者的一般特点分析、学习者对学习内容的态度和已经具备的相关基础知识与技能的分析,以及学习者使用计算机能力的分析。

(4) 课件运行环境分析　课件运行的环境包括硬件环境和软件环境两个方面。既要考虑课件的开发平台、计算机语言选用,也要考虑到教学系统中相应的教学环境和教学设备。

(5) 课件成本估算　包括估算现有的设备和条件是否满足课件开发的要求、需购置的设备及软件的经费,以及把课件推向市场等相关费用。

2. 系统设计

系统设计是在需求分析的基础上,对系统的整体进行设计,确定课件开发的一套具体的方案、策略和技术方法,主要包括教学设计、结构设计、界面设计和脚本设计4个环节。

(1) 教学设计　主要包括对学习者特征的分析、教学目标确定、教学内容分析、教学模式的选择,以及形成性练习等的设计。

(2) 结构设计　一般包括对封面的显示方式、建立信息间的层次结构和浏览顺序、信息间的跳转关系等的设计。

(3) 界面设计　主要指对课件显示界面的元素的组织安排、色彩搭配等各方面的设计。

(4) 脚本设计　分为文字脚本和制作脚本两种。文字脚本,是按照软件教学设计的要求进行描述的一种形式;制作脚本,则是按照软件的系统设计的要求进行描述的一种形式。经过精心设计的脚本,是课件开发的直接蓝本。

3. 系统集成

多媒体课件的系统集成阶段是将设计的思想用多媒体语言予以实现的过程,主要包括数据准备、程序编辑与调试等基本环节。

数据准备阶段,主要进行文本的键入、图形的制作、图形的扫描与处理、动画的制作和视频的处理等任务。素材的选择和应用要贴近教学内容和教学设计的媒体内容,与教学规律和教学内容不符合的素材尽量不选取。

程序编辑与调试阶段,即根据实际情况,选择和利用多媒体工具将各种素材进行编辑,将教学设计阶段所确定的教学策略,以及脚本设计阶段所得出的制作脚本,用某种计算机语言或多媒体软件工具加以实现,制作成多媒体CAI课件。

4. 测试评价

课件的测试与评价是课件开发过程中的一个重要内容,且贯穿于课件开发的每一个阶段。对多媒体课件的评价就是衡量和估计课件对于教学活动的教育价值,判断它的使用效果,评定它的等级,并提出关于改进方面的有关建议。虽然有很多评价方法和评价标准,但一般来说,都是从教学内容、教学质量以及软件技术3个方面来作为评价标准。

(1) 教学内容　内容是否正确,是否有教学价值,是否符合教学规律和因材施教的原则。

(2) 教学质量　教学目标是否正确,能否有效激发学生的学习兴趣和积极性,是否有利于培养学生的能力。教育模式是否运用得恰当,课件的实用性、适用性怎样等。

(3) 软件技术　界面是否友好,文本、图像、图形、声音、动画的质量怎样,屏幕布局是否合理等,软件的可靠性和兼容性如何。

5. 形成产品

一个完整的课件,除了在程序中包含联机帮助功能外,还必须提供相关的文档,如学生手册、教师手册、技术手册等。因此,在课件程序编写和调试结束后,还必须编写相应的文档。

经过前面各项工作的反复执行,确定了课件的具体内容之后,就可将其制作成产品并推广使用。

4.3.4 用 PowerPoint 2010 制作演示型课件

1. 熟悉 PowerPoint 2010 的工作界面

启动 PowerPoint 2010 后,界面如图 4-63 所示。展开"视图"→"工具栏"下面的级联菜单,选定相应选项,即可在相应的选项前面添加或清除"√"号,从而让相应的工具条显示在 PowerPoint 2010 窗口中,方便随机调用其中的命令按钮。

图 4-63 PowerPoint 2010 界面

2. 新建和保存演示文稿

(1) 新建演示文稿 PowerPoint 2010 启动后会自动新建一个演示文稿,也可以单击"文件"→"新建",在新建窗口中,如图 4-64 所示,选择一种新建方式(如"空白演示文稿"、"样本模板"、"主题"、"Office.com 模板"等),然后单击"创建"按钮。

图 4-64 "新建演示文稿"窗口

(2) 保存演示文稿　具体做法如下：

① 保存。单击"文件"→"保存"，打开"另存为"对话框，如图 4-65 所示，选择"保存位置"，为演示文稿取一个文件名，然后按下【保存】按钮，默认保存类型为.pptx。以后在编辑过程中，单击快速工具栏中的"保存"按钮或按[Ctrl]+[S]快捷组合键，随时保存编辑成果。

图 4-65　"另存为"对话框

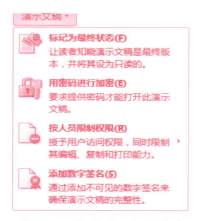

图 4-66　"保护演示文稿"菜单

② 演示文稿另存为其他类型。单击"文件"→"另存为"，在"另存为"窗口中选择一种保存类型，如 PDF 类型、PowerPoint 模板类型（.potx）、PowerPoint 放映类型（.ppsx）等。

③ 保护演示文稿。单击"文件"→"信息"→"保护演示文稿"，弹出如图 4-66 所示的菜单，选择一种保护方式。

3. 为演示文稿应用主题背景

可以利用主题背景，统一幻灯片的配色方案、排版样式等，达到快速修饰演示文稿的目的，建议初学者在新建演示文稿后首先应用主题背景。

(1) 所有幻灯片应用同一主题背景　单击"设计"，如图 4-67 所示，在主题背景列表中单击选择一种。

(2) 不同幻灯片应用不同的主题背景　先选中要应用主题背景的幻灯片，在如图 4-67 所示的主题背景列表中右键单击某一主题，选择右键快捷菜单中"应用于选定的幻灯片"命令可将该主题背景只应用于选定的幻灯片。

(3) 主题背景的修改　单击如图 4-67 中主题列表右侧的"颜色"、"字体"、"效果"、"背景样式"等，便可设置当前应用的主题背景的颜色、字体、效果、背景样式等。

4. 幻灯片的操作

(1) 添加和删除幻灯片　单击"开始"→"新建幻灯片"（或直接按[Ctrl]+[M]快捷组合键），新建一张幻灯片。选择要删除的幻灯片，按[Delete]键可删除当前选定的幻灯片。

图 4-67 "幻灯片设计"列表

（2）幻灯片版式　幻灯片版式是幻灯片中文字、图片等对象的位置安排，PowerPoint 提供了"文字版式"、"内容版式"、"文字和内容版式"、"其他版式"等。

为幻灯片设置版式：单击"开始"→"版式"，出现版式列表，如图 4-68 所示，选择一种版式。

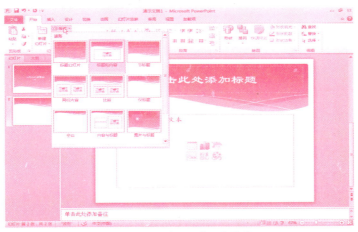

图 4-68 "幻灯片版式"列

（3）在幻灯片中添加文本　幻灯片中的文本必须通过文本框输入。如果幻灯片中已经有文本框，可直接在相应文本框中直接输入文本；如果幻灯片是空白版式，可以根据需要在幻灯片中插入文本框。

① 插入文本框。单击"插入"→"文本框"，选择"水平文本框"或"垂直文本框"，此时鼠标变成细十字线状，按住左键在"工作区"中拖拉一下，即可插入一个文本框，然后可将文本输入到相应的文本框中。

② 改变文本框大小。将鼠标移至文本框的四角或四边控制点处，成双向拖拉箭头时，按住左键拖拉，即可调整文本框的大小。

③ 移动文本框。将鼠标移至文本框边缘处成梅花状时，点击一下，选中文本框，然后按住左键拖拉，将其定位到幻灯片合适位置上即可。

④ 旋转文本框。选中文本框,然后将鼠标移至上端控制点,此时控制点周围出现一个圆弧状箭头,按住左键挪动鼠标,即可对文本框进行旋转操作。

⑤ 删除文本框。单击文本框边框线选中文本框,按[Delete]键。

⑥ 设置文本框中文本的格式。选定文本框中文本,通过"开始"功能面板中有关格式的按钮,可设置文本框中文本的字体、字号、字形、字体颜色、项目符号和编号、对齐方式等。

(4) 在幻灯片中插入表格、图片、剪贴画、艺术字、形状、组织结构图、图表等　单击"插入"打开插入功能面板,在面板中相应选择"表格"、"图片"、"剪贴画"、"艺术字"、"形状"、"SMART"、"图表"等可以实现插入。

(5) 在幻灯片中插入公式　单击"插入"→"公式",出现常见数学公式列表,选择一种插入。单击"插入"→"π",出现数学公式编辑器,可以用它完成公式的编辑,然后插入到幻灯片中。

(6) 在幻灯片中插入视频文件　操作步骤如下:

第一步,准备好视频文件,为了方便演示文稿的异地播放,建议将视频文件与演示文稿文件放在同一文件夹中。

第二步,单击"插入"功能面板中的视频按钮 ,在弹出的对话框中选择要插入的视频文件,单击【插入】按钮插入。此时,在当前幻灯片中会出现插入的视频对象。

第三步,单击幻灯片中的视频对象,此时功能面板区中会增加"视频工具",单击"视频工具"中的"播放"可设置视频的播放选项,如图4-69所示。

图 4-69　视频工具面板

(7) 为幻灯片中添加背景音乐　操作步骤如下:

第一步,准备好作为背景音乐的音频文件,为了方便演示文稿的异地播放,建议将音频文件与演示文稿文件放在同一文件夹中。

第二步,选择要添加背景音乐的幻灯片,单击"插入"功能面板中的音频按钮 ,在弹出的对话框选择作为背景音乐的音频文件,单击【插入】按钮插入。在当前幻灯片中,便会出现插入的音频图标 。

第三步,单击幻灯片中的音频图标,功能面板区中会增加"音频工具",单击"音频工具"中的"播放"可设置背景音乐的播放选项,如图4-70所示。

图 4-70　音频工具面板

二维码4-6
PPT 嵌入
FLASH 动画

(8) 在幻灯片中嵌入 Flash 动画　操作步骤如下:

第一步,准备好 Flash 动画文件(扩展名为.swf),最好把它与演示文稿文件放在同一文件夹下,以利于异地播放。

第二步，检查一下 PowerPoint 2010 功能面板中有没有"开发工具"，如果有，跳过本步进入第三步；否则，单击"文件"→"选项"，调出选项对话框，如图 4-71 所示，单击选项对话框左侧的"自定义功能区"，在右面自定义功能区先选择主选项卡，勾选下面的"开发工具"选项，按【确定】返回。

图 4-71 "选项"对话框

第三步，单击"开发工具"，在功能面板中单击其他控件按钮，出现如图 4-72 所示的控件列表，在列表中选择"shockwave flash object"，鼠标变成十字形，在幻灯片上画出一个 Flash 对象。

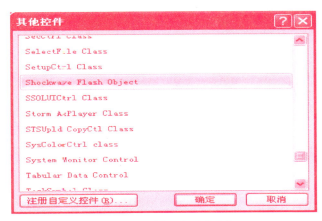

图 4-72 "其他控件"列表

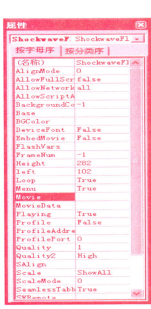

图 4-73 控件属性设置窗口

第四步,右击画出的 flash 对象选择"属性"命令,在如图 4-73 所示的控件属性设置窗口中,设置 Flash 对象的一些基本属性:Movie 属性设为 Flash 文件名,包含扩展名;Playing 属性设为 true。

5. 动画的设置

(1) 动画的分类　有以下几类:

① 进入:表示对象以什么动画进入场景。

② 强调:突出显示对象。

③ 退出:表示对象以什么动画退出场景。

④ 动作路径:让对象沿着路径进行运动。

(2) 为幻灯片中的对象设置动画　选中需要设置动画的对象,单击"动画"功能面板,在如图 4-74 所示的"动画列表(一)"中选择一种动画,单击列表右侧的其他动画按钮 可以列出"动画列表(二)"显示更多动画提供选择,如图 4-75 所示。

图 4-74　动画列表(一)

图 4-75　动画列表(二)

（3）设置动画效果选项　选中已设置动画的对象，单击"动画"，在如图4-76所示的"动画"功能面板的右侧，可设置动画的开始方式、持续时间、延迟、动画的顺序等。

图4-76　"动画"功能面板

（4）删除动画　选中已设置动画的对象，打开如图4-74所示的动画列表（一），选择列表中的按钮 ★。

6. 设置超级链接

（1）制作超级链接　选中要作超级链接的对象（如文字、图片等），右键单击选择"超链接"命令，出现如图4-77所示对话框。在对话框左边可以设置链接目标为：

① 现有文件或网页：链接到已有文件或网页。

② 本文档中的位置：链接到本文件中某张幻灯片。

③ 新建文档：链接到一个空白的新文件。

④ 电子邮件地址：链接到一个电子邮箱地址。

图4-77　插入超链接对话框

（2）修改已有超级链接　选中作为超级链接的对象，右键单击它选择"编辑超链接"，在对话框中重新设置。

（3）删除超级链接　选中作为超级链接的对象，右键单击它选择"取消超链接"。

7. 母版的使用

（1）母版的作用　所谓母版就是一种特殊的幻灯片，包含了幻灯片文本和页脚（如日期、时间和幻灯片编号）等占位符，这些占位符控制了幻灯片的字体、字号、颜色（包括背景色）、阴影和项目符号样式等版式要素。母版通常包括幻灯片母版、标题母版、讲义母版、备注母版4种形式。

幻灯片母版通常用来统一整个演示文稿的幻灯片格式，一旦修改了幻灯片母版，则所有采用这一母版建立的幻灯片格式也随之发生改变，用于快速统一演示文稿的格式等要素。

（2）设置母版　操作步骤如下：

① 单击"视图"打开视图功能面板，如图4-78所示，单击其中的"幻灯片母版"按钮进入

图 4-78 "视图"功能面板

到母版编辑方式。

② 接下来和操作普通幻灯片一样,如为母版幻灯片中文本设置字体、字号、颜色、项目符号和编号等,插入图片等对象、设置动画、超链接、设置页眉和页脚等。

③ 设置完后,单击图 4-79 所示"幻灯片母版"功能面板上"关闭母版视图"按钮退出,"幻灯片母版"设置完成,所有采用这种母版的幻灯片都随着母版在变化。

图 4-79 "幻灯片母版"功能面板

8. 设置幻灯片切换方式

打开演示文稿,单击"切换"打开幻灯片切换功能面板,如图 4-80 所示。先选中一张(或多张)幻灯片,然后在效果选项列表中选择一种幻灯片切换效果、设置声音、设置换片方式等。如果需要将所设置的切换样式用于所有的幻灯片,单击"全部应用"按钮。

图 4-80 "切换"功能面板

9. 演示文稿打包

如果目标电脑 B 中没有安装 PowerPoint 2010,可以在源电脑 A 上将演示文稿的播放器一并打包,然后拷贝到电脑 B 中播放。

(1) 在电脑 A 上启动 PowerPoint 2010,打开相应的演示文稿。

(2) 执行"文件"→"打包成 CD"命令,启动"打包成 CD"对话框,如图 4-81 所示。

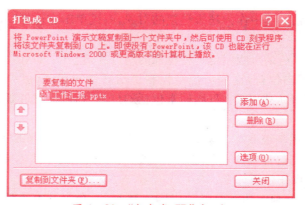

图 4-81 "打包成 CD"对话框

（3）单击【添加】按钮，可以将所要一起打包的演示文稿一起进行打包。

（4）单击【选项】按钮，进入选项设置窗口，如图 4-82 所示，建议选中包含"链接的文件"和"嵌入 TrueType 字体"选项。若电脑 B 中无电脑 A 中的相关字体，演示文稿也能保持原有字体播放出来。选中后，点击【确定】返回。

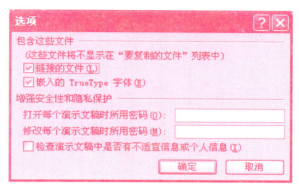

图 4-82 "打包选项"对话框

（5）单击【复制到文件夹】按钮，进入"复制到文件夹"界面，如图 4-83 所示，通过浏览选项将打包文件指定到具体文件夹中。点击【确定】按钮，此时将执行复制操作，进行打包。

图 4-83 "复制到文件夹"对话框

▶▶ 注意　若需要播放打包后的演示文稿，进入上述指定的文件夹，启动 PPTVIEW.EXE 程序，进入程序窗口，选择并播放相应的演示文稿。

二维码 4-7
PPT 颜色搭配

10. PPT 颜色搭配

扫描二维码 4-7 获取"PPT 颜色搭配"内容。

11. 用 PowerPoint 2012 制作演示型课件要点

演示型课件一般是教师自制的，是以信息呈现为主的课件，不需要复杂的导入和结束，也不必编写帮助内容。需要考虑的主要是课件结构、呈现控制、内容处理和显示。

（1）课件的逻辑结构　制作前应确定课件的总体逻辑结构。以"养蚕"课件为例，先画出如图 4-84 所示的逻辑结构图。

（2）控制元素的使用　用 PowerPoint 制作的演示型课件可以不设置专门的控制元素，通过单击页面来按顺序翻页。要实现特定页之间的跳转或切换，可使用超链接。课件的链接有两种形式，一种采用动作按钮的形式实现明显的跳转，另一种是利用"热字"的形式实现跳转。

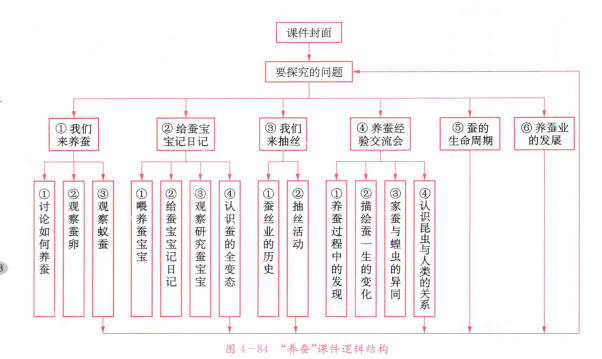

图 4-84 "养蚕"课件逻辑结构

(3) 教学内容的处理　具体操作如下：

① 提炼组织文本。把文本分解为段落，提炼要点，以便层次清楚地呈现。要注意，应避免整页整页地呈现文字。

② 用图片表现教学内容。使用静态和动态的视觉元素，如照片、动画等，呈现能够说明和解释文字材料含义的图片。但课件设计应避免滥用与页面内容无关、只起美化作用的装饰图片，注意慎用与页面内容有关但没有解释作用的图片。

③ 使图文结合为整体。页面元素都不是孤立的，如文字与其解释图像、图像与它的局部的文字注释、总图与分图、标题与其内容等是相互关联的，应该整体呈现，提高感知和理解效率。因此，要分解教学内容，减少每页的信息量，使文字与相关图像能放在一页中。

④ 避免多余的声音。不在课件中加入纯粹为了使学生愉悦的声音，以免分散注意力或增加认知负担。

(4) 课件外观的考虑　遵循一致性和简约性的原则，课件要整体风格一致，界面简洁清新，页面信息量适中，页面控制元素位置固定、清晰一致、简单大方。

(5) 文字易读性的考虑　演示型课件一般是让学生在相对较远的距离观看的，设计的一个基本要求就是，把与当前学习相关的图文元素凸显出来，使学习者能轻松地看清楚，使感知效率最大化。

① 图文与背景的对比。要考虑颜色的对比，保证文本和图形清晰可见。还要注意课件通常都是用投影仪投射的，受各种因素的影响，在银幕上看到的颜色与在计算机屏幕上看到的有一定的差异。

② 文字的字号、字体、字数。根据经验在常规大小的教室里，文字应在 28 号以上，字体加粗或黑体的视觉效果较好，每页字数不超过 200 字。

（6）页面内动画的使用　应注意两点：

① 重要的文字和图像分步显示。按照预定的顺序逐一显示页面内容，如标题、要点、图形等，密切配合讲授和讨论活动，并使学生的注意力集中在已经呈现的内容上。

设置动画效果时，注意同一类内容要使用同一种效果，并且要符合人们的阅读和视觉习惯。

② 利用动画效果的暗示作用。通过图文之间、多图之间的交叠或覆盖，暗示递进、关联、强调、概括、引申等含义。

（7）页面之间的切换　设置课件页之间的切换效果时，也要注意风格和形式的一致性，符合人们的视觉习惯。

拓展阅读▶

PPT 课件制作经验

扫描二维码 4-8 获取详细内容。

二维码 4-8
PPT 课件制作经验

实 验 项 目

实验 4-1　图片素材处理

实验目的

掌握利用 PhotoShop（或其他软件）进行图片素材基本处理的技能。

实验任务与操作指导

用 PhotoShop 进行图片素材处理：

（1）将 p1.jpg 调整大小为 800×640。
（2）利用裁剪工具将 p2.jpg 下面的文字"中心花坛"去掉，并练习旋转操作。
（3）将 p3.jpg 调成清晰的图片，并练习图片亮度、对比度、色度等的调整。
（4）将 p4.jpg 加上"浮雕"效果，将 p5.jpg 加上"马赛克"效果。
（5）在图片 p6.psd 合适位置上添加文字"甜橙"，另存为 jpg 格式。
（6）将图片 p7.jpg 中人物额头上的黑点去掉。
（7）将图片 p8.jpg 的背景换成 p9.jpg。

图片素材下载地址：http://202.109.189.112:8086/chapter04/4-11.rar。

实验 4-2　音频素材处理实验

实验目的

掌握利用 Adobe Audition（或其他软件）录音和音频素材基本处理的技能。

实验任务与操作指导

（1）用麦克风录制一段 2 min 的声音，并保存。
（2）声音效果练习，如增加/减小音量、加速/减速、添加回音等。

二维码 4-9
Adobe Audition
音频处理

(3) 打开 hen.wav，从中提取出母鸡叫声的前 5 s，并另存为 hen1.wav。

(4) 打开 chicken.wav，在最后的 3 声小鸡叫声插入(3)中提取出的 hen1.wav，并另存为 chicken1.wav。

(5) 打开 sound1.wav，将音量适当放大并进行降噪处理，处理后另存为 sound11.wav。

(6) 打开 sound2.wav，将其与(5)中保存的 sound11.wav 进行混音并另存为 sound3.wav。

音频素材下载地址：http://202.109.189.112:8086/chapter04/4-12.rar。

实验 4-3　视频素材处理实验

|实验目的|

掌握利用会声会影(或其他软件)进行视频素材基本处理的技能。

|实验任务与操作指导|

二维码 4-10
会声会影编
辑视频

(1) 使用"剪辑素材工具"把视频分割成 3 个片段(分割点依次是 00:02:12:02,00:13:12:00)。

(2) 在视频片断 1 中删除 00:00:05:04 前的内容。

(3) 在视频片断 1 前插入视频素材库中名为"V02"的素材，并为该素材应用"肖像画"滤镜。

(4) 为整个视频加上片头标题"随机事件的概率"。

(5) 为视频片头和标题加入片头音乐(使用音频素材库中名为 A02 的音频素材)。

(6) 在视频片段 1 和 2 之间加上"对开门-3D"转场效果。

(7) 在视频最后加上片尾背景音乐和滚动字幕，字幕内容包括授课人姓名、摄像人姓名、编辑人姓名、班级、制作时间等。

(8) 将编辑结果保存为会声会影项目文件。

(9) 将编辑后视频生成 wmv 或 mpg 格式文件。

视频素材下载地址：http://202.109.189.112:8086/chapter04/4-13.rar。

本章小结

本章先介绍了多媒体技术的相关概念和多媒体素材的处理，然后介绍以 PowerPoint 2010 为平台集成多媒体素材制作课件。用于文本、图形与图像、音频、动画、视频等多媒体素材处理的软件很多，我们从实用和管用的角度出发重点介绍了图片编辑软件 PhotoShop、音频录制与编辑软件录音机和 Adobe Audition、动画制作软件 Swishmax、视频编辑软件会声会影等，在学习过程中大家可以结合相关实验或实践来掌握多媒体素材的处理技能。

熟练掌握 PowerPoint 的操作是新时期教师的一项基本技能，但要制作出一个好的课件，除了多动手外，更应重视课件的系统设计和应用，以提高制作水平。

思考与练习

1. 多媒体技术的含义是什么？
2. 什么是流媒体技术？常用流媒体文件格式有哪些？
3. 怎样将.wav格式的音频转换成.mp3格式？
4. 位图与矢量图的区别是什么？
5. 请列举5种常用数字图像格式。
6. 下载网络视频有哪些方法？
7. 请解释多媒体课件的含义。按照教学模式课件可分为哪几类？
8. 多媒体课件开发的一般流程是什么？

第5章 教学设计与评价

学习目标 ▶

1. 阐释教学设计的定义、特征、作用和教学设计过程的基本要素。
2. 说出以教为主、以学为主、双主教学设计以及信息化教学设计的基本过程。
3. 说出教学策略种类,评说各种教学策略特点。
4. 阐释信息技术与课程整合的意义。
5. 能编制规范的教学设计方案。

知识结构 ▶

二维码 5-1
本章导入

教学是一门科学,是一门艺术,更是一种技术。教学设计是教学科学、教学艺术和教学技术的综合,教学设计是跨越教学理论与教学实践的桥梁。

在进行教学设计时,要牢牢把握课程目标和内容标准,创设以学生为主体、教师为主导的"双主"教学环境。

5.1 教学设计概述

5.1.1 教学设计的概念与特征

1. 教学设计的概念

教学设计（instructional design，ID）也称教学系统设计（instructional system design，ISD），是20世纪50年代以后逐渐发展起来的一门综合交叉性学科，是教育技术学的重要研究领域。图5-1所示说明了教学设计与其他学科的关系。由于参与教学系统设计研究与实践的人员背景不同，他们往往会从不同的视野来界定和理解教学设计。因此，人们对教学设计的定义尚未取得完全的统一。

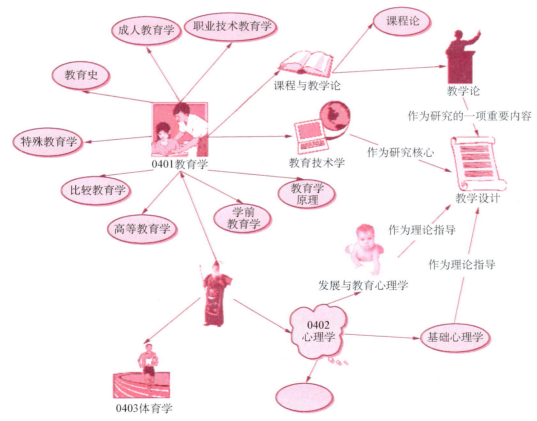

图 5-1　教学设计与其他学科的关系

加涅认为："教学是以促进学习的方式影响学习者的一系列事件，而教学设计是一个系统化规划教学系统的过程。"

肯普提出"教学系统设计是运用系统方法分析研究教学过程中相互联系的各部分的问题和需求，确立解决它们的方法步骤，然后评价教学成果的系统计划过程。"

史密斯的观点是:"教学设计是指运用系统方法,将学习理论与教学理论的原理转换成对教学资料、教学活动、信息资源和评价的具体计划的系统化过程。"

梅瑞尔在《教学设计新宣言》一文中将教学设计界定为:"教学是一门科学,而教学设计是建立在教学科学这一坚实基础上的技术,因而教学设计也被认为是科学型的技术。教学的目的是使学生获得知识技能,教学设计的目的是创设和开发促进学生掌握这些知识技能的学习环境和学习经验。"

帕顿在《什么是教学设计》一文中提出:"教学设计是设计科学大家庭的一员,设计科学各成员的共同特征是用科学原理及应用来满足人的需要。因此,教学设计是对学业业绩问题的解决措施进行策划的过程。"

乌美娜认为:"教学系统设计是运用系统方法分析教学问题和确定教学目标,建立解决教学问题的策略方案、试行解决方案、评价试行结果和对方案进行修改的过程。"

何克抗认为:"教学设计是运用系统方法,将学习理论与教学理论的原理转换成对教学目标(或教学目的)、教学条件、教学方法、教学评价……教学环节进行具体计划的系统化过程。"

上述定义国内外专家从不同角度阐述了教学系统设计的内涵,有的突出教学系统设计的系统特征,有的侧重于学习经验与学习环境的设计与开发,有的则从设计科学的角度出发突出了教学系统设计的设计本质。

通过对这些定义的分析、比较和综合,我们认为,教学设计是以获得优化的教学效果为目的,以学习理论、教学理论和传播理论为理论基础,运用系统方法分析教学问题、确定教学目标、建立解决教学问题的策略方案、试行解决方案、评价试行结果和修改方案的过程。虽然在我国,教学设计师还没有形成一个完全独立的职业,但教学设计能力在《中小学教师教育技术能力标准(试行)》中已经是教师所必备的能力之一。

2. 教学设计的特征

教学设计综合多种学术理论而自成体系,是一项以实现优化学习为目的的特殊的设计活动,这种设计活动具有以下特征:

(1) 教学设计的系统性 教学设计首先是把教育、教学本身作为整体系统来考察,把教学系统作为一个整体,运用系统方法来设计、开发、运用、管理和评价,使之成为具有最优功能的系统。因此,将系统方法作为教学设计的核心方法是教学设计发展过程中研究者与实践者所取得的共识。无论是宏观教学设计,还是微观教学设计,都强调系统方法的运用。

其次,教学设计过程的系统性决定了教学设计要从教学的整体功能出发,综合考虑教师、学生、教材、媒体等各个要素在教学中的地位和作用以及相互之间的联系,通过分析(学习需要分析、学习内容分析、学习者分析)形成制定、选择策略的基础;通过策略优化(教学策略的制定、教学媒体的选择)以及评价(试验、形成性评价、修改和总结性评价),逐步形成最优方案,并在实施中取得最好的效果。

(2) 教学设计的理论性与创造性 教学设计作为设计科学的子范畴,它既有一般设计活动的基本特征,同时由于教学情境的复杂性和教学对象丰富的个体差异性,教学设计又具有自己的独特性。

首先,设计活动是一种理论的应用活动,这就决定了教学设计必须在一定的理论指导下进行,是对学习、教学等理论的综合运用;其次,现实问题有时候需要创新性地运用理论,其至对理论进行改造、扩充、重构,以适应原有理论未能预见的新情况、新问题。因此,教学设计是理论性和创造性的结合,在实践中我们既要依据教学设计理论来进行教学设计,还应该在实践中发展理论,创造性地运用、发展教学设计理论。

(3) 教学设计过程的计划性与灵活性　教学设计过程具有一定的模式,这些模式往往用流程图的线性程序来表现,需要按照既定的环节流程来进行教学设计。然而,按照系统论的观点,这些要素之间的关系是非线性的,是相互影响、相互补充的。例如,教师根据教学目标和学习者的特征来选择适当的教学策略和结果评价方法,同样,教学策略的实施效果评价反过来又促使教师调整教学目标和策略。因此,在实践中要综合考虑各个环节,有时甚至要根据需要调整分析与设计的环节,要在参考模式的基础上创造性地运用模式。

5.1.2　教学设计的基本模式

根据教学设计应用层次的不同,教学设计模式可以相应地分为以"课堂"为中心的教学设计过程、以"产品"为中心的教学设计过程、以"系统"为中心的教学设计过程;根据教师、学生在教与学过程中地位、作用及其理论基础和实施方法,将教学模式分为以"教"为主的教学设计模式、以"学"为主的教学设计模式、"主导-主体"教学设计模式、"信息化"教学设计模式。

1. 以"教"为主的教学设计

以"教"为主的教学系统设计,如图5-2所示,也称传统教学设计,设计的焦点在"教学"上,强调教师的主导作用。其优点是有利于教师主导作用的发挥,有利于按教学目标的要求来组织教学,因而这种模式在各级各类学校的教学领域中有很大的影响;不足之处是,按这种模式设计的教学系统中,学生的主动性、积极性往往受到一定的限制,难以充分体现学生的学习主体作用。尽管如此,以"教"为主的教学系统设计思想和模式仍是目前教学系统设计的主流。

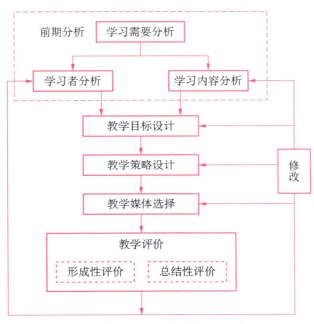

图5-2　以"教"为主的教学设计

2. 以"学"为主的教学设计

以"学"为主的教学设计,如图5-3所示,是当前教育技术学中一个活跃的领域,许多专家已将更多的精力从支持"教"的教学设计转移到支持"学"的系统和环境设计上来,强调情境、协作学习、利用资源等,并已开始实际应用于指导多媒体和因特网环境中的教学设计。以"学"为主的教学设计的发展主要来自两方面的研究成果:多媒体网络技术和建构主义理论。技术为丰富的教学环境和活动构建提供了支持,而建构主义理论为技术活化和技术整合到学习中指明了方向。这两类成果在教学中的应用常常交织在一起。

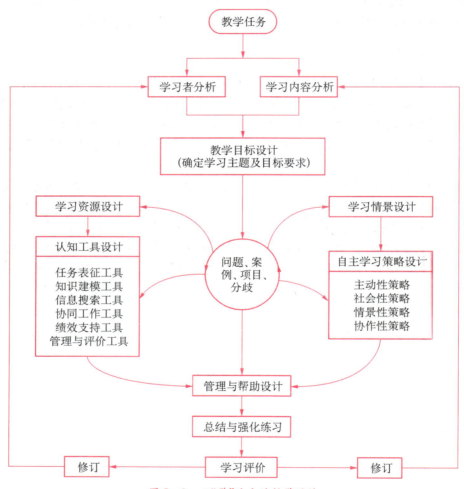

图5-3 以"学"为主的教学设计

3. "主导-主体"教学设计

"主导-主体"型教学设计模式,既强调学生的主体地位,促进学生的意义建构和自主学习,又注重教师的主导作用,促进课堂教学的优化,是一种学教并重的教学设计模式,如图5-4所示。

4. 信息化教学设计

信息化教学设计是充分利用现代信息技术和信息资源,科学安排教学过程的各个环节

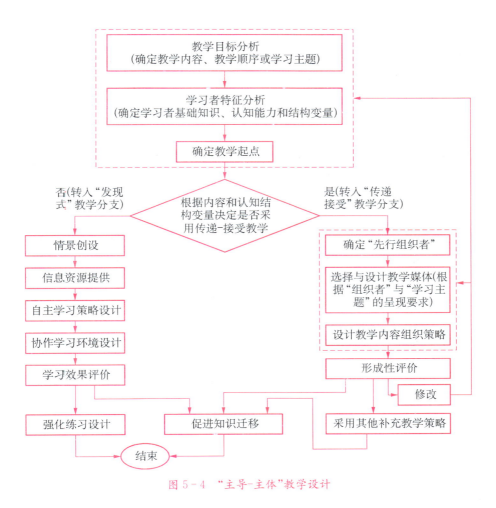

图 5-4 "主导-主体"教学设计

和要素,为学生提供良好的信息化学习条件,实现教学过程全优化的系统方法。其目的在于培养学生的信息素养、创新精神和综合能力,从而增强学生的学习能力,提高他们的学业成就。信息化教学设计模式将在 5.2 节详细讲述。

5.1.3 教学设计的一般过程

教学设计的过程包括 3 个阶段:分析阶段、设计阶段和评价修改阶段。

1. 分析阶段

(1) 学习需要分析　学习需要是指学生学习方面目前的状况与所期望达到的状况之间的差距,也就是学生目前水平与期望学生达到水平之间的差距。学习需要的分析是对所要教学的内容进行分析,分析为什么要学,以及所学的内容在学习过程中的地位、作用,是对教学的内容进行学习必要性的分析,从而明确"为什么教"的问题。

按照马斯洛的需要层次理论,学生的学习有为了基本需要的学习,也有为了发展需要的学习。不同的需要,产生不同的内驱力。在学校环境中,影响学习动机的内驱力主要有以下 4 种:

① 生理与安全需要的内驱力。人们为了满足基本的生理和安全的需要,即为了生存的

需要,可以产生学习的动机,去学习各种必需的知识和技能。

② 感情需要的内驱力。这种感情的需要,可以是从学习的本身获得的一种乐趣,也可以是从学习的外部获得的感情报偿(如为了得到教师和家长的赞扬)。由此产生的学习动机具有强烈的感情色彩。

③ 认知需要的内驱力。人有一种理解问题、掌握知识、掌握技能的需要,这种对知识的追求,即求知欲望,是进行学习的重要动机。

④ 成就需要的内驱力。为了通过学习任务的完成去获得另一种非学习的成就,如受到尊重或得到地位的提升,也可以产生学习的动机。

学习动机是直接推动学生学习活动的一种内部动力。学习动机和各种动机一样是在需要的基础上产生的,学习也是一种人的需要。

(2) 学习内容的分析 学习需要的分析,明确了"为什么教",为教学设计工作奠定了初步基础。接下来就要分析和确定学习内容,即是对教学内容构成的要素,以及要素之间的关系进行分析。实际就是通常所说的把握教材,来解决"教什么"、"学什么"的问题(这里要注意的是对教材的使用,而不是单纯地教教材)。只有进行学习内容的分析,才能准确地为科学确定教学目标奠定坚实的基础。

加涅认为,确定学习内容范围最关键的因素是课程目标和学习结果,这两个因素决定了学习内容分析的结果。

学习内容分析的过程会因学习内容的不同而有所差异,但是有一些基本步骤,包括:

① 确定教学的基本目标。

② 首次评估学习内容。

③ 确定单元目标。

④ 学习内容的具体分析。

⑤ 再次评价学习内容。

(3) 学习者分析 教学设计的一切活动都是为了学生的学。教学目标是否实现,要在学生自己的认识和发展的学习活动中表现出来,而作为学习主体的学生在学习过程中又都是以自己的特点及通过重建自己的认知结构来获得学习的。

奥苏贝尔在他的《教育心理学:一种认知观》一书的序言中有一句名言:"如果我必须将教育心理学的全部原理归结为一句话,那么我将说,影响学生最重要的一个因素乃是学生已经知道的东西,肯定这一点并据此教学。"充分说明了对学习者进行分析的必要性。总之,教学设计要以学习者为中心,时刻考虑"谁学"的问题。学生是学习的主体,教育要以学生发展为本,"创造一种适合所有学生的教育,而不是挑选适合教育的学生"。这就告诉我们,教学设计必须分析学习者在进入学习过程前所具有的一般特征,必须尽可能确定学习者的初始状态,必须注意学习者认知结构的特点,必须了解学习者的准备状况。因此,在教学设计时,要分析学习者的生理、心理特点,从事某项学习的知识和技能的储备状态,并据此进行教学设计。单纯地根据教学内容进行教学设计,而不考虑学习者的水平和能力,不可能获得良好的效果。

2. 设计阶段

(1) 教学目标的设计 包括以下两方面:

① 教学目标的分类。教学目标作为规定教学方向的重要指标体系,目前主要有3种

分类。

a. 布卢姆的学习目标分类：由认知领域、情感领域、动作技能领域等组成。比较成熟的是认知领域的目标分类，包括知道、领会、运用、分析、综合和评价6大类，还可以进一步划分为更加具体的亚目标群。

b. 加涅的学习结果目标体系：加涅和布里格斯等人构建了新的学习结果分类，其分类结果可以大致与布卢姆的分类形成对应关系。布卢姆的认知领域相当于加涅的言语信息、智慧技能和认知策略，情感领域相当于加涅的态度。在认知领域中，加涅是以学习的复杂程度来进行划分的，而且与他的教学设计理论有着更为直接的关系。

c. 基础教育课程改革中的目标分类：一是结果性目标，主要用于明确阐明学生的学习结果。阐明结果的行为动词要求明确、可测量、可评价，同时还把结果目标分为"知识"领域、"技能"领域。二是体验性或表现性目标，描述学生自己的心理感受、体验或明确安排学生表现的机会。所采用的行为动词往往是体验性的、过程性的。这种方式指向无需结果化的或难以结果化的课程目标，主要应用于"过程与方法"、"情感态度与价值观"领域。

② 教学目标的阐明。教学目标的编写，不是写教师的教学活动，而是写希望学生在学完后应知道的或能够做到的行为变化。因此，在教学目标的编写时，要注意教学过程与学习结果的区别，不要把学习目标写成教与学的活动。但是，在实际教学中，有的教师所陈述的教学目标，指的却是教师在课堂教学中的活动，或教师指导学生进行的活动。

教学目标阐明的主要方法有行为术语法（即 ABCD 法——A：Audience，教学对象；B：Behavior，行为；C：Condition，条件；D：Degree，标准）、表现性目标表述法、内部心理和外显行为相结合的方法（内外结合法）。

a. 行为术语法：就是用可以观察或测量的行为动词来描述教学目标的方法。在我国当前的基础教育课程改革中，结果性目标大多都采用行为术语来描述。课程标准中提出了可供参考的动词，见表5-1、表5-2、表5-3。

表5-1　认知领域可供选用的行为动词

目标层次	目标特征	可供选用的行为动词
知道	对信息的回忆	为……下定义、列举、说出（写出）……的名称、复述、排列、背诵、辨认、回忆、选择、描述、了解、指明
领会	用自己的语言解释信息	分类、叙述、解释、鉴别、选择、转换、区别、估计、引申、归纳、理解、举例说明、猜测、摘要、改写
运用	将知识应用于新的环境	运用、计算、示范、改变、阐述、解释、说明、修改、订计划、制定……方案、解答
分析	将知识分解，找出各部分之间的联系	分析、分类、比较、对照、图示、区别、检查、指出、评价
综合	将知识各部分重新整合，形成一个新的整体	编写、写作、创造、设计、提出、组织、计划、综合、归纳、总结
评价	根据一定标准进行判断	鉴别、比较、评定、判断、总结、证明、说出……价值

表 5-2　情感领域可供选用的行为动词

目标层次	目标特征	可供选用的行为动词
接受（或注意）	愿意注意某事件或活动	听讲、知道、看出、注意、接受、赞同、容忍
反应	乐意以某种方式加入某事，以示作出反应	陈述、回答、完成、选择、列举、遵守、纪录、听从、称赞、欢呼、表现、帮助
价值判断	对现象或行为做价值判断，从而表示接受、追求某事，表现出一定的坚定性	接受、承认、参加、完成、决定、影响、支持、辩论、论证、判别、区别、解释、评价、继续
组织化	把许多不同的价值标准组成一个体系，并确定它们之间的互相关系，建立重要的和一般的价值	讨论、组织、判断、使联系、确定、建立、选择、比较、下定义、系统阐述、权衡、制定计划、决定
个性化	具有长期控制自己的行为以致发展个性化的价值体系	修正、改变、接受、判断、拒绝、相信、继续、解决、贯彻、要求、抵制、认为……一致、正规

表 5-3　动作技能领域可供选用的行为动词

目标层次	目标特征	可供选用的行为动词
知觉能力	根据环境刺激作出调节	旋转、屈身、保持平衡、借助（某物体）、踢、移动
体力	基本素质的提高	提高耐力、迅速反应、举重
技能动作	进行复杂的动作	演奏、使用、装配、操作、调节
有意交流	传递感情的动用	用动作表达感情、改变脸部表情、舞蹈

b. 内部心理和外显行为相结合的方法：诺曼·格朗伦于 1972 年提出了一种将学生内部认知过程和外部行为结合起来的课堂教学目标的编写方法，即所谓的总体目标-具体行为的方法。他把课堂教学目标分为两个水平，总体目标侧重描述学生内部的心理发展，用'记忆'、"理解"、"应用"、"分析"、"创造"、"欣赏"等抽象语言来表述学习结果，反映教师总的教学意图；具体行为侧重描述学生达到目标时的具体行为，是总体目标的具体化，是达到总体目标时具有代表性的行为例子，是我们评价总体目标是否实现的证据。

案 例

学习目标编写

例一：小学三年级学习者，能在 20 分钟内，默写 3 首古诗，准确率达 90% 以上。

例二：科学兴趣小组的全体成员，参考教师提供的阅读材料，能全面比较两种古代文化的差异，并列举每种文化的主要特征，至少 5 个。

（2）教学策略的设计　教学策略的设计需要考虑诸多因素，明确教学的形式、手段和方法，创造性地开展教学设计工作、灵活地安排教学活动、巧妙地设计各个环节、合理地安排各种因素，使之形成一个优化的结构，以发挥整体功能，求得最大的效益。

在以学为主的教学设计中,自主学习策略的设计是最核心的环节,也是促进学生主动完成意义建构的关键性环节。在以学为主的建构主义学习环境中,常用的教学策略(即自主学习策略的具体形式)有支架式教学、抛锚式教学、随机进入教学和启发式教学策略、基于因特网的探索式教学策略等。根据所选择的不同教学策略,对学生的自主学习应作不同的设计。

① 支架式教学策略。支架式教学应当为学习者建构一种对知识理解的概念框架,用于促进学习者对问题的进一步理解。因此,事先要把复杂的学习任务加以分解,以便把学习者的理解逐步引向深入。这种教学思想来源于维果斯基的"最近发展区"理论,即儿童的第一个发展水平与第二个发展水平之间的状态是由教学决定的,教学可以创造"最近发展区"。因此,教学绝不应消极地适应儿童已有的智力发展水平,而应当走在发展的前面,不停顿地把儿童的智力从一个水平引导到另一个新的更高的水平。建构主义者正是从维果斯基的思想出发,借用建筑行业中使用的"脚手架(scaffolding)"作为对上述概念框架的形象化比喻,其实质是利用上述概念框架作为学习过程中的脚手架。通过这种脚手架的支撑作用(或曰支架作用),不停顿地把学生的智力从一个水平提升到另一个新的更高水平,真正做到使教学走在发展的前面。

支架式教学由以下几个环节组成:
a. 围绕当前学习主题搭脚手架,按"最近发展区"的要求建立概念框架。
b. 进入情境将学生引入一定的问题情境(概念框架中的某个节点)。
c. 让学生独立探索。
d. 合作学习,进行小组协商、讨论。
e. 效果评价。

② 抛锚式教学策略。抛锚式教学需根据事先确定的学习主题,在相关的实际情境中选定某个典型的真实事件或真实问题,然后围绕该问题展开进一步的学习。即对给定问题进行假设,通过查询各种资料和逻辑推理对假设进行论证,根据论证的结果制定解决问题的行动计划,实施该计划并根据实施过程中的反馈,补充和完善原有认识。

抛锚式教学由以下几个环节组成。
a. 创设情境。
b. 确定问题。选出的事件或问题就是"锚",这一环节的作用就是"抛锚"。
c. 自主学习。不是由教师直接告诉学生应当如何去解决面临的问题,而是由教师向学生提供解决该问题的有关线索(例如需要搜集哪一类资料、从何处获取有关的信息资料以及现实中专家解决类似问题的探索过程等),并要特别注意发展学生的"自主学习"能力。
d. 协作学习。
e. 效果评价。对这种教学效果的评价往往不需要进行独立于教学过程的专门测验,只需在学习过程中随时观察并记录学生的表现即可。

③ 随机进入教学策略。随机进入教学的基本思想源自建构主义学习理论的一个新分支——认知灵活性理论。这种理论的宗旨,是要提高学习者的理解能力和他们的知识迁移能力(即灵活运用所学知识的能力)。不难看出,随机进入教学对同一教学内容,在不同时间、不同情境下,为不同目的、用不同方式加以呈现的要求,正是针对发展和促进学习者的理解能力和知识迁移能力而提出的,也就是根据弹性认知理论的要求而提出的。

随机进入教学策略由以下几个环节组成:

a. 呈现基本情境。

b. 随机进入学习。取决于学生随机进入学习所选择的内容,而呈现出与当前学习主题的不同侧面特性相关联的情境。

c. 思维发展训练。在这类学习中,教师应特别注意发展学生的思维能力。其方法是:教师与学生之间的交互应在"元认知级"进行;要注意建立学生的思维模型,即要了解学生思维的特点;注意培养学生的发散性思维。

d. 小组合作学习。

e. 学习效果评价。

④ 启发式教学策略。启发式教学是古老而又现代的策略,至少有以下 5 个"最":年岁最长、资历最老、使用效果最好、活动空间最广、适应性最强。

启发式教学的准则包括:一是"三为主",即以学生为主体、以教师为主导、以教材为教与学的主要依据;二是"两结合",即面向全体与因材施教相结合,课内为主与课外为辅相结合;三是"一核心",即以培养和发展智能,全面提高学生综合素质为核心。

a. 启发式教学应重"导"而非"牵"。采取"大处导,小处启"的策略,运用提纲挈领→分析→综合的方法训练学生,把教材思路转化为教师自己的思路,再引导学生形成有个人特色的新思路。

b. 启发式教学应注重"启"和"试"相结合。坚持教师的主导和学生的主体相结合,注重教师的"启发"和学生的"尝试"相结合。

c. 启发式教学应注重启发点的"准"和"巧"。一是要"准",让启发启在关键处、启在新旧知识的连接处;要重视新旧知识之间的联系和发展,注意在新旧知识的连接点、分化点的关键处,设置有层次、有坡度、有启发性,符合学生认知规律的系列提问。二是要"巧",在学生学习有困难而茫然不知所措时、在中等生"跳起来摘果子"力度不够时、在优等生渴求能创造性地发挥聪明才智时,予以点拨,使其茅塞顿开。

d. 正确处理好启发式教学与讲授式教学的关系。

(3) **教学媒体的设计**   应该根据学习内容的需要、学习者的特征、教学目标的要求、教学策略的安排等选择最恰当的教学媒体。教学媒体有许多种类,各种教学媒体各有所长、各有所短,没有一种能对所有教学情境都适用的教学媒体,应遵循经济有效的原则来选择教学媒体。

具体可参照第 3 章第 3.4 节"教学媒体的选择与评价"部分。

(4) **教学过程的设计**   经过以上 3 个分析和 3 个设计阶段,便可着手教学过程的设计了。所谓教学过程的设计就是用流程图的形式,简明扼要地表达各要素之间的相互关系,直观地展示教学过程,给教师提供一个可操作的教学设计方案。教学过程设计的原则:

① 发挥教师主导,体现学习者为主体和媒体优化作用。

② 遵循学习者的认识规律和学习心理。

③ 体现一定的教学方法。

3. 评价修改阶段

经过以上各个环节,就得到了教学设计的初步产品,即教学方案。设计的教学方案能否带来理想的教学效果?学习需要、学习内容和学习者的分析是否准确?教学目标的确定是否具体明确?教学策略的设计是否合理?教学媒体的选择与设计是否有效?要回答这些问题,就必须对教学设计的成果进行评价。

教学设计的评价主要有终结性评价和形成性评价两种,一般采用形成性评价。即是指在教学设计方案推广应用之前,先在一个小范围内试用,以了解该方案的可行性、实用性、有效性等,如有缺陷,则予以修正,然后再试用、再修正,直至满意为止,以提高教学设计的质量,保证获得最优的教学效果。

案例

教学设计参考格式

一、教学目标

1. 知识与技能
2. 过程与方法
3. 情感态度与价值观

二、学生分析

三、教材分析

1. 本节的作用和地位
2. 本节主要内容
3. 重点难点分析

教学重点:

教学难点:

4. 课时要求:

四、教学理念

五、教学策略

六、教学环境

七、教学过程

八、学习评价

九、教学反思

表5-4 教学设计活动表格

教学环节	教师活动	学生活动	设计理念

5.1.4 教学设计与教案的区别

教学设计与教案是有区别的。教案是我们老师备课结果的体现,大致包含3个方面的内容:备学生部分、教材部分、教法部分。教学设计则不同,它是把教育、教学本身作为整体系统来考察,运用系统方法来设计、开发、运行、管理,即教学设计应包括教学计划的设计、教学计划的执行、教学活动的评价与反馈。

教学系统设计所选择的教学内容比教案范围要广,着眼点可能是整个学期的知识体系,或者整个单元,再到某节课。而一个教案就是一节课的教学计划具体的实施方案。另外,作为现代教育技术的一个重要组成部分,教学设计技术将使我们从感性的教案设计走向更加理性的技术应用,掌握教学设计的技术将是成批量培养优秀教师的一个途径。

5.1.5 教学设计时如何把握课程目标和内容标准

新课程标准从结构上分为4个部分,即前言、课程目标、内容标准和实施建议。其中,课程目标规定了学生在知识与能力、过程与方法、情感态度与价值观等3个方面应达到的总体目标,被称为三维目标。内容标准则规定了学生在上述3个方面应达到的具体目标。

(1) 对知识与能力目标的把握　在内容标准里,对知识与能力分为3个层次的要求:识记、理解和运用。

① 凡在内容标准的陈述中使用"列举"、"知道"、"了解"等行为动词的,为识记层次要求。

② 凡是使用"概述"、"理解"、"说明"等行为动词的,为理解层次要求。

③ 凡是使用"分析"、"评价"、"比较"等行为动词的,为运用层次要求。

这些要求和以往相比更具体、指导性更强,而且都是老师便于把握和操作的、学生经过努力可以达到的,真正体现了以学生发展为本,体现了新课程普及性、基础性和发展性的理念。

(2) 对过程与方法目标的把握　通俗地讲,就是指学生怎么学、老师如何教的过程。在新课程的三维目标中,三者是融为一体、不可分割的。过程与方法又是三维目标的核心。学生学什么、怎么学,是在过程中完成的,这也就决定了教师教什么、怎样教的过程。也就是说,其他两个目标是在"过程"中实现的,我们应该努力实现以"方法"为载体,在"过程"中去实现有生命的课程。

(3) 对情感态度与价值观的把握　情感不仅指学习兴趣、学习热情、学习动机,更是指内心体验和心灵世界的丰富。态度不仅指学习态度、学习责任,更指乐观的生活态度、求实的科学态度、宽容的人生态度。价值观不仅强调个人的价值,更强调个人价值与社会价值的统一;不仅强调科学的价值,更强调科学价值与人文价值的统一;不仅强调人类价值,更强调人类价值与自然价值的统一。

在进行情感态度价值观的教育时,还要从教学生如何"做人"做起,来培养学生的品德与修养。比如,要坚强,要有吃苦精神,要有健康的审美情趣、积极进取的人生态度、团结合作的精神,要学会尊重别人,懂得欣赏别人,等等。另外,要把情感态度与价值观潜移默化地渗透到课程教学内容中去,并有意识地贯穿于教学过程之中。

总之,新颁布的高中课程标准力图将素质教育的理念切实体现在课程标准的各个部分、各个环节,从而有利于增进课程内容与学生生活的联系,恰当地处理好学科逻辑与学生经验的关系;有利于促进教师教学行为的改进和学生学习方式的多样化;有利于增强课程对地方和学校的适应性,促进学生全面而有个性的发展。

> **拓展阅读** ▶

信息化环境中基于翻转课堂理念的教学设计

伴随新理念和新技术的不断涌现,信息技术与课程的整合日渐深入,与之相适应的教学设计也呼之欲出。时下,翻转课堂成为国内外教育改革的新浪潮,为教与学的进一步发展提供了新的思路。

信息化环境中,基于翻转课堂理念的教学设计采用太极环式翻转课堂模型。如图5-5所示,该模式包括教学准备阶段、记忆理解阶段、应用分析阶段、综合评价阶段。太极环式模型能够很好地体现"教"与"学"教学相长、和谐共济、互相转化的关系,为中国本土文化背景下的翻转课堂实践提供理论参考。

二维码5-2
基于翻转课堂理念的教学设计

图5-5 太极环式翻转课堂模型

5.2 信息化教学设计

随着教育信息化进程的深入,教师必须具备一定的信息化教学能力才能适应社会发展的要求。作为信息化教学能力前端的信息化教学设计能力,成为师范生能否适应未来教学岗位的关键;对师范生进行信息化教学设计的培养,成为满足信息化时代的教学需要和提高教师信息素养的重要途径。

5.2.1 信息化教学

1. 信息化教学的含义

以计算机为核心的多媒体计算机、教学网络、校园网和因特网的出现,带来了传统教学媒体所无法比拟的优势:计算机交互性、多媒体特性、超文本特性、网络特性等能够使学生在课堂上的地位有所改变,使学生能够真正积极主动地探索知识,成为知识信息的主动建构者,而不再是被动的接受者。教师成为课堂教学的组织者、指导者,学生建构意义的帮助者、促进者,而不再是知识的灌输者和课堂的主宰。在这种教学情境中实施的教学活动即为信息化教学,是与传统教学方式相对应的一种教学,如图 5-6 所示。

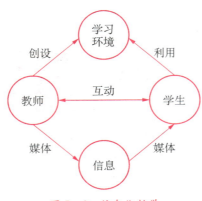

图 5-6 信息化教学

二维码 5-3
信息化教学设计

2. 信息化教学的发展阶段

从国内外发展历程来看,信息化教学经历了 3 个阶段,即计算机辅助教学、计算机辅助学习以及信息技术与课程整合阶段。

(1) 计算机辅助教学 CAI 阶段　计算机辅助教学简称 CAI,指用计算机帮助或代替教师执行部分教学任务。例如,为学生传授知识和提供技能训练,或直接为学生服务等。CAI 作为一种新颖的教学方式,主要是利用计算机的多媒体功能,辅助教师解决教学中的某些重点、难点,这些 CAI 课件大多以演示为主。

(2) 计算机辅助学习 CAL 阶段　此阶段逐步从以教为主转向以学为主,即计算机辅助学习(computer assisted learning,CAL)。也就是强调如何利用计算机作为辅助学生学习的工具,如用计算机帮助搜集资料、辅导自学、讨论答疑、帮助安排学习计划等。即不仅用计算机辅助教师的教,更强调用计算机辅助学生的学。这是信息化教学的第二个发展阶段。

(3) 信息技术与课程整合 IITC 阶段　信息技术与课程整合(integrating information technology into the curriculum,IITC),就是在各学科教学中,有效地使用信息技术,达到提高教育质量和学习效率的目的。IITC 不是把信息技术仅仅作为辅助教或辅助学的工具,而是强调要把信息技术作为促进学生自主学习的认知工具和情感激励工具,利用信息技术所提供的自主探索、多重交互、合作学习、资源共享等学习环境,把学生的主动性、积极性充分调动起来,使学生的创新思维与实践能力在整合过程中得到有效的锻炼,这正是创新人才培养所需要的。

3. 信息化教学的模式

信息化教学模式是根据现代化教学环境中信息的传递方式和学生对知识信息加工的心理过程,充分利用现代教育技术手段的支持,调动尽可能多的教学媒体、信息资源,构建一个良好的学习环境,在教师的组织和指导下,充分发挥学生的主动性、积极性、创造性,使学生能够真正成为知识信息的主动建构者,达到良好的教学效果的一般方法。

二维码 5-4
教学模式的选择

信息化教学的具体模式有很多种,其中,最有代表性的是基于资源的学习、虚拟情境和基于网络的探究性学习,简要介绍如下。

(1) 个别指导　通过计算机来实现教师的指导性教学行为,对学生实施个别化教学,其基本教学过程为:计算机呈现与提问→学生应答→计算机判断应答并提供反馈。在多媒体方式下,个别指导模式在呈现信息方面可以实现图文并茂、有声有色,并可实现人性化的交互功能。

(2) 操练与练习　由计算机向学生逐个呈示问题,学生在机上作答,计算机给予适当的即时反馈。

(3) 学习监测　用于检验与调控学生的个别化学习进程。

(4) 教学模拟　教学模拟有几种方式,包括演示法、实验法等。

① 演示法。在课堂讲授时,教师先向学生讲述某一系统的基本原理,接着用模拟程序进行演示,帮助学生加深理解。

② 实验法。让学生通过操纵模拟的系统掌握实验步骤,以后进入真实实验室,可以有效地减少实验中的操作失误,这时计算机模拟实验起到预备实验的作用。另一种做法是,利用计算机模拟实验来替代真实实验。

(5) 教学游戏　常见教学游戏分为4大类,分别是竞争类、机会类、虚拟和模仿类、运动类。

(6) 智能导师　智能导师系统利用人工智能技术来模拟"家教"的行为,允许学生与计算机进行双向问答式对话。

(7) 问题解决　问题解决是一个十分广泛的概念。但由于历史的原因,问题解决作为一种CAI模式,是指利用计算机作为解题计算工具,让学生利用计算机的信息处理功能解决学科领域相关的问题。比如,利用C语言或VB编程,解决统计、项目计算或财务管理等问题。

(8) 虚拟环境　利用虚拟现实技术仿真、虚构某些情境或构造一种可供学习者自由探索的学习环境,供学生观察与操纵其中的对象,使他们获得体验或有所发现,其基本特点是学生对模拟的环境可操纵。

(9) 基于资源的学习　包括数字化图书馆、电子阅览室、网上报刊和数据库、多媒体电子书等。因特网上蕴藏着的无穷无尽的海量信息,这也是一种学习资源。除了信息资源外,人力资源也是极有价值的学习资源。

(10) 基于网络的探究性学习　网络探究学习是一种以探究为取向的学习活动,学习者使用的多数信息来源于校园网和互联网网,也可采用视频录像等学习资源,它对培养学生的信息素养、问题解决能力、探究精神和能力等起着积极的作用。网络探究学习把现代教育理念中提倡的发现式学习、研究性学习、合作学习有机地结合起来。

(11) 计算机支持的合作学习　强调利用计算机支持学生同伴之间的交互活动。在计算机网络通信工具的支持下,学生们可突破地域和时间上的限制,进行同伴互教、小组讨论、小组练习、小组课题等合作性学习活动,也可以在网上协同实验,实现了基于网络的问题求解过程。在协同实验中,学生可以同学习伙伴一起设计实验,并通过模拟软件观看到实验结果。

(12) 计算机支持的讲授　包括计算机多媒体在课堂教学中的多种应用。例如,电子讲稿制作与演示,用网络化多媒体教室支持课堂演示、示范性练习、师生对话、小组讨论等。

(13) 网络课堂　网络课堂是指在计算机网络上构造的学习环境,允许身处异地的教师和学生通过学科网站、电子公告栏、答疑和在线讨论的形式相互学习，也可以利用实时通信功能实现传统物理教室中所能进行的大多数教学活动，还能利用异步通信功能实现前所未有的教学活动，如异步辅导、异步讨论等。表5-5简单列出了信息化教学模式与传统教学模式的比较。

表5-5 信息化教学模式与传统教学模式的比较

	信息化教学模式	传统教学模式
教师角色	教学中的导航者、设计者和帮助者	教师是所有知识的来源，即知识的垄断者、传递者
学生地位	学习过程的探究者、意义建构主体	知识的被动接受者
教学方法	启发学生探究为主，讨论式、协作式和个别辅导式	教师呈现，学生听，教师讲授为主，也包括一些讨论式、个别辅导式
课程设置	多元化、多学科，不同学科被整合为一体	科目是单独呈现给学生的，单一化、分学科、固定课时是其特点
学习行为	学习是以问题为中心的，培养能力和整体素质，促进高级思维的形成	学习是以事实为中心的，以培养学生对于知识点的掌握和熟练程度为主
合作交流	合作学习促进学习和问题解决，信息技术把外界和教师联系起来	合作学习限于形式，学校和社会相分离，很少与外界交流
评价方式	评价是基于学生在解决问题、交流思想、呈现信息、学会如何学习等方面能力的提高，以行为为基础进行综合评价	评价是基于学生记住了多少知识，对学科知识与分类技能进行评价

5.2.2 信息化教学设计

1. 信息化教学设计的定义

在我国信息化教学设计的研究过程中，许多学者对其作出过定义。祝智庭教授认为："信息化教学设计是充分利用现代信息技术和信息资源，科学安排教学过程的各个环节和要素，为学习者提供良好的信息化学习条件，实现教学过程全优化的系统方法。"

黎加厚教授将信息化教学设计定义为："所谓信息化环境下的教学设计（信息化教学设计），是运用系统方法，以学为中心，充分利用现代信息技术和信息资源，科学地安排教学过程的各个环节和要素，以实现教学过程的优化。"

钟志贤教授认为："所谓信息化教学设计是在综合把握现代教育教学理念的基础上，充分利用现代信息技术和信息资源，科学安排教学过程的各个环节和要素，为学习者提供良好的信息化学习条件，实现教学过程最优化的系统方法。"

从以上学者对信息化教学设计的描述和定义中可以看出，信息化教学设计的内涵主要包括以下4个方面：

① 教学设计要充分利用现代信息技术和信息资源。
② 教学设计强调以学习者为中心。

③ 运用系统方法指导教学设计。
④ 科学安排教学过程的各个环节和要素。

总之,信息化教学设计强调以信息技术为主要手段,并结合当今的教育理论,充分利用各种信息资源,对教学过程的各个环节作出科学合理的规划,使教师的教和学生的学与信息时代紧密相连,以培养出符合信息时代要求的人。

2. 信息化教学设计的特点

信息化教学设计有如下特点:
① 信息化教学设计以建构主义学习理论为指导,但不否定行为主义的观点。
② 设计核心是教学过程设计,重视学习环境创设和学习资源的利用。
③ 学习内容为交叉学科专题,强调综合性。
④ 采用探究性学习、资源型学习和合作学习教学模式。
⑤ 以教学单元为教学周期单位,教学单元或者是某章、某节,或者是围绕某一个主题而整合相关学习内容。依据教学单元内容确定课时,而不是为了完成课时工作量去安排内容。
⑥ 教学评价依据电子作品集等,而不是依据终结性考试。

5.2.3 信息化教学设计的步骤与模式

1. 信息化教学设计的基本原则

在信息化教学设计中,要求以建构主义理论为指导,充分利用信息技术手段进行基于资源、合作、问题的研究等形式的学习,使学习者在意义丰富的情境中主动建构知识。为此,可以将信息化教学设计的基本原则归纳为以下几点:

① 以学为中心,注重学习者学习能力的培养。教师是作为学习的促进者,引导、监控和评价学生的学习进程。
② 充分利用各种信息资源来支持学生学习。
③ 以"任务驱动"和"问题解决"作为学习和研究活动的主线,在相关的有意义的情境中确定和教授学习策略与技能。
④ 强调"协作学习"。这种协作学习不仅指学生之间、师生之间的协作,也包括教师之间的协作,如实施跨年级和跨学科的基于资源的学习等。
⑤ 强调针对学习过程和学习资源的评价。

2. 信息化教学设计的基本步骤

信息化教学设计包括8个部分:单元教学目标设计、教学任务与问题设计、信息资源查找与设计、教学过程设计、学生作品范例设计、评价量规设计、单元实施方案设计、评价/修改,如图5-7所示。

3. 信息化教学设计的基本模式

由于信息化教学模式众多,如Intel未来教育模式、WebQuest模式、研究性学习模式、基于项目的学习、基于问题的学习、基

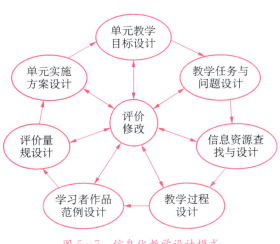

图5-7 信息化教学设计模式

于案例的学习、基于电子学档的学习、基于认知工具的学习、支架式教学、网上微世界情景教学、抛锚式教学、随机进入式教学等,相应的也有很多信息化教学设计模式,各种设计模式也各有特点和重点,见表5-6。

(1) 基于项目的学习教学设计模式　包括以下几个方面:
①选定项目;②制定计划;③活动探究;④作品制作;⑤成果交流活动评价。

(2) WebQuest教学设计模式　包括以下几个方面:
①序言;②任务;③过程;④资源;⑤评估;⑥结论。

表5-6　信息化教学设计模式的特点比较

序号	信息化教学设计模式	特点/强调的重点
1	Intel未来教育模式	"框架问题"、"学生范例"、"个别化调整"这些组成部分是该模式特有的;该模式的表现形式除了案例外,还有一套支持教案实施的电子文件,与教案一起组成了单元计划"包件"
2	WebQuest模式	结构上必须包括导言、任务、过程、资源、评价、总结等6个部分;提供的学习资源主要指网上资源
3	研究性学习模式	实施时间比较长,主要适用于长期和中期的课题研究;可以不需要信息技术的支持
4	MiniQuest模式	结构上包括情境、任务、结果3个部分;针对单学科的学习,并且用时很短,通常情境下,学生在1~2个课时内就可完成一个单元的学习,这是与WebQuest主要的不同地方
5	基于探究的学习模式	广义来讲是一种学习方法;在重视学习者获得科学知识的同时,又重视学习者能力的培养,以学为中心,在做中学
6	基于问题的学习	以列出的有层次结构的问题为中心组织教学
7	基于项目的学习	由一个来源于现实生活的、激发性的、多种学科交叉的问题,构成项目;在交流/讨论的基础上,需要制作一个/一系列的最终作品,作品具有一定的社会效益
8	个性化学习	在恰当的时机以恰当的方式给学习者呈现恰当的信息,做到因材施教
9	合作学习	强调学习者之间的互相合作
10	基于资源的学习	强调运用资源来学习问题(专题或主题)
11	基于案例的学习	为学习者提供一个案例,学习者从案例进行分析、推论,从而获得启示,通过思考创见获得能力的提升
12	基于电子学档的学习	电子学档一般要表现学习者五大类的信息:学生信息、学习记录、学习成果、学习依据和反思;强调个体对学习过程、目标和方法等的反思;强调基于行为表现的评估
13	基于认知工具的学习	运用软件系统帮助学习者发展批判性思维、创造性思维和综合思维能力

（3）基于问题的教学设计模式　包括以下几个方面：
①内容/目标设计；②问题设计；③环境设计；④过程设计；⑤资源设计；⑥评价设计。
（4）基于协作学习的教学设计过程　包括以下几个方面：
①分析协作学习目标；②确定协作学习的内容；③确定小组的结构；④协作环境的创设；⑤信息资源的设计；⑥协作学习活动的设计；⑦协作学习效果的评价。

信息化教学设计模式很多，难以尽述，新的模式在不断出现，名称形态也各异。但总体来看，它们在本质上有很多共性。其中，最根本的是：在每个模式中，学生都是带着问题和任务进行探究活动，在探究中学习。而且以学生的学为中心，学生思维的训练会更加深刻，学习的结果不仅是知识的掌握，还包括解决问题能力的提高，独立思考能力的提高等。

5.3 教学评价

5.3.1 教学评价概述

1. 教学评价的概念

教学评价是指以目标为依据，制定科学的标准，运用有效的技术手段，对教学活动的过程及其结果进行测定、衡量，并给以价值判断的过程。教学评价是教育教学和教学设计中一个极其重要的部分。

首先，教学评价要以教学目标为依据。教学目标是在教学活动中所期待的学生的学习结果，它规定了学习者应达到的终点能力水平。教学之后，学习者在认知、情感和动作技能等方面是否产生了如教学目标所期待的变化，这是要通过教学评价来回答的。因此，教学评价依据的标准是教学目标，离开了明确具体的教学目标就无法进行教学评价。

二维码5-5
教学评价

其次，教学评价需要采用一些有效的技术手段。通常，通过测量来收集资料，但是测量不等于评价。测量是指以各种各样的测验或考试，对学生在学习和教师在教学过程中所发生的变化加以数量化，给学生的学习结果赋以数值的过程；评价是对测量结果作价值判断的过程。可见，测量是评价的前提和重要手段，但并不等于评价。另外，虽然测量是评价的重要手段，但并不是唯一的手段，教学评价还可以通过一些非测量的方法，如观察、谈话和收集学生的作业、作品等有关资料来实施。尤其是信息技术的发展，给教学评价提供了很多方便、快捷的测量、跟踪和统计等工具。

再次，教学评价要对教学的过程和结果进行评价。教学评价，不仅仅是评价教学的结果，更要对教学的过程，对教学中的方方面面进行评价。信息技术环境下的教学设计要改变以往单一评价主体、过分重视总结性评价的教学评价方法，强调多元评价主体、形成性评价、面向学习过程的评价，由学生本人、同学、教师等对学生在学习过程中的态度、兴趣、参与程度、任务完成情况，以及学习过程中所形成的作品等进行评估。

2. 教学评价的功能

教学评价的功能主要体现在以下几个方面：
（1）导向功能（定向控制功能）　教学是有目的、有计划的活动，而教学评价是检测教学目标的实现成效,并作出相应价值判断以求改进的过程。通过持续的教学评价,可使教学活动的过程朝着特定的教学目标迈进。因此,教学评价对学校实现一定的培养目标,具有明显的导向作用。科学合理的教学评价是一个系统,其中的每一大项中又分列出若干细项,这些细项所反映的现象是具体明确的,具有可操作性。它可使评价者易于观察比较,也可为改进教学提供看得见、摸得着的标准。以上的一些所述,都体现了教学评价的导向功能。

(2) 调控功能(过程控制功能) 教学评价的结果是一种反馈信息,它为调节教学活动,使教学能够始终有效地进行提供了依据。这种信息可使教师及时了解自己的教学情况,也可使学生得到正确或错误的提示。通过分析这些信息,教师修订教学计划、改进教学方法、完善教学指导、进行自我调节、加强自我修养,从而在后续教学中提高教学效果;学生据此变更学习策略、改进学习方法、增强学习的自觉性。此外,教学评价使教学过程成为一个能得到反馈调节的可控系统,这些反馈信息为师生调整教与学的行为提供客观依据。系统中的学习者与教学者分析研究反馈信息,可进一步明确教学目标,了解目标的实现程度和教学过程中采取的形式与方法是否有利于促进教学目标的实现,从而有效地使教学越来越接近预期的目标,这就是评价所发挥的调节作用。

(3) 诊断功能(结果控制、评价鉴定功能) 评价是对教学结果及其成因的分析过程,据此可了解到各方面的情况,从而可判断其中的成效和不足、矛盾和问题,以及自身优势与特色等。全面的评价工作不仅能估计学生的成绩在多大程度上实现了教学目标,而且能解释成绩优良的原因,以及教学过程中各要素的主次点。教学评价是对教学现状进行一次严谨的科学诊断,以便为教学的决策或改进指明方向。它是通过结果控制、评价、鉴定,以使教学活动逐步向目标靠近的过程。

(4) 激励功能(竞争意识,行为控制功能) 教学评价是对教育者和学习者劳动效率、成果的鉴定和考察,评价对教学过程有监督和控制作用,对教师和学生则是一种促进和强化。评估结果在一定程度上刺激并激发被评估者的竞争意识,激励其按特定的教学目标要求规范自己的行为。教学评估的开展促进了竞争机制的引入,它不仅有利于激发和调动广大教育者和学习者的积极性,而且一定程度上促使他们自觉调控行为,使其符合相应的教学目标。事实证明,没有定期的评价,而把希望寄托于学习者本身经常、系统和认真的学习是不切实际的空想。

此外,教学评价还有其特定的教学功能和心理调节功能。因为评价本身也是一种教学活动,在这种活动中,学习者的知识、技能将获得提高。教师可在对学生水平进行全面估计的前提下,将学习内容以测评的形式呈现,并使其包含有意义的启示,让学生通过探索和领悟获得新的学习体会和经验,以达到更高的教学目标。教学评价的教学功能主要体现在促进教学进步、改进教学组织管理、增进教学改革进行和教育科研发展等方面。

在心理方面,教学评价不只表现在激发教育者和学习者的动机方面,它对教育者和学习者的自我意识、情绪和意志也有影响。肯定的评价易使师生情绪趋于安宁,可增强自信心;而否定的评价则可能使其不按水准上升,以至产生严重的焦虑,易产生自卑感。肯定的评价可能提高师生的积极性,但有时也会使积极性下降。若指导适当,否定的评价有时也会提高积极性。有时某种形式的教学评价,虽对当前的教学活动产生有利影响,但从长远来看,却可能带来不良的心理影响,这些都是评价者必须认真考虑并慎重对待的。

3. 教学评价的对象与评价主体

一直以来,人们对教学评价对象的界定并不明晰,而且在实际的教育实践中,教学评价大多数都是针对学生的学,特别是学习结果进行的。当前,国家基础教育课程改革将以"促进教师发展与学生成长的评价研究"作为重点,并在《基础教育课程改革纲要(试行)》中明确指出"改变课程评价过分强调甄别与选拔的功能,发挥评价促进学生发展、教师提高和改进教学实践的功能",这给教学评价的改革提供了政策性的依据。

教学评价的对象,主要是教师、教学管理者和学生的行为和学习资源;评价的范围,应当包括对教学活动组织实施者和管理者的教育思想及其工作实绩的评价,对在一定环境条件下开展课堂教学、学术活动、社会实践和科学实验等各类教学活动的整体效果的评价,对教学活动成效(特别是学生的受益状况)的评价,对社会参与教学活动和影响教学活动的评价,对各类教学活动促进教育事业发展以及为社会主义物质文明和精神文明建设服务成效的评价等。

其中,课堂教学质量的评价最为重要,可从教学大纲、教材、教学方法、教学实施过程与教学活动组织、教学效果等 5 个方面进行。教学活动组织的评价重点是,教师对本门课程教学在课内和课外的活动组织内容与方式、教师队伍的结构与分工、教师围绕本门课程所进行的研究活动(包括作业批改、课外辅导、教学情况研讨等,以及考试与考核的方式、成绩评定方法、对考试结果的判断与反馈等)。教学效果的评价重点是,学生对知识与技能的掌握与运用(部分地从成绩评定的效度与信度上制定),以及学生通过本门课程学习在智力和非智力因素方面的发展。

教学评价的主体是多元化的。教师本人、专家、同行、学生、管理人员,甚至社会人员都可以成为教师教学行为的评价主体。同样,学生本人、老师、同学、家长也可以成为学生学业成就的评价主体。

4. 教学评价的类型

教学评价可以根据不同的标准分为不同的类型,下面主要介绍 4 种。

(1) 按评价基准分类 有以下两类。

① 相对评价。相对评价是在被评价对象的集合中选取一个或若干个个体为基准,然后把各个评价对象与基准进行比较,确定每个评价对象在集合中所处的相对位置。为相对评价而进行的测验通常称为常模参照测验,它的试题取样范围广泛,测验成绩表明了学生学习的相对等级。由于所谓的常模实际上近似学生群体的平均水平,所以这种测验的成绩分布符合正态分布规律。

相对评价用于了解学生的总体表现和学生之间的差异,或比较不同群体间学习成绩的优劣,是常用的评价方法。它的缺点是基准会随着群体而变化,因而易使评价标准偏离教学目标,不能充分反映出教学的优缺点,从而不能有效地为改进教学提供依据。

② 绝对评价。绝对评价是在被评价对象的集合之外确定一个标准,这个标准被称为客观标准。评价时,把评价对象与客观标准进行比较,从而判断其优劣。评价标准一般是教学大纲,以及由此确定的评判细则。为绝对评价而进行的测验一般称为标准参照测验,它的试题取样就是预先规定的教学目标,测验成绩主要表明教学目标的达到程度,所以这种测验的成绩分布通常是偏态的。低分多高分少,为正偏态;低分少高分多,为负偏态。

绝对评价的标准比较客观。如果评价是准确的,那么评价之后每个被评价者都可以明确自己与客观标准的差距,从而可以激励被评价者积极上进。但是绝对评价也有缺点,最主要的缺点是客观标准很难做到客观,容易受评价者的原有经验和主观意愿的影响。

(2) 按评价功能分类　见表 5-7。

① 诊断性评价。这种评价也称教学前评价或前置评价，一般是在某项活动开始之前，为使计划更有效地实施而进行的评价。通过诊断性评价，可以了解学生学习的准备情况，也可以了解学生学习困难的原因，由此确定适当的教学策略。

② 形成性评价。形成性评价是在教学进行过程中，为引导教学前进或使教学更为完善，所进行的对学生学习结果的确定。它能及时了解阶段教学的结果和学生学习的进展情况、存在问题等，以便及时反馈、及时调整和改进教学工作。形成性评价一般较频繁，如一个单元活动结束时的评估、一个章节后的小测验等。形成性评价一般又是绝对评价，即它着重于判断前期工作达到目标的情况。对于提高教学质量来说，重视形成性评价比重视总结性评价更有实际意义。

③ 总结性评价。又称事后评价，一般是在教学活动告一段落时，为把握最终的活动成果而进行的评价。例如，学期末或学年末各门学科的考核、考试，目的是检验学生的学习是否达到了各科教学目标的要求。总结性评价注重的是教与学的结果，借此对被评价者所取得的成绩作出全面鉴定，区分等级，对整个教学方案的有效性作出评定。

表 5-7　按评价功能分类的评价比较

种类	诊断性评价	形成性评价	总结性评价
作用	查明学习准备和不利因数	确定学习效果	评价学业成绩
主要目的	合理安置学生，考虑区别对待，采取补救措施	改进学习过程，调整教学方案	证明学生已达到的水平，预言在后续教学过程中成功的可能性
评价重点	素质、过程	过程	结果
手段	特殊编制的测验、学籍档案和观察记录分析	形成性测验、作业、日常观察	考试
测试内容	必要的预备性知识、技能的特定样本，与学生行为有关的生理、心理、环境的样本	课题和单元目标样本	课程总教学目标样本
试题难度	较低	依据教学任务而定	中等
分数解释	常模参照、目标参照	目标参照	常模参照
实施时间	课程或学期、学年开始时，教学过程中需要时	每节课或单元教学结束后，经常进行	课程或一段教学过程后。一般每学期 1～2 次
主要特点		前瞻式	回顾式

对于教学质量的可靠评价最好是通过采用以上 3 种评价相结合的方式，根据教学的不同特点、从不同的角度使用多种评价方法，以获得全面的信息。

(3) 按评价表达分类　有以下两类。

① 定性评价。定性评价是对评价资料作"质"的分析，是运用分析和综合、比较与分类、

归纳和演绎等逻辑分析的方法,对评价所获得的数据、资料进行思维加工。分析的结果有两种:一是描述性材料,数量化水平较低甚至毫无数量概念;另一种是与定量分析相结合而产生的,包含数量化但以描述性为主的材料。一般情况下定性评价不仅用于对成果或产品的检验分析,更重视对过程和要素相互关系的动态分析。

② 定量评价。定量评价则是从"量"的角度,运用统计分析、多元分析等数学方法,在复杂纷乱的评价数据中总结出规律性的结论。由于教学涉及人的因素,各种变量及其相互作用关系比较复杂,因此为了提示数据的特征和规律性,定量评价的方向、范围必须由定性评价来规定。可以说,定性评价和定量评价是密不可分的,两者互为补充,相得益彰,不可片面强调一方面而忽视另一方面。

(4) 按评价的规模分类 有以下3类。

① 宏观教学评价。以一个县、一个省乃至一个国家教育的各个主要方面为对象。

② 中观评价。以一个学校的办学水平和教学质量为对象。

③ 微观评价。对象是一个学校内部的学生、教师、班集体以及具体的课程。

(5) 按参与评价的主体分类 有以下两类。

① 自我评价。评价者根据一定的标准对自己进行的评价,教师对自己的教学内容、教学态度及教学效果等进行的评价,学生对自己的学业成绩、思想品德以及个性等各方面进行的评价。

② 外部评价。即由被评价者之外的人进行的评价。

5. 教学评价过程

教学评价的过程大致可以分为以下几个步骤:

(1) 教学评价的设计与组织 首先必须确定评价的对象和内容,然后根据不同的评价对象和内容,有针对性地设计和组织教学评价。

(2) 教学评价的指标体系 在评价教师时,应建立评价指标体系;在评价学生时,应选择评价工具和制定评价标准。建立评价指标体系或评价标准,就是要将评价目标具体化,使评价目标可测、可量、可比,指标体系不仅为评价对象树立了一个量标和尺度,同时也对教学工作起到导向和推动作用。

(3) 收集教学评价的信息 通过各种技术来收集教学评价的信息,但收集时要注意时机和场所的选择,以确保信息的及时、真实、准确。

(4) 分析教学评价的方法 可通过技术分析数据,并反馈数据进行。分析教学评价的信息,主要是应用教育统计学的各种方法。由于教学过程中的许多现象不能用"非此即彼"来进行评定,往往存在着彼此之间难以确定的过渡状态,有时还需采用模糊数学的方法处理一些信息资料。在反馈结果时,既可用量化的方式表示,也可用描述的方式表示,还可以采用两者结合的形式。

5.3.2 教学评价技术

1. 观察

观察是一种非正式的评价学生行为、态度、技能、概念或学习过程的方法。教学评价中的观察方法,通常借助轶事记录、检核清单、量规、录音录像或者照片等评价工具记录观察的结果。观察一般要在事前确定观察目的、观察范围,设置观察变量,以获得合乎实际目的的材料。观察方法能够收集到用其他方法不能收集到的信息,如学习态度、学习策略、概念建模方法、小组合作能力、解决问题或者完成任务的方法等。使用观察方法要注意以下几点：
① 观察完成后，应及时记录观察到的信息。
② 在自然状态下，应使用观察方法。
③ 小组状态下更加容易观察到学生的行为。
④ 使用评价工具。

2. 调查

调查是通过预先设计的问题请有关人员进行口述和笔答，从中了解情况，获得所需要资料的方法。作为教学评价的重要手段，它可以了解学生的学习兴趣和态度、学习习惯和意向，了解各方面对教学过程和教学效果的意见，也可以通过调查了解学习资源对学生产生的效果等，从而判断教学或学习资源的有效程度，为改进教学或学习资源提供依据。通常，调查有问卷调查和访谈两种形式。在调查过程中，将有很多相关因素相互作用。以访谈为例，谈话时的气氛、谈话人的态度、谈话人的身份、谈话的时间、问题的表述及敏感性等都会影响调查的结果。所以，调查之前必须事先对即将付诸实施的调查进行精心设计。

3. 测验

测验是了解学生认知目标达到程度的最常用方法，试卷是测验方法的主要工具。由于测验操作简便、容易获取量化信息，所以在评价领域应用广泛。

4. 评价量规

一种结构化的定量评价工具，往往是从与评价目标相关的多个方面详细规定评级指标，具有操作性好、准确性高的特点。应用量规可以有效降低评价的主观随意性，不但可以教师评，而且可以让学生自评或同伴互评。如果事先公布量规，还可以对学生学习起到导向作用。此外，让学生学习自己制定量规也是很重要的一个评价方法。随着教育信息化的发展，越来越多的学习任务是以非客观性的方式呈现的。传统的客观性评价方法已被证明具有较大的局限性，因而，量规的应用逐渐受到重视。表 5-8 为一种教师课堂教学评价量规。

表 5-8 教师课堂教学评价量规

评价项目		评价内容			自评			互评		
		C	B	A	A	B	C	A	B	C
出勤		缺课达 1/4	有缺课、迟到、早退	满勤，无迟到早退						
教学设计	教学策略	以教学为中心的教学设计，单一知识灌输式讲授	以学生为中心的教学设计，采用多种教学策略与分组策略，如全班性的、协作性的、个别化的等，激发、鼓励学生自主学习	以问题或主题为中心，以探究式、发现式、任务驱动式为主，体现技术的最佳应用方式，提高学生的创新和实践能力						
	教学资源	书籍、教材等印刷制品，也包括音像制品等	利用信息化学习环境和资源，寻找、评价和选择可为学生利用的特定技术资源，解决与学科领域相关的真实问题	设计能够整合利用现有资源的教学活动，开发生命载体的教学资源，使学习者可以通过互联网络进行交流						

续　表

评价项目		评价内容			自评			互评		
		C	B	A	A	B	C	A	B	C
教学设计	教师角色	知识传授者、主动实施者，监控整个教学活动的进程	知识传授者，学生自主学习的指导者	合作学习活动的组织者、研究性学习的指导者、帮助者、促进者						
	学生角色	知识传授对象，外部刺激被动接受者	能主动参与学习，成为学习活动的主体	信息加工的主体，通过质疑和探究、发现学习，进行知识的重构和创造						
	技术应用	作为演示工具，以展示和呈现知识为主	作为学习和交互工具，丰富的教学环境的创设工具	作为促进学生自主学习的高级认知工具、情感激励工具、研究性学习的开发工具						
	学习评价	书面、口头测试	学生作品将基于技术的评估策略和工具整合到特定的学习评价计划中	尝试检验多种评价方法，引导学生使用自评、互评工具，对其创造的技术产品作出批判性的评价						
	合作交流	少	较积极	积极主动						
	建议									

5. 问卷

问卷是评价的常用工具，在设计问卷时应注意：首先，要明确调查目标，根据调查目标设计没有歧义的问题；其次，问卷内容和填写的设计应尽可能地简单，尽量少涉及开放性问题；最后，还要考虑问卷的表现形式，要求简洁大方、方便填写。

6. 电子学档

电子学档是按一定目的收集的反映学习者学习过程以及最终产品的一整套电子材料。电子学档在远程教学中反映出来的诸多优势，已经日益引起人们的重视。它有如下特点：

① 提供了教师和学生从个人简介到工作/学习情况的第一手资料。

② 电子档案袋的持续性、累积性发展，为实施发展性评价提供过程性参考。

③ 电子档案袋内作品、作者的多元性，为实施发展性评价的多主体要求提供了基础。

④ 电子档案袋内容的丰富性，为多样化发展性评价方法的实施提供了实践基础，人们可以从多个维度、多个视角来观察评价对象的成长。

⑤ 交流能力、创新能力、批判性思维和反思能力的发展，是当前我们通过电子档案袋的应用最能直接观察到的要素，也是新课改下实施发展性评价的目标。

7. 自信日志

用于评价学生自信程度的工具。使用方法是：获得学习过程中某些"快照（具有代表性的学习片断）"，对"快照"发生前后学生的自信程度进行对比记录，经过一段时间就能得到学生自信程度的变化情况，见表5-9。

表 5-9 自信日志示例

主题	非常自信	自信	有些自信	没信心
四则运算			√	
过渡句使用		√		
自我介绍	√			
……				

拓展阅读

微课的现状、问题与趋势

究竟什么是微课？对此，人们的理解五花八门。其实，只要涉及"课程"一词，其意义就难免会陷入众说纷纭的境地。一般认为，微课是以阐释某一知识点为目标，以短小精悍的在线视频为表现形式，以学习或教学应用为目的的在线教学视频。

微课的设计、开发与应用，总体来说会面临诸多挑战。微课开发的主体应该是教师，而教师的微课设计、开发与应用技能是一大挑战，一些企业和研究人员也在积极尝试使用各种工具和技术来降低教师微课设计制作的门槛。微课的质量涉及科学性、技术性和艺术性，质量问题是微课发展的另一个挑战。不仅如此，微课应用模式的创新也是未来微课发展的一个重要问题。只有解决了微课设计开发的技术门槛、提升了课程的质量，才能加以创造性的应用。

二维码 5-6
微课的现状、
问题与趋势

实 验 项 目

教案设计与 PPT 课件制作

实验目的

(1) 了解信息化教案设计的方法。
(2) 掌握制作完整 PPT 课件的方法。

实验任务与操作指导

(1) 分析自选教学内容，列出可以提供相应多媒体资源支持的内容，设计信息技术支持的教学过程，根据分析和设计撰写教案。
(2) 根据教学设计对课件进行总体设计。
(3) 搜索下载课件所需的素材，或者使用 PPT 绘图工具制作。
(4) 根据课件内容需要，利用 PPT 实现需要的动画。
(5) 利用超链接或动作设置制作课件的导航，要在幻灯片中添加"向前"、"向后"、"回到目录页"、"结束"播放等按钮。

(6) 打包发布课件。可以利用PPT的打包功能。如果想手动打包操作，必须先将课件所需媒体素材(如声音、视频、Flash)复制到PPT课件所在文件夹中，然后将媒体素材插入到PPT课件中，课件制作完毕后可以将整个文件夹复制带走。

本章小结

本章介绍了教学设计、信息化教学设计和教学评价的概念和方法。

教学设计是以获得优化的教学效果为目的，以学习理论、教学理论和传播理论为理论基础，运用系统方法分析教学问题、确定教学目标、建立解决教学问题的策略方案、试行解决方案、评价试行结果和修改方案的过程。

信息化教学设计要求以建构主义理论为指导，以学生的学为中心，充分利用信息技术来支持，以"任务驱动"和"问题解决"为主线，强调协作学习，注重学习者的能力培养。

教学评价以教学目标为依据，对教与学的过程和结果进行的价值判断。

教学设计能力和教学评价能力是新时代教师重要的基本能力之一，也是当一名好老师必不可少的基本功，可在后续的微格教学训练时刻意练习。

思考与练习

1. 什么是教学设计？教学设计的意义何在？
2. 信息化教学设计的基本过程和步骤各如何？
3. 教学目标是如何进行分类的？认知领域、动作技术领域和情感领域的教学目标各是如何划分的？
4. 什么是教学策略？教学中常用的教学策略有哪些？各有什么特点？
5. 教学评价具有哪些功能？教学评价有哪些类型？教学评价的方法有哪些？
6. 选择本学科的某一学习任务，设计一个完整、规范的教学设计方案。

第 6 章 微格教学

学习目标

1. 说出微格教学的定义与特点。
2. 描述微格教学系统的组成与主要功能。
3. 编写微格教学培训教案。
4. 运用若干课堂教学技能进行微格教学实践。

知识结构

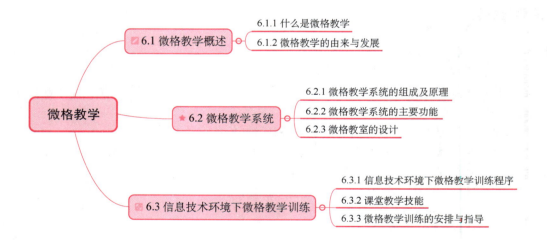

自 20 世纪 80 年代中期微格教学（Micro Teaching）引入我国后，微格教学成为了师范教育实践环节的重要组成部分，是师范生实习前的综合性实践课程，也是当前信息技术与课程整合的重要实践模式。信息技术环境下的微格教学是运用现代教育技术手段，建立可操作的教学技能行为规则系统，以取代只可意会不可言传的传统教学技能培训的教学方法。

6.1 微格教学概述

6.1.1 什么是微格教学

1. 微格教学的定义

微格教学的英文为 Micro Teaching，又译为微型教学、微观教学、小型教学等。对于微格教学的内涵，不同学者有不同的解释，归纳为：

① 美国斯坦福大学的爱伦（Dwight Allen）教授称："它是一个有控制的缩小的教学环境，是使师范生可能集中解决某一特定的教学行为。"

② 英国新乌斯特大学的布朗（G. Brown）教授说："它是一个简化了的细分的教学，从而使学生更易于掌握。"

③《澳大利亚教育词典》解释为："微格教学是在模拟环境中进行的师范教育的一种方法，其目的是简化正常教学过程的复杂性。"

④《教育大辞典》定义为："微格教学是指师范生或受训教师用10分钟左右时间，运用某种教学技能进行小规模的教学活动，录像后由教师和同学讨论、分析改进教学行为的有效方法。"

⑤ 北京教育学院微格教学课题组认为："微格教学是一个有控制的教学实践系统，它使师范生和教师有可能集中解决某一特定的教学行为，并在有控制的条件下进行学习和训练。它是建筑在教育教学理论、科学方法论、视听理论和技术的基础上，系统训练教师课堂教学技能的理论和方法。"

综上所述，微格教学是以现代教育理论为基础，根据反馈原理与教学评价理论，以受训者掌握某一特定教学技能为目标，以微型班为教学对象，利用先进的现代媒体技术培训教师教学技能的活动。它是将复杂的教学活动细分为许多易于掌握的单一技能，在有控制的现代视听教学环境中，逐个开展示范观摩→训练→评价→再训练，以提升受训者的教学技能水平。

2. 微格教学的特点

在微格教学过程中，强调技能的分析示范、实践反馈、多元化评价等环节。因此，微格教学具有如下特点：

（1）训练技能单一　微格教学是将复杂的教学活动细分为一项一项技能，每次课只训练一种教学技能，如导入技能中的设疑导入等。集中对某一项教学技能进行训练，以便达到预期目的。

（2）训练时间周期短、规模小　在训练过程中，时间为5～10分钟，模拟学生以小组为单位约5～7人，从而提高训练效率。

（3）训练手段现代化　首先，观看优秀教学录像或浏览网络虚拟教学进行示范教学；然后，用录像机记录受训者的微格教学过程；之后，通过回放录像进行评价。

（4）反馈评价更科学　传统训练中的评价主要是凭经验和印象，带有很大的主观性。但微格教学的评价是通过回放模拟教师教学过程的录像，采用自我评价、同学评价、教师评价等多元主体进行量化、质化评价,更客观科学。

3. 微格教学的基本过程

自 Allen 等提出微格教学以来,它的训练过程已形成了一定的系统模式,主要包括以下步骤:

(1) 微格教学理论的学习　学习的内容主要是微格教学的训练方法、各项教学技能的教育理论基础、教学技能的功能和行为模式。

(2) 提供示范　通常,在训练前结合理论学习提供教学技能的音像示范,便于学生对教学技能的感知、理解和分析。

(3) 确定培训技能和编写微格教案　微格教学的设计具有不同于一般教案的特点,它要求说明所应用的教学技能的训练目标,并要求详细说明教学设计中的教学行为是该项教学技能中的什么技能行为要素。

(4) 角色扮演　在微型课堂中,师范生轮流扮演教师、学生和评价员的角色,并由一名指导教师负责组织指导、一名摄像操作人员负责记录(可由学生担任)。教师角色扮演一次约为 5～10 分钟,并用摄像机记录下来,评价员填写评价单。

(5) 反馈和评价　回放录像,教师角色扮演者自我评价,指导教师和学员一起讨论评议,将评价量表数据进行定量的综合评价。

(6) 修改教案后重新进行角色扮演　对反馈中发现的问题,按指导教师及学员集体的建设性意见修改教案,经准备后进行重教。若第一次角色扮演比较成功,则可不进行重教,直接进行其他教学技能的训练。

6.1.2　微格教学的由来与发展

1958 年,美国开始了全国范围大规模的教育改革运动,改革涉及课程设置、教育结构、教师培训、教学方法、教学管理和评价等各个领域。其中,应用现代科学技术促进教育的发展是这场教育改革运动的重要特色之一。作为教育改革的一部分,师范教育和教学方法的改革十分活跃。美国的教育学院旨在改革课堂教学中"教师讲、学生听"的教学方法,对师范生或教师进行科学化的培训。福特财团设立了师范教育基金,奖励为开发师范教育课程和培训教师有贡献的教育工作者。在这一改革运动的背景下,1963 年斯坦福大学的爱伦和他的同事在对"角色扮演"(相当于我国师范生教育实习前的试讲)进行改革时,首先运用摄像机进行反馈。与此同时,美国教育改革运动中对教师评价标准的研究,也对微格教学产生了重要的影响。微格教学出现后,迅速在美国各地得到推广、应用与研究。

20 世纪 60 年代末传入英国、德国等欧洲国家后,英国新乌斯特大学的布朗将微格教学作了发展改进,提出备课、感知、执教为微格教学三要素。在英国,90% 以上的教师培训中开设了微格教学课程作为教育学士的必修课,学生只有经过 210 学时的微格教学学习才能进行实习。

20 世纪 70 年代末,微格教学传入澳大利亚、日本、新加坡等国家和我国的香港地区。澳大利亚悉尼大学教育系总结经验,于 1972～1976 年间由国家投资开发微格教学课程,编写了《悉尼基本教学技能》5 册教材,在世界上引起强烈反响。悉尼大学和新南威尔士大学教育学院开设的微格教学课程每周 4 课时,上 13 周课,共 52 课时。对于在职教师的进修培训也开设微格教学实习课，时间是每周2小时，共13周。香港中文大学教育学院从1973年开始，采用微格教学的方法来训练学生，为了加强真实性，1975~1978年间实行以真实学生当作角色扮演中的听讲对象，用录像的方法记录训练的过程。1983年，在进修的在职教师中进行了实验，证明微格教学对在职教师培训也有很大帮助。

20世纪80年代中期，北京教育学院最早将微格教学引入我国大陆地区。在此基础上，先后举办了7期全国部分教育学院教师参加的"微格教学研讨班"。微格教学作为培训教师教学技能的有效方法，很快受到了广大教师的欢迎，微格教学的研究和实践也扩展到中等师范学校、许多中小学和部分高等师范院校。1988年10月至1989年3月，北京教育学院在联合国教科文组织的支持下开展了微格教学效果的对比实验研究。实验分为微格教学实验组和教学实习对照组，以分析微格教学效果与实习效果的差异。实验结果表明，用微格教学对在职教师进行培训的效果明显优于传统方法。1993年，全国各省级教育学院在世界银行贷款的资助下，分别建立了具有先进设备的微格教学实验室，为这些院校和地区开展微格教学提供了必要的物质保证。此后，经过多年的探索前进、发展壮大，我国的微格教学研究已渐趋成熟。

6.2 微格教学系统

6.2.1 微格教学系统的组成及原理

微格教学系统一般由主控室、示范室、观摩室、一间或多间微格教室组成，最简单的微格教学系统由微格教室与主控室组成。它运用现代视听技术，引入科学的管理手段，对教师教学技能进行训练。通过安装在微格教室内的摄像头、云台及拾音器，利用主控计算机和分控计算机可任意观察各摄像点情景和回送场景情况，并可对现场的摄像头进行各种角度及距离调整的操作，以达到观摩课的功能。因设计思想与理念的不同，有的微格教室将观摩室和示范室合二为一，统称为示范观摩室或称示范室。

我们以结构完整的普通微格教室为例，说明其组成及原理。

1. 微格教室

微格教室是进行微格教学的场所。微格教室中设备主要有摄像机、话筒等，以拾取模拟教师的声音和教学活动形象。如有条件，还可配备一台摄像机来拾取模拟学生的学习反应情况，如图6-1所示。室内还配置电视机，用来播放已记录的教学过程录像，供同学们进行分析评价。

基于网络的微格教室除装有一般微格教室设备外，还安装有多媒体组合系统、多媒体计算机局域网或因特网终端等。

图6-1 多媒体微格教室

2. 主控室

主控室的主要设备包括视频切换器、混音器、录

图 6-2 微格教学主控室

放像机、视频分配器、监视器等,如图 6-2 所示。来自每间微格教室的教学活动视频经切换器控制,一路送至录像机进行录像,另一路则可经视频分配器把教学实况信号送到观摩室,供同步评述分析。

3. 示范室

示范室与各间微格教室、控制室组成一个双向闭路电视传输系统。在示范室里,可以选择收看任意一间微格教室的教学训练活动的实况,也可以将示范教室的教学活动情况同步传输到各间微格教室。示范教室还可以作为学校闭路电视台的演播室,摄制新闻、艺术、采访、知识竞赛等节目。

4. 观摩室

观摩室是装有电视机的普通教室。主控室中,经视频切换器选择后的视频信号送到观摩室的电视机上,实时播放教学实况,供指导教师现场评述,使较多的学生观摩分析。

随着现代信息技术的发展,数字化微格教学系统应运而生。其采用当前先进的数字化传输、存储和应用方案,整个系统由一个总控室和多间微格教室组成,是集微格教学、多媒体编辑、影音制作、多媒体存储中心、视频点播中心、数字化现场直播中心为一体的网络系统,人们可通过网络进行远程点播、观摩与评价。

6.2.2 微格教学系统的主要功能

微格教学系统的主要功能表现在:

(1) 分组训练　微格教室可以同时开展一组或多组微格教学活动,同时对一个或多个学生进行模拟教学(或其他技能)训练。指导教师确定训练目标,将学生分组到各自的微格教室,扮演不同的角色进行短时训练。

(2) 示范教学　通过示范室,在开展微格教学前,指导教师先播放优秀教师课堂教学录像,为受训学生提供典型示范,让受训学生参照模仿。

(3) 反馈与评价　在微格教室中,教师借助摄像监视系统可以实时掌握每一组学生的训练情况,在模拟训练结束后又能及时重播,并可将指导意见反馈给学生。此外,微格教学系统可以为学生提供多种形成性评价方式:可以是模拟教师通过重播自己训练的录像,肯定成绩,发现不足,进行自我评价;也可以是同组训练的模拟学生通过听课、一起观看重播录像,对模拟教师的教学情况进行讨论、分析和评价;指导教师也要对模拟教师的教学情况进行全面分析、评价,并提出改进意见等。很显然,这些评价方式对于帮助师范学生提高教学技能是非常有效的。

(4) 交互学习　在控制室内,指导教师可将某一微格教室的训练场景切换至其他多间教室的电视机上,同时向模拟师生进行同步评价,让各间教室的模拟师生相互学习讨论。

6.2.3 微格教室的设计

微格教室的设计应能充分体现系统的先进性、开放性、实用性和易用性等特点,除能满足以上教学功能要求外,在设计过程中还应注意以下两点。

1. 新旧媒本的综合使用

虽然数字技术已相当成熟,但传统媒体在直观性、情感性等方面有其不可替代的优点。新的媒体,如计算机多媒体、网络,主要表现在时空上的优势,它可以实现时空分离、异地同步等功能。因此,在微格教室的设计中应该把新旧媒体综合起来考虑。例如,在针对准教师的培训上,黑板、投影、幻灯等还是不可或缺的。

2. 应考虑教室环境的设计

传统的微格教室存在着式样单一、空间狭窄等不妥之处,这容易使受训者的心情受到很大影响,从而在很大程度上影响受训者的受训效果。因此,为了使受训者在教室中能有一个宽松的环境,微格教室的环境应尽量做到灵活。在整体布局上要做到宽敞舒适,在座位的安排上应做到不固定并可随时组合,以便根据教学目标的需要及时创设相应的教学氛围。

6.3 信息技术环境下微格教学训练

微格教学训练模式即是微格教学实践的一种理论性的简约形式。在信息时代,教师不仅要掌握传统课堂教学中以"教"为主的教学技能,还要学习现代多媒体课堂教学环境下的多媒体辅助教学技能;不仅要掌握传统教学模式下以教师为中心的教学技能,还要学习强调信息技术与课程整合的现代教学模式下以教师为主导、学生为主体的导学技能。信息技术环境下微格教学训练模式,如图6-3所示。

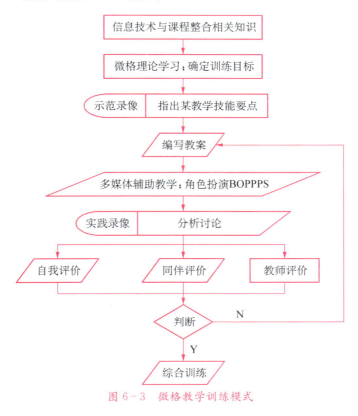

图6-3 微格教学训练模式

6.3.1　信息技术环境下微格教学训练程序

1. 前期准备

（1）信息技术与课程整合相关概念　信息技术与课程整合是我国21世纪基础教育教学改革的一个新途径，也是改变传统教学结构、实施创新人才培养的一条有效途径。因此，掌握与理解信息技术与课程整合相关概念，对于微格教学训练与学科教学实践有着举足轻重的作用。

北京师范大学现代教育技术研究所教授何克抗认为：所谓信息技术与课程的整合，就是通过将信息技术有效融合于各学科的教学过程来营造一种新型教学环境，实现一种既能发挥教师主导作用、又能充分体现学生主体地位的以自主、探究、合作为特征的教与学方式，从而把学生的主动性、积极性、创造性较充分地发挥出来，使传统的以教师为中心的课堂教学结构发生根本性变革，从而使学生的创造精神与实践能力的培养真正落到实处。

信息技术与课程整合是指信息技术与课程的融合，而不是指信息技术与作为整体的课程的整合，这是我们理解其含义的着陆点。在系统科学方法论中，整合是指由两个或两个以上较小部分的事物、现象、过程、物质属性、关系、信息、能量等在符合具体客观规律或一定条件的前提下，凝聚成较大整体的过程及结果，以发挥更大的功能。

信息技术与课程整合的实践层次，主要表现在：

① 信息技术作为演示工具。这是信息技术用于学科教学的最初表现形式，是信息技术与课程整合的最低层次，也是目前大多数基础教育所处的层次。教师可以利用PowerPoint或其他多媒体制作软件，综合学科教学素材，编写多媒体课件；也可利用思维导图，如Mind Manager等展示学科知识的关联性与系统性。

② 信息技术作为交流工具。主要是将信息技术以辅助教学的方式引入教学，完成师生之间情感交流的作用。在互联网或局域网的硬件环境下，利用QQ、BBS、Chat Room、Blog、Wiki等社会性软件，对课程形式、待解决的问题、教师的优缺点等进行充分的交流。

③ 信息技术作为个别辅导工具。通过操练练习型软件和计算机辅助测验软件的应用，学生可以巩固、熟练所学知识，决定下一步学习方向，实现个别化辅导。

④ 信息技术提供资源环境。利用各种相关资源丰富封闭的、孤立的课堂教学，扩充教学知识量，主要培养学生获取信息与分析信息的能力。通过网址、搜索引擎等参考信息，搜集相关学科资源。

⑤ 信息技术作为信息加工工具。主要培养学生信息加工与处理能力，以此内化所学知识。学生将搜集到的素材通过自己擅长的信息表达方式进行重新加工，以PowerPoint、Word等工具进行集成。

⑥ 信息技术作为协作工具。基于网络的协作学习（CSCL），主要模式有竞争、协同、伙伴和角色扮演。采用视频会议系统、Chat Room、Net-meeting等网络交互工具进行协作学习。

（2）微格教学理论学习，确定培训目标　微格教学训练的目的是通过反复实践细化单一的教学技能，进而能从事复杂的教学活动。在进行微格教学培训前，指导教师详细讲解微格教学理论知识，学生能建立基本知识框架，形成相应知识及教学理论知识的储备，熟悉角色的性质与特点。

微格教学的目标是让受训者通过小规模和短时间的演练，能对自己的教学能力有一重新审视并改进的机会,找出问题的关键点与可能解决的方法,学习教学技能,使受训者对教学更有信心。在培训前,指导教师应明确这次课或这段时间应培训的教学技能目标。

(3) **示范观摩** 指导教师组织学生观看录像等示范视频,通过直观感知形成感性认识。针对该技能,选择不同角度、不同水平的示范材料供学生观摩。示范材料可以是正面素材,也可以是反面素材;可以是指导教师的,也可以是学生的。通过提供仿效、借鉴达到让受训者了解怎么做的目的。

2. 编写教案

微格教学教案着重于教学过程的设计,为训练技能所服务。指导教师指定参考教材,针对该技能的培训,由受训者自己编写教案,所备课为时长 5～10 分钟的教学片断。在进行教案设计之前,受训者应熟练掌握教学内容、灵活选用教学技能、有效利用教学媒体、周密考虑教学环境。

在做好前期准备工作后,受训者开始编写教案。微格教学是一种模拟教学,其教案与一般教案类似,都是在深入钻研教材、全面了解学生的基础上,对教学活动进行精心设计而形成的具体实施方案,教案格式参见表 6-1。微格教学毕竟是一种训练体系,其教案的编写有其特殊的形式和内容。同时,微格教案并非一旦编写好了就万事大吉了。而是受训者需将设计好的教案拿去上课,上课后经过反馈评价,发现了自己的长处和不足,经过总结、学习、修改后再训练。由于指导教师听课时以教案为依据,充分了解教案的执行情况,评价课也要与教案和课堂实际教学对照,这就为指导学员修改教案提供了充分条件。修改教案要以受训者为主,指导教师指导为辅,多启发学生自己动脑动手,这样有利于受训者能力的提高。

表 6-1 单项技能培训教案

姓名:		院系专业:		培训时间:	
培训技能:		课题:			
教学目标 知识与技能: 过程与方法: 情感态度价值观:					
时间分配	教师行为	教学技能	学生预期行为	教学媒体	备注

(1) **教学目标** 即学习目标,指学生在教学后的最终学习行为,用明确的行为目标来表示,能够被观察和操作。根据 Robert Mager 提出的 ABCD 法描述教学目标,即 Audience(教学对象)、Behavior(行为)、Condition(条件)、Degree(标准)四要素。例如,"请你根据所布置的阅读材料,比较两个文明世界的文化,至少各举出 5 个特征"。在此案例中,教学目标的阐述明确,且具有可操作性,为之后的教学评价提供参照。

在基础教育阶段,为了促进学生全面发展,我们通常采用三维教学目标,即知识与技能、过程与方法、情感态度价值观来阐述教学目标。在知识与技能领域,通常用布卢姆的教育目标分类,有知识、领会、运用、分析、综合、评价6个层次;在过程与方法目标的阐述中,应注明通过具体的教学方法(如发现式学习、协作学习、探究式学习等)的学习过程;在情感态度价值观中,应该从注意、反应、评价、组织、价值与价值体系的性格化5层次阐述,使学生内心确立起对真善美的价值追求以及人与自然和谐和可持续发展的理念。

如微格训练指定内容为:《自己去吧》,主要是教小学生学生字。教学目标是这样写的:

① 认识6个生字,能准确读出生字卡片上的生字字音,并认清字形。

② 会写"自"、"己"、"东"、"西"4个生字,书写端正,笔顺正确。

③ 能够指出不认识的生字,进一步掌握和体验识字的方法。

④ 能够注意到写字姿势的重要性,养成良好的书写习惯。

(2) 时间分配　指预计授课行为和学习行为所持续的时间。以此训练对教学过程每一个环节的控制能力,忌拖堂,受训者必须明确这一点。

(3) 教师行为　要求将讲授、演示、提问的具体内容和教师的活动等,依次按教学进程的顺序进行陈述,以利于受训者有计划地按程序进行微格课堂教学。

教师在授课过程中的行为,包括板书、演示、讲授、提问等若干活动,这都要在教案中写清楚。教师的教学行为要预先经过周密设定,与教学时间一栏相对应,使自己的教案更具有可行性。年轻教师讲授微格课,因为没有经验,对教学过程掌握不好,有时扩大了预定行为范围,有时又缩小了自己的教学行为范围,这都需要指导教师事前提醒,提出一些应付课堂变化的建议。

(4) 教学技能　指在相应的教学进程中标明所使用的教学技巧,以便受训者能有计划地、规范地应用和体现,在教案中增设这一栏,通常被认为是微格教学特点的体现。

在教学进行过程中,教师的教学技能设计应具体、明确。在一节复杂的课堂教学中,教师的教学行为表现是多方面的,单就使用的教学技能来说也有若干分类,在教案中应注明目前主要培训的技能要素。比如培训提问技能,就要注明教学过程中提问各个类型的使用,以及提问构成要素。这样,从教案中就可以了解教师提问的思路,以及是否掌握了各种提问类型及提问是否流畅。指导教师在审教案时,就可以针对存在的问题对学员进行指导帮助,从而保证上课质量,做到防患于未然。

(5) 学生预期行为　是指教学设计中预计学生在教学进程中将产生的学习行为,如观察、板演、复述、回答、练习等。

微格教学课的时间紧凑、环节衔接紧密,稍有不当之处就容易拖堂,影响授课任务的完成。学生的课堂行为主要有观察、回忆、回答、操作、活动等,在备课中预想学生行为是非常重要的。有些教师备课往往一厢情愿,只顾自己怎样讲课,不注重对学生的组织与反应,结果在实际课堂教学中常出现冷场、偏离教学目标等现象,不能完成教学任务。在上课过程中学生怎样活动,参与活动的各种行为,教师应有所考虑。

(6) 教学媒体　在现代课堂教学中,教育技术、教学手段复杂,单就硬件的操作来说,如果事先不策划好,都可能影响教学进程。在一个系统的多媒体教室中,有多种媒体设备,在进行具体教学活动中,如何选择与应用教学媒体也很关键。

3. 角色扮演

(1) 创建微型课堂　以小组规模5~7人为单位,课堂包括3种角色:教师角色(师范生或在职教师)、学生角色(由受训者所在小组的同学4~6人组成)、教学评价人员(学生1~2人)。

(2) 角色扮演　在微型课堂,受训者练习一种教学技能,时长5~10分钟。在正式上课前,受训者要对训练技能种类进行简短说明。微格教学实践时间虽短,但也是一次完整的授课,因此必须具备6大基本要素即BOPPPS模式。

① 导入(Bridge-in)。一节课的开头,目的是为了强烈地吸引学生的注意力,诱导学生产生强烈的学习动机和学习动力。

② 阐明学习目标(objective)。明确告知学生通过这节课能够懂得什么或者是学会什么。

③ 前测(pre-assessment)。在开始上课前,做一诊断性评价,了解学生对该课程内容的理解程度。

④ 参与性学习(participatory learning)。这是课程的主体,尽可能地让学生主动参与学习,积极互动。教师必须运用各种教学媒体和资源,创造一个轻松活泼的学习环境,帮助学生达到学习目标。

⑤ 课后检验(post-assessment)。再次测试学生的学习状况,测验学生是否有所收获。

⑥ 总结(summary)。用简练的语言总结这节课的知识或技能要点,以巩固学习内容。

(3) 明确记录 一般采用录像的方法对教师的行为和学生的行为进行记录,以便及时直观地进行反馈评价。例如,由于条件所限,不能在微格教室进行培训,使用一台摄像机或DV机也能实现记录。对于扮演学生角色的学生来说,应按要求进入角色,要像该年级的学生;有时可让学生扮演一位经常答错题的学生,以培训受训者的临场应变能力。

4. 评价反馈

(1) 重放录像 为了使受训者及时直观地获得反馈信息,当角色扮演结束后立即重放录像,教师角色、学生角色、评价人员和指导教师一同观看,以观察受训者达到培训目标的程度。

(2) 自我评价 看过录像后,受训者进行自我剖析,检测是否达到培训目标。

(3) 同伴评价 小组成员和组外成员集体评议,判断该技能训练效果如何,方法运用是否恰当。一般来说,通过单技能量表进行量化评价,同时,Allen教授建议采取"2+2"的重点反馈方式,即要求每一个人提出两条表扬意见和两条批评或改进建议进行定性评价。

(4) 教师评价 指导教师的评价应尽量客观、全面、准确,总结受训者的优点及不足之处。

5. 综合实践

对各单项教学技能做逐一的培训后,应鼓励学生积极开展Mini Teaching即迷你课,也就是对各项技能综合应用。迷你课时间为15分钟左右,主要考察学生对教学技能的组合应用能力。

 案 例

综合教学技能培训教案

姓名:张明	院系专业:数学与计算机学院	培训时间:2016年6月10日
培训技能:综合技能	课题:直线与线段	
教学目标 　　知识与技能:认识直线与线段,能够说出它们的区别和联系 　　过程与方法:通过教师的引导,能够较好地完成协作学习 　　情感态度价值观:关注生活中的数学现象,体会数学就在身边		

续 表

时间分配	教师行为	教学技能	学生预期行为	教学媒体	备注
0′10″	引入语：同学们请看画面，边看边思考	导入	观察	图片或课件	
0′30″	提问：通过观察画面你们有什么发现	提问	发现问题		
0′30″	鼓励强化：(重复强调延伸)刚才同学们……	强化	知道学什么，怎么学		
2′30″	请同学们把图片或生活中看到的线画出来	变化	观察	Flash 课件	通过 Flash 课件展示线段与直线的动态变化，以期引起学生的注意
1′00″	老师也做了一组线，请同学们看看				
1′00″	提问：从3条线中你能找出一条你认为特殊的线吗		说出理由		
3′00″	这条和那条有什么不同？……我们比较一下这两条线谁长		说话有根据清楚		
4′00″	我们用直尺量一量，这条线多长？再量这条线……	演示	确认事实 回答问题		
1′00″	你发现了什么	组织	讨论并得出结论 踊跃讨论		
	小结归纳：可测量的线叫什么？不可测量的线叫什么	讲解			
2′00″	结论：线段是直线的一部分，请说出生活中你见到的线段，进行比赛，越多越好				

6.3.2 课堂教学技能

教学技能是指能够有效地完成某一方面教学任务的教师教学行为能力，是建立在对有关教育教学理论的熟练掌握和运用的基础上，通过培训而获得的。根据新课改的发展要求，我们将教学技能分为两个层面 10 大类型，即基本教学技能和综合教学技能层面。其中，基本教学技能有 6 类，包括教学语言、提问、讲解、变化、强化和板书；综合教学技能有 4 类，包括导入、演示、课堂组织和结束。

1. 导入技能——开门之技

（1）什么是导入技能　导入技能是指引起学生注意、唤起学习兴趣、激发学习动机、明确学习目的和建立知识间相互联系的教学活动方式。它能将学生的注意力吸引到特定的教学任务和程序中，所以又称为心向导入。

（2）导入技能的类型　导入技能的方法多种多样，在选择导入方法的时候，应考虑学习者的基本特征，如年龄、认知结构、学习风格等，还应充分考虑学科教学内容的特征。导入技能不是孤立进行的，应结合其他教学技能组合使用。导入技能主要包括 3 大类：以"情"导入、以"理"导入、以"趣"导入，具体类型见表 6-2。

表6-2 导入技能的类型

以"情"导入	情境导入	导入能够激发学生乐于参加、关注和活动的"情",并引导学生在"境"中思考发现,以图片、录音录像、影片等营造教学氛围导入新课
	直观导入	上课开始时先让学生观察某种形象或物体的导入方法。在课堂教学中,常常需要借助一些教学媒体。教师可先挂出一幅图画或一张图表,拿出一件实物或物体的模型,放一段录像或幻灯片,让学生观看、议论,由此导入教学内容
以"理"导入	旧知识导入	为了达到温故而知新,以旧知识为基础发展深化,引导学生去发现问题,明确探索的目标,从而进入新教学内容的学习,以回忆、提问、做练习题等方式导入
	实验导入	通过实验来吸引学生,引起学生对所学内容的关注。通过声、光、电、味等多种教学手段,促进学生有条理地思考问题
以"趣"导入	设疑导入	教师向学生提出与本课本次教学内容相关的一个或一组问题,设置疑问,然后组织学生围绕问题,讨论发言,由此导入
	故事导入	适当选取学科的发现史、发明史以及科学家的传记片段,引起学生学习本学科的兴趣

(3) 导入技能的评价标准　评价指标体系的建立是对微格教学实践过程与结果进行价值性判断的细化,确保评价更加公正、科学、有效,不同类型的教学技能评价指标也不一样。为了促进受训者的全面发展,通常采用三维教学目标来阐述教学目标,而评价则是对教学目标达成程度的价值性判断。因此,本书中针对10大课堂教学技能的评价,分别从知识与技能、过程与方法、情感态度价值观3个评价对象进行细化,并进行权重设定,见表6-3。

表6-3 导入技能评价指标

一级指标	二级指标	三级指标评价要素与权重
A 导入技能	B_1 知识与技能 B_2 过程与方法 B_3 情感态度价值观	C_{11} 导入语言清晰准确(权重:0.15) C_{12} 导入与新知识联系紧密(权重:0.1) C_{13} 导入富有启发性(权重:0.15) C_{21} 导入方法选择恰当(权重:0.1) C_{22} 导入课题自然,衔接顺畅(权重:0.1) C_{31} 导入能创设良好的学习环境(权重:0.15) C_{32} 导入能激发学生学习积极性(权重:0.15) C_{33} 导入时间把握合理(权重:0.1)

案 例

导入技能教案

姓名:张明	院系专业:中文与传播学院	时间:2016年5月27日
培训技能:导入技能	课题:《荷塘月色》	

教学目标
　　知识与技能:根据教师创设的情境,能准确背诵至少两首关于"荷"的诗歌
　　过程与方法:通过教师引导积极表达自己的体验与感受
　　情感态度价值观:欣赏美的画面,享受美的体验

续 表

时间分配	教师行为	教学技能	学生预期行为	教学媒体	备注
1'10"	播放一段配乐"荷塘月色"视频	演示技能	学生兴趣浓厚地观看课件,进入美丽荷塘月色的情境	CAI课件	利用多媒体课件的音频、视频素材营造美好诗意的学习氛围
2'00"	提问:同学们,大家谈谈印象中美丽的荷塘景色吧	提问技能	学生热情洋溢的积极回答,有的用彩色的画笔,有的用优美的诗歌……		
0'50"	用激励语言强化学生的积极性	强化技能		板书:荷塘月色	
1'00"	师言:面对如此美景,我们只能借助摄像机的镜头忘我记录,但被称为"白话美术文"创作者的朱自清先生用手中的笔把一幅幅荷塘月色图动情描绘。让我们共同走进朱自清先生心灵的荷塘,解读作者淡雅朦胧的心语	语言技能 讲解技能 板书技能	学生充满了对课文学习的渴望与期盼		

2. 教学语言技能——基本之技

（1）什么是教学语言技能 前苏联教育家苏霍姆林斯基说:"教师的语言修养在极大程度上决定着学生在课堂上的脑力劳动的效率。我们深信,高度的语言修养是合理利用时间的重要条件。"

所谓教学语言技能是指教师在课堂上传授知识、组织练习、不断地激发学生积极的学习情绪所运用的语言技能,也称课堂语言技能。

（2）教学语言的类型 教学语言形式从表达方式上,分为说明性语言、叙述性语言、描述性语言、论证性语言和抒情性语言,具体分类见表6-4。

表6-4 教学语言的类型

说明性语言	教师对事物的形态、性质、构造、种类、功能等作清晰准确的解说
叙述性语言	教师客观陈述科学文化知识的语言
描述性语言	教师借助一定的修饰词生动形象表现事物或再现某种场景的语言
论证性语言	教师用事实、数据、定义或定理等来证明论题或论点的真实性所用的语言
抒情性语言	教师满腔激情,使学生产生共鸣的语言

(3) 语言技能的应用原则　包括如下 3 个方面：

① 学科性和科学性。教学语言是学科的教学语言，所以必须运用本门学科的术语。例如，语文教学中，有象形、会意、指示、形声等；数学教学中，有讲点、线、面、垂直、平行、相切、相交等。同时，用词必须准确、讲话必须合乎逻辑。

② 教育性和针对性。教学语言与教学内容紧密结合，在组织教学中要对学生用尊重、鼓励、爱护的语言和态度。同时，它必须是在学生已有的知识经验的范围内能够理解的，深入浅出、通俗易懂的。

③ 简明性和启发性。语言讲述要简明扼要，判断应准确无误。能启发学生对教学内容的认识，激发他们的求知欲；激发他们积极提出问题、解决问题的能力；启发学生审美情趣，丰富他们的思想感情。

(4) 教学语言技能的评价标准　教学语言技能评价指标，见表 6-5。

表 6-5　教学语言技能评价指标

一级指标	二级指标	三级指标评价要素与权重
A 教学语言技能	B_1 知识与技能 B_2 过程与方法 B_3 情感态度价值观	C_{11} 普通话标准(权重：0.1) C_{12} 语言表达内容正确、科学(权重：0.1) C_{13} 语言表达有条理，逻辑缜密(权重：0.15) C_{14} 语言生动、趣味性强(权重：0.1) C_{21} 语言表达通顺连贯(权重：0.1) C_{22} 善于设疑，启发学生思维(权重：0.15) C_{31} 语调恰当、张弛有度(权重：0.1) C_{32} 感情充沛、抑扬顿挫(权重：0.1) C_{33} 手势语、眼神等配合密切(权重：0.1)

3. 提问技能——沟通之技

(1) 什么是提问技能　提问是教师在课堂教学中创设问题情境，引导学生进行积极思考而提出疑问的一种教学活动方式。

(2) 提问技能的类型　提问不是千篇一律的，应包括多种类型，我们依据学生的认知目标层次来分类，见表 6-6。

表 6-6　提问技能的类型

回忆式提问	包括两种方式：一是判断性提问，要求回答"是"与"否"；二是复习式提问，学生通过回忆已学过的事实、概念回答所提问题
理解式提问	要求学生用自己的话对事实、事件等进行描述，让学生用自己的话转述中心思想，对事实、事件进行对比，区别其本质的不同，以达到更深入的理解
运用式提问	建立一个简单的问题情境，让学生运用新获得的知识和回忆过去所学过的知识来解决新的问题
分析式提问	要求学生识别条件与原因，或者找出条件之间、原因与结果之间的关系

综合式提问	一是分析综合,要求学生对已有的材料进行分析,从分析中得出结论;二是推理想象,要求学生根据已有的事实推理、想象可能得出的结论
评价式提问	要求学生对他人观点、艺术品或文学作品等作出价值性判断

（3）提问技能的应用原则　包括以下应用原则：
① 课前教师必须根据教学目标的需要,设计好关键问题。
② 根据学习者的基本特征,结合教学内容,设计多种认知水平的问题,使大多数学生能参与回答。
③ 问题的表达要简明易懂,态度要亲切自然。
④ 提问的顺序安排要符合学习者的思维进程,循序渐进。
⑤ 对学生的回答,教师应坚持以正面反馈为主的原则。

（4）提问技能的评价标准　提问技能的评价指标,见表 6-7。

表 6-7　提问技能的评价指标

一级指标	二级指标	三级指标评价要素与权重
A 提问技能	B_1 知识与技能 B_2 过程与方法 B_3 情感态度价值观	C_{11} 问题准确,紧扣教材重难点(权重:0.2) C_{12} 问题具有启发性,促进学生思维(权重:0.1) C_{13} 问题设计符合大多数学生认知发展水平(权重:0.15) C_{21} 把握提问时机,恰当及时(权重:0.15) C_{22} 提问方式多样化(权重:0.1) C_{31} 对学生回答客观评价,以肯定性评价为主(权重:0.2) C_{32} 提问对象广,能注意到各类学生(权重:0.1)

4. 讲解技能——表达之技

（1）什么是讲解技能　讲解是用语言传授知识、交流思想和情感的教学方式。一般来说,讲解技能运用于事实性知识比认知性知识效果好,如对历史事件和事物状态进行叙述。
（2）讲解技能的类型　讲解技能的类型,见表 6-8。

表 6-8　讲解技能的类型

解释式讲解	通过讲解将未知与已知联系起来
描述式讲解	描述的对象是人、事和物,以揭示事物结构的层次关系和要素间的关系或按事物发生、发展变化的先后顺序进行描述
原理中心式讲解	以概念、原理、规律、理论为中心内容的讲授。从一般性概括的引入开始,对一般性概括进行论证推理,最后得出结论
问题中心式讲解	以解答问题为中心的讲授。其方法是引出问题→明确标准→选择方法→解决问题→得出结论

(3) 讲解技能的应用要点　讲解的目标要明确,准备要充分;其次,讲解结构要组织合理、条理清楚、逻辑严密、层次分明;最后,讲解要及时巩固,积极实践。

(4) 讲解技能的评价标准　讲解技能的评价指标,见表 6-9。

表 6-9　讲解技能的评价指标

一级指标	二级指标	三级指标评价要素与权重
A 讲解技能	B_1 知识与技能 B_2 过程与方法 B_3 情感态度价值观	C_{11} 讲解内容包含了重要的科学价值(权重:0.1) C_{12} 讲解内容符合学生现有的认知发展水平(权重:0.15) C_{13} 讲解时能提供视音频等媒体的直观支持(权重:0.1) C_{21} 讲解时突出重点,详略得当,揭示本质(权重:0.15) C_{22} 讲解时条理清晰、逻辑性强(权重:0.1) C_{23} 讲解具有启发性,能激发学生思考(权重:0.1) C_{24} 善于运用分析比较、综合概括、逻辑推理等方法(权重:0.1) C_{31} 讲解时用词准确,语速适中,生动有趣(权重:0.1) C_{32} 讲解面向全体学生,注意与学生的情感交流(权重:0.1)

5. 变化技能——风格之技

(1) 什么是变化技能　所谓变化技能是教学过程中信息传递、师生相互作用,以及各种教学媒体、资料的转换方式。变化技能的目的是变化对学生的刺激,引起学生的兴趣。

(2) 变化技能的类型　变化技能的类型,见表 6-10。

表 6-10　变化技能的类型

教态的变化	教师讲话的声音、教学中使用的手势和身体的运动等变化,包括声音的变化和停顿、目光接触、面部表情、头部动作和手势、身体的移动等
教学媒体的变化	包括视觉媒体、听觉媒体、交互型媒体在教学过程中使用的变化
师生相互作用的变化	包括师生交流方式的变化、学生活动安排的变化。在使用变化技能进行教学时,应自然过渡

(3) 变化技能的评价标准　变化技能评价指标,见表 6-11。

表 6-11　变化技能评价指标

一级指标	二级指标	三级指标评价要素与权重
A 变化技能	B_1 知识与技能 B_2 过程与方法 B_3 情感态度价值观	C_{11} 变化符合教学目标,体现教学重难点(权重:0.3) C_{12} 变化的方式恰当,符合学生特征(权重:0.2) C_{21} 变化面向全体学生(权重:0.1) C_{22} 变化合理过渡(权重:0.2) C_{31} 变化的语言抑扬顿挫(权重:0.1) C_{32} 变化的体态语不夸张(权重:0.1)

6. 强化技能——巩固之技

（1）什么是强化技能　强化技能是教师在教学中促进和增强学生反应与保持学习的方式。教师根据"条件反射"的心理学原理，对学生的反应采取各种肯定的做法，使教学材料的刺激与所预期的学生反应之间建立起稳固的联系。

（2）强化技能的类型　强化技能的类型，见表6-12。

表6-12　强化技能的类型

语言强化	教师运用语言，即通过表扬、鼓励、批评、惩罚等方式来强化教学的行为
标志强化	运用一些醒目的符号、颜色对比等各种标志来强化教学的行为
动作强化	运用师生之间交流动作，来强化教学的行为
活动强化	指导学生用学生自己的行为相互影响，学生自我参与、自我活动达到强化
变换方式强化	运用变换信息的传递方式，或变换活动等使学生增强对某个问题反应的一种强化

（3）强化技能的评价标准　强化技能评价指标，见表6-13。

表6-13　强化技能评价指标

一级指标	二级指标	三级指标评价要素与权重
A 强化技能	B_1 知识与技能 B_2 过程与方法 B_3 情感态度价值观	C_{11} 强化目的明确（权重：0.1） C_{12} 强化能集中学生注意力（权重：0.2） C_{21} 强化使用自然恰当（权重：0.1） C_{22} 强化运用时机恰当（权重：0.15） C_{23} 强化方式多样性（权重：0.1） C_{24} 强化促进学生参与教学活动（权重：0.1） C_{31} 运用强化时情感真诚、热情（权重：0.1） C_{32} 以正面强化为主，鼓励学生进步（权重：0.15）

7. 演示技能——动手之技

（1）什么是演示技能　演示技能是教师进行实际表演和示范操作的一种方式，如运用实物、标本、模型等进行演示。

（2）演示技能的类型　演示技能的类型，见表6-14。

表6-14　演示技能的类型

分析法	先演示实验，接着从分析实验入手，引导学生得出可能的结论
归纳法	通过观察实验、提出问题，归纳总结出概念或原理
展示法	结合教学内容，展示肖像图、示意图、说明图等，加深对知识的印象和理解
声像法	放映与课程内容有关的教学片，扩展和深化教学内容

（3）演示技能的评价标准　演示技能评价指标，见表6-15。

表6-15 演示技能评价指标

一级指标	二级指标	三级指标评价要素与权重
A 演示技能	B_1 知识与技能 B_2 过程与方法 B_3 情感态度价值观	C_{11} 演示目的明确,紧密结合教学重点(权重:0.1) C_{12} 演示开始时将仪器设备交代清楚(权重:0.1) C_{13} 演示与讲解提问配合,促进学生思维(权重:0.1) C_{21} 演示操作规范熟练,示范性好(权重:0.1) C_{22} 演示程序步骤分明,关键步骤能重复(权重:0.15) C_{23} 演示现象明显,直观性好(权重:0.1) C_{24} 演示具有启发性,能为学生指明观察方向(权重:0.15) C_{31} 对演示结果能做实事求是的解释(权重:0.1) C_{32} 演示确保安全,排除干扰因素(权重:0.1)

8. 板书技能——门面之技

(1) 什么是板书技能　板书是教师为辅助课堂口语的表达而写在黑板上或投影片上的文字和其他符号。在多媒体教学中,课件的文字图像也是一种板书。所谓板书技能就是教师在板面或屏幕上书写和设计文字及其他符号的技巧。板书包括正板书和副板书。正板书一般反映教学的主要内容,副板书反映的是提示内容。

(2) 板书的类型　板书的类型,见表6-16。

表6-16 板书的类型

提纲式	提纲式板书是对一节课的内容,经过分析和综合,按顺序归纳出几个要点,提纲挈领地反映在板书里
表格式	表格式板书适用于对有关概念、物质的性质、实验进行归类、对比,从而认识其异同和联系
图示式	图示式板书用文字、数字、线条、关系框图等来表达。它适用于将分散的相关知识系统化
综合式	综合式板书,或将教学中所涉及的几方面知识内容,综合地反映在板书里;或将零散孤立的知识"串联"和"并联"起来,形成系统化、简约化的知识网络
计算式和方程式	以数学运算来表述,文字少、逻辑性强,应用于讲解计算

(3) 概念图的绘制　随着建构主义理论的出现和现代信息技术的飞跃发展,概念图作为一种认知工具正引起我国教育工作者的极大关注。概念图以其直观形象、画龙点睛、概括总结、强化启发的特征,堪称"电子化板书"。将隐性知识显性化,有利于知识的传播与巩固。

概念图是将某一主题的有关概念通过连线的方式进行连接,并注明该概念的意义关系。概念图可采用徒手绘制,为了更加美观、易于保存,人们开发出了多种专用的概念图制作工具软件,主要有 Mind Manager、Inspiration、Mind Man、Personal Brain、Camp 等。图6-4所示是用 Mind Manager 制作的一个概念图实例。

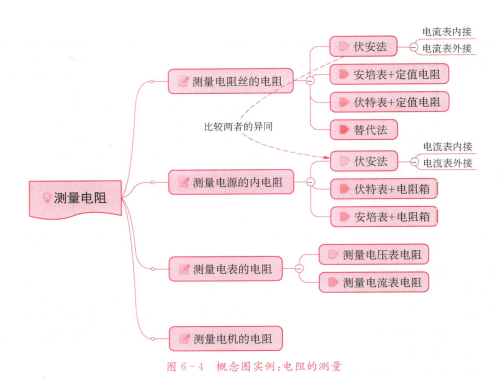

图 6-4 概念图实例：电阻的测量

（4）板书技能的评价标准　板书技能评价指标，见表 6-17。

表 6-17　板书技能评价指标

一级指标	二级指标	三级指标评价要素与权重
A 板书技能	B_1 知识与技能 B_2 过程与方法 B_3 情感态度价值观	C_{11} 板书内容正确，能反映教材的主干（权重：0.15） C_{12} 板书条理分明，能体现知识内在联系与区别（权重：0.2） C_{13} 板书明确简练，突出教学重难点（权重：0.15） C_{21} 板书规范整洁，无错别字，给学生美感（权重：0.1） C_{22} 板书简单、快捷，能促进学生学习思考（权重：0.15） C_{31} 板书书写时与讲解配合，速度适宜（权重：0.15） C_{32} 板书能浓缩信息，强化记忆（权重：0.1）

9. 课堂组织技能——管理之技

（1）什么是课堂组织技能　所谓课堂组织技能是指教师不断地组织学生注意，管理纪律、引导学习，建立和谐的教学环境，帮助学生达到预定的教学目标的行为方式。这种技能是课堂教学的"支点"，是使课堂教学得以顺利进行的重要保证。

（2）课堂组织技能的类型　包括 3 类：

① 管理性组织。以严格的组织纪律维持课堂教学秩序，要求学生遵守课堂纪律，参与教学活动。学生如有违纪行为，教师将给予严肃批评。

② 指导性组织。教师用导学法指导教学活动，调动每一位学生的学习积极性，指导学生

参与教学活动的过程,就是组织课堂教学活动的过程。

③ 诱导性组织。通过提示、提问和安排活动,引导学生对课堂教学活动感兴趣,并能参与其中。

(3) 课堂组织技能的评价标准　课堂组织技能评价指标,见表 6-18。

表 6-18　课堂组织技能评价指标

一级指标	二级指标	三级指标评价要素与权重
A 课堂组织技能	B_1 知识与技能 B_2 过程与方法 B_3 情感态度价值观	C_{11} 语言恰当,要求明确,较好地控制教学活动(权重:0.2) C_{12} 组织引导方法得当(权重:0.1) C_{21} 采用恰当方法,使不同层次的学生积极投入(权重:0.2) C_{22} 运用多种教学方法,使学生始终处于积极状态(权重:0.15) C_{23} 教学过程生动活泼,时间安排合理(权重:0.15) C_{31} 师生关系融洽,相互合作好(权重:0.1) C_{32} 多给予学生正面反馈,激发学习兴趣(权重:0.1)

10. 结束技能——关门之技

(1) 什么是结束技能　结束技能是教师结束教学任务的方式。通过归纳总结、实践活动、转化升华等教学活动,对所学的知识和技能进行及时的系统化、巩固和运用,使新知识有效地纳入学生原有的认知结构中。

(2) 结束技能的类型　结束技能的类型,见表 6-19。

表 6-19　结束技能的类型

系统归纳	在教师指导下,让学生动脑动手,总结知识的规律、结构和主线,及时强化重点,明确关键
比较异同	将新学概念与原有概念,或者将并列概念、对立概念、近似的、容易混淆的概念,分析、比较,既找出它们各自的本质特征或不同点,又找出它们之间的内在联系或相同点
集中小结	将在不同章节中,循序渐进地学习同一事物的属性和变化,集中归纳小结,从而掌握某一事物的全貌,概括出零散知识的规律
领悟主题	通过精要论述或揭示本质的提问,顿悟所学内容的主题,做到情与理的融合

(3) 结束技能应用原则　主要包括以下原则:

① 小结要紧扣教学内容的目的、重点和知识结构,做到简明、精要,有利于学生回忆检索和运用。

② 课结束时,应概括本单元或本节知识的结构,深化重要事实、概念和规律。

③ 要安排适当的实践活动,如练习、口答和实验等。

④ 布置作业,应要求明确、数量恰当。

结束课有封闭型和开放型两种:所谓封闭型结束,由教师或学生通过归纳概括,总结出明确的结论;开放型结束,是不作出结论,但要提出问题,鼓励学生继续探索,运用发散思维,培养丰富的想象力。

(4) 结束技能的评价标准　结束技能评价指标,见表6-20。

表6-20　结束技能评价指标

一级指标	二级指标	三级指标评价要素与权重
A 结束技能	B_1 知识与技能 B_2 过程与方法 B_3 情感态度价值观	C_{11} 结束目的明确,紧扣教材内容(权重:0.15) C_{12} 结束有利于巩固所学的内容(权重:0.15) C_{13} 结束能促进学生思维(权重:0.1) C_{21} 结束布置作业或活动,每位同学都参与(权重:0.2) C_{22} 结束活动能进一步激发学生学习兴趣,余味无穷(权重:0.15) C_{31} 结束时讲解情感丰富,富有概括性(权重:0.15) C_{32} 结束环节时间把握好(权重:0.1)

6.3.3　微格教学训练的安排与指导

微格教学训练不能只是按部就班,要保证技能培训的开展,必须经过有意识地分配人员,组织各个训练环节。

1. 参与人员的确定

首先,对学生进行分组,每组5～7人。可以是自愿组合,也可由教师根据平时学习情况进行分组。同时,确定小组长,并用个性化的名称为小组命名,如老虎、猴子、小狗等。

其次,确定实践角色。分组后的学生都要进行训练,也需要教师角色、学生角色两种角色的互换。对于教师角色的学生,整个教学过程应以教师自居,从教师角度思考处理教学任务;对于学生角色,应尽量从儿童角度回答问题,并适当地制造麻烦,以培养受训者的应急处理能力。

最后,有部分组外学生作为观察者担任评价工作。他们具备一定的教学理论与前期训练基础,针对教学录像,可以用自己的眼光分析讨论问题,并以此为鉴。

2. 角色扮演实践安排

微格教学程序繁多,训练时间简短,为保证活动积极开展,教师应精心选定每一个技能内容,受训者应认真填写好教案,经教师审核教案、课件合格后,才能进行实训。实训的方式以讲课或说课的形式进行,当一人在训练的同时,其他同学要做好记录以予评价。一般来说,在时间充裕的情况下,每一项技能的培训都需要多轮次的训练,以达到最好的训练结果。

3. 评价方式的选择

微格教学的关键一环是评价,在此基础上,学生才能获得提高与改进。在微格教学实践后,应根据录像及时进行评价。各项技能的评价指标都不同,应依据前述各类课堂教学技能评价指标中的三级指标及其权重,制作相应的评价量表进行量化评价。以表6-3的导入技能评价指标为例,制作评价量表案例。

导入技能评价量表

评价指标	评价等级					权重	得分
	A	B	C	D	E		
	1.0	0.8	0.6	0.4	0.2		
1. 导入语言清晰准确						15	
2. 导入与新知识联系紧密						10	
3. 导入富有启发性						15	
4. 导入方法选择恰当						10	
5. 引入课题自然,衔接顺畅						10	
6. 导入能创设良好的学习环境						15	
7. 导入能激发学生学习积极性						15	
8. 导入时间把握合理						10	
综合得分							
	请用具体证据表述					你的解释	
教学优点1							
教学优点2							
不足1							
不足2							

拓展阅读▶

微格教学技能的评价

在微格教学活动中,教学技能的获得和提高可分为学习技能、观察技能、练习技能、评价技能、改进技能等5个环节。在这一教学技能学习和形成的动态过程中,技能评价起着非常重要的作用,没有评价环节就无法通过微格教学来改善教学技能。

正如美国心理学家波斯纳所说:成长＝经验＋反思。没有哪一项教学技能是通过一次训练就可以熟练掌握的,需要经历不断反思、不断总结的过程。多数学生认为,目前的微格教学技能训练中缺乏反思环节,被评价学生不能深入领会他人的意见,反思仅停留在自我感知层次,难以发现问题的实质,也找不出产生问题的原因,无法及时矫正自身的缺点与不足,影响学生教学技能的获得,训练效率不高。

因此,通过网络评价平台能自动、准确记录评价人员之间的各种动态评价信息,有助于学生看到自己的成长过程。利用网络建立量化的评价学习档案,便于直观、准确地显示评价结果,简化教师进行微格教学评价的工作量,提高工作效率,使教师和学生不需要花费大量时间在计算或汇总结果上,可以把重点放在评价上。

实 验 项 目

微格教学实践

┃实验目的┃

(1) 掌握微格教学相关理论。
(2) 利用微格教学相关理论,进行多轮次的微格教学实训。

┃实验内容与操作指导┃

(1) 学习微格教学相关理论,包括微格教学的由来与发展、微格教学系统、课堂教学技能等。

(2) 确定教学技能训练项目或模块。建议分为两大训练模块:模块一是训练导入技能和语言技能,时长5~6分钟;模块二是训练讲解技能、提问技能、变化技能、强化技能、板书技能、演示技能和结束技能,时长8~10分钟。

(3) 观看微格示范录像光盘。示范录像可以从网络上查找的,也可以是预先录制好的优秀视频。

(4) 编写微格教案。根据微格教案表格进行填写。
(5) 角色扮演。分小组进行试讲。
(6) 评价反馈。评价包括教师评价、小组评价和自我评价。
(7) 修改并进行多轮次实训。对于不理想的试讲视频,学生应重新录制。

本章小结

微格教学是师范教育的重要组成部分,本章以微格教学的理论与实践为主线,介绍了微格教学的相关概念、微格教学系统的组成与功能、10大课堂教学技能,着重于信息技术环境下开展微格教学训练的程序与方法。师范生只有在"准课堂"中严格按照培训程序,编写技能培训教案、角色扮演、评价,进行多轮次的培训,才能在能力上和心理上提前进入教师的角色。

思考与练习

1. 什么是微格教学?
2. 说出微格教学系统的组成与原理。
3. 阐述主要的课堂教学技能。
4. 如何评价微格教学?

现代远程教育

学习目标

1. 理解远程教育的概念和发展历史。
2. 理解网络教学平台的概念和功能。
3. 了解 4A 网络教学平台和 Moodle 系统的使用方法。
4. 了解 Articulate Studio 和 Adobe Captivate 的功能。
5. 熟记云计算、教育云、大数据、学习分析的内涵。
6. 结合自身的生活与学习能理解数字时代的教与学实践的新发展。
7. 通过体验一门 MOOC 课程进而对自身学习带来革命性的影响。

知识结构

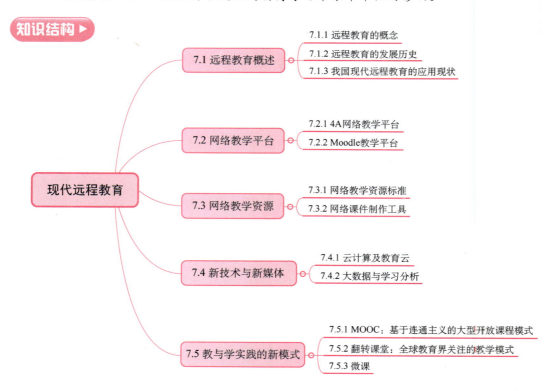

进入网络时代后,新一代远程教育——现代远程教育出现了,它的技术基础是以计算机多媒体和网络为核心的信息通信技术,因此也称为网络远程教育或网络教育。相对于传统教育或常规教育,现代远程教育具有独特的优势,在优质资源支持的学习环境中,学习者在任何时间、任何地点都能得到满足需要的高质量的教学和支持服务。

二维码7-1
本章导学

7.1 远程教育概述

大家比较熟悉的教育形态是传统教育或者说常规教育,一般指校园课堂面授教育。然而,大量的成人学习者是在非校园课堂面授的环境中接受教学的。美国学者穆尔(Moore)在1977年发表的《论独立学习的理论》中,就论述了教育活动的两大家族。其中,教育的第一家族是学生和教师直接面对面接触的传统面授教育,教育的第二家族正是远程教育。

7.1.1 远程教育的概念

1. 远程教育术语的演变

在远程教育发展史上,远程教育有着不同的称谓。19世纪中叶"correspondence education(函授教育)"和"correspondence study(函授学习)"最初在英国发展起来。在美国,使用"home study(家庭学习)"或"independent study(独立学习)"的称谓;在澳大利亚和大洋洲地区,使用"external study(校外学习)"的称谓。直到20世纪60~70年代,远程教育这一称谓和术语才由德国蒂宾根小组提出来,在他们发表的德文文献中,使用"Fernstudium(远程教育)"和"Fernunterricht(远程学习)"等词作为这类新型的教与学形态的总的称谓,而不再使用"函授学习"的称谓。20世纪70~80年代,英文中逐渐开始使用"distance education(远程教育)"作为这类新型教与学形态的总的称谓。在有关教育技术和远程教育的英文文献中,这一新的教育形态尚有多种特指的术语被广泛应用。比如,"distance teaching"或"teaching at a distance(远程教学)"、"open learning(开放学习)"、"flexible learning(灵活学习)"、"resource-based education(基于资源的教育)"等。

我国使用的概念术语也经历了许多演变。20世纪初,应用印刷教材和通信指导开展的函授教育传入我国,一直沿用函授教育这一专用术语。到20世纪70年代末,随着英国开放大学(Open University)的影响和我国广播电视大学体系的建立,远程教育一词也随之传入我国。当时,我国大陆地区将英文"distance education"翻译成"远距离教育",而我国香港和台湾地区则各自翻译成"遥距教育"和"隔空教育"。远程教育的启用并产生广泛影响,则是从1996年清华大学拟定"现代化远程教育工程项目建议书"开始的。

经过各国远程教育实践和理论研究的长期历史检验,远程教育这一概念术语作为对这一类新型的教与学形态的总的称谓和对各种特指用语的综合与概括,逐渐得到了国际教育界广泛的认同。远程教育得到国际社会正式认可的主要标志是:1982年,联合国教科文组织支持的国际函授教育协会(International Council for Correspondence Education,ICCE)正式更名为国际远程教育协会(International Council for Distance Education,ICDE)。

2. 远程教育的定义

在现代远程教育兴起、繁荣之后，远程教育涵盖的范围也在逐渐扩大，比如基于互联网的在线学习也属于远程教育范畴。相对于传统教学和传统学习而言，这种师生时空分离状态下的教学与学习称为远程教学与远程学习，这也是与面授教学相对的新的教育方法和手段。因此，我们认为远程教育既是一种教育形态，又可作为教育方法和手段，甚至可以在传统教育中得到应用。由于远程教育自身的这种双重性质，要对其进行准确定义也非常难，这里我们引用了爱尔兰学者基更（Keegan）对于远程教育的经典定义以及我国学者丁兴富对于远程教育的拓展定义，希望有助于读者对远程教育获得全面、完整的认识。

（1）基更关于远程教育的经典的描述性定义　远程教育是具有以下特征的教育方式：

① 教师和学生在教与学的全过程中，处于相对分离状态（这使它区别于传统面授教育）。

② 教育组织通过规划和准备学习材料以及提供学生支助服务，对学生学习产生影响（这使它区别于个人学习和自我教育项目）。

③ 应用各类技术媒体——印刷媒体、视听媒体和计算机媒体，将教师和学生联系起来，并以此作为课程内容的载体。

④ 提供双向通信，并鼓励学生交流对话和从对话中受益（这使它区别于教育技术的其他使用方式）。

⑤ 学生在学习全过程中学习集体也处于相对分离状态，学生通常是接受个别化教学而不是集体教学，但并不排除为了教学和社会的目的组织必要的集体面授交流。

基更在定义中将远程教育明确界定为"教育组织"实施的"一种独特的和分离的教育方式"，这仅仅指明了远程教育的教育形态的特性。丁兴富的定义在基更定义的基础上进行了拓展，该定义的特点是在描述远程教育（含广义和狭义）概念的同时，给出远程学习、远程教学的定义，其中狭义远程教育的定义与基更的经典定义基本相当。

（2）丁兴富的定义　有以下几种：

① 远程学习。学习者（学生）利用各类学习资源与媒体通信设施，在没有助学者（教师）连续面授指导情境下的学习行为和思维活动。于是，学习者（包括社会生活情境中的个人或校内学生）利用各类技术媒体的独立自主学习和协作学习、基于资源与通信的开放灵活的学习、通过网络的学习或在线学习等都应认同为远程学习。

② 远程教学（单指教）。助学者（教师）通过技术媒体而不是连续面授为学习者设计、开发与发送课程材料，并利用双向通信设施对学习者（学生）的远程学习进行指导或辅导（也称为学生学习支助服务或导学）。

③ 远程教学（指教与学）。在非连续面授指导的情境中，助学者（教师）和学习者（学生）之间通过各类教育资源和双向通信设施实现的教与学的双边交互活动。

④ 广义远程教育。对各类教育、培训和学习（包括各类学校或其他社会机构组织实施的以及社会生活情境中发生的）中远程教学和远程学习活动的总称。

⑤ 狭义远程教育。教学全过程主要通过远程教学和远程学习实现的、由学校或机构组织实施的各类教育与培训项目计划的总称，也可称为学校远程教育或机构远程教育。

依据以上系列定义，可以将狭义远程教育（学校远程教育或机构远程教育）独立定义为：狭义远程教育是对教师和学生在时空上相对分离，学生自学为主、教师助学为辅，教与学的行为通过各种信息通信技术和媒体资源实现联系、交互和整合的各类学校或社会机构组织

的教育的总称。或者,狭义远程教育是具有以下本质属性和特性的教育方式:

① 教师和学生在时空上相对分离(这是远程教育,也是远程教学和远程学习的首要本质属性,并以此与以最高程度的连续面授教学为本质属性的传统教育相区别)。

② 建立在对各种教育技术和媒体资源的开发和应用的基础上(重要本质属性,是远程教育,也是远程教学和远程学习赖以发生的必要条件)。

③ 由各类学校或其他社会机构组织实施(学校远程教育,即机构远程教育或狭义远程教育的限定条件,并以此与社会生活情境中的广义远程教育相区别)。

④ 学生自学为主、教师助学为辅,教师和学生通过双向通信实现教与学的行为的联系、交互和整合(学校远程教育,即机构远程教育或狭义远程教育的首要本质属性,并以此与个人独立自主学习相区别)。

上述定义很明确地指出了远程教育所具有的基本特征。另外,根据定义的描述,我们知道,教师与学生的时空相对分离,即教的行为活动与学的行为活动的时空相对分离,是远程教育的本质特征,正是这一本质属性使远程教育有别于面授的、基于校园课堂班级集体的传统教育。另外,远程教育必须依赖于各种教育技术和媒体资源的开发和应用。远程教育独特的性质也使得它在许多方面比传统的学校教育具有更大的灵活性,当然我们不能认为远程教育一定会取代或者超过传统学校教育,但是我们可以在组织和实施学校教育过程中利用和发挥远程教育的优势,为学校教育服务。

综上所述,远程教育既是一种教育方式,又是一种教学方法与手段,可以作为班级课堂教学的补充。对于普通教师而言,如果要在自己的教学实践中应用远程教育的方法和技术,首先需要领会作为一种教育方式的远程教育的思想,其次要着重学习和了解远程学习和远程教学的相关理论和技术。

7.1.2　远程教育的发展历史

纵观远程教育的发展过程,可将其划分为3个发展阶段:19世纪中叶兴起的函授教育,20世纪中叶兴起的多种媒体教学的开放远程教育,20世纪末期产生的以计算机多媒体和网络技术为基础的现代远程教育也即网络远程教育,见表7-1。

表7-1　远程教育的发展阶段

发展阶段	兴起时间	远程教育名称	技术基础	主要媒体
第一代	19世纪中叶	函授教育	传统印刷技术	印刷材料
第二代	20世纪中叶	多种媒体教学的开放远程教育	单向传输为主的电子信息通信技术	大众媒体:广播电视(包括卫星电视、有线电视) 个人媒体:录音录像、光盘、微机等
第三代	20世纪末期	现代远程教育或网络远程教育(网络教育)	双向交互的电子信息通信技术	无线移动通信、计算机多媒体、计算机网络

1. 函授教育

函授教育发生于工业化时代，出现于工业化社会的公共服务系统（诸如有印刷厂、出版社、书店和图书馆等组成的书刊出版发行系统以及公共通邮系统等）之后。1840年，英国人伊克·庇特曼把速记教程函寄给学生，被认为是英国函授教育的始祖。1849年，新建不久的伦敦大学首创校外学位制，为世界树立了一个采用自学、函授、业余夜校等方式，发展校外高等教育的范例。对大学层次课程进行函授教学的观念逐步被许多国家接受，并在世界各地推广。在19世纪下半叶和20世纪初，大学和学院开展校外教育和函授教学已传播到许多国家。而在20世纪中叶兴起的函授高等教育，在20世纪下半叶有了重大的发展。

我国函授教育起步于20世纪初。1902年，蔡元培等人在上海创立了一所教育机构——中国教育会，刊行丛书报，进行带有函授性质的教育活动。1914年，上海商务印书馆创设了函授学社。我国函授高等教育起始于20世纪50年代初，中国人民大学经国家批准于1952年正式创建了函授教育部，1953年东北师范大学筹办了高等师范函授教育，1956年厦门大学还创办了以海外侨胞、港澳同胞为对象的海外函授部。据统计，到1956年中国已有123所高校举办了函授教育，所开办的专业有138个，在册学生数占同时期普通高校在校生数的28%。

函授教育是第一代远程教育，突出的缺点是信息量小、不直观、交互手段弱。随着网络远程教育的逐渐成熟，社会各类学习者信息素养的不断提高，单纯的函授教育方式也许会逐渐退出历史舞台。

2. 多种媒体教学的开放远程教育

19世纪末20世纪初，电子信息技术迅速发展，出现了多种视听技术，如投影、幻灯、电话、录音、电影等，播音教育、幻灯教育开始进入教学领域。1920年2月，英国马可尼公司剑佛电台开始播出教育节目，每日两次，每次半小时，到1930年已有3 500多所学校接受播音教学。美国是最早将广播电视等现代教学媒体用于高等教育的国家之一，在20世纪30年代，衣阿华州立大学的试验电视台就开始用有声电影播出艺术工程和植物学课程；1950年，美国在世界上率先创建了第一所教育电视台；1956年，芝加哥电视学院开始综合地使用电视、出版、书面作业、实验、面授等方式进行教学。

1969年创建、1971年开始招生授课的英国开放大学是远程教育发展史上一个影响深远的重要里程碑，它的历史功绩是为远程教育争得了合法地位、赢得了世界信誉。进入20世纪70年代以来，在英国开放大学创新精神的鼓舞下，世界各地都掀起了兴办开放与远程教育的热潮。期间，以成人为主要对象的远程高等教育发展尤为迅速。一批独立设置的或一些传统院校开展的远程教育院校，在欧洲、美洲、大洋洲、亚洲、非洲等地区相继建立。世界各地的广播电视大学、开放大学、放送大学、空中大学、公开学院等教育机构也相继成立，这种以多种媒体教学为特征，以各国开放大学、放送大学和广播电视大学为代表的新一代开放远程教育，正是终身教育思想与包括大众传播媒介在内的现代信息技术结合的产物。

在我国，邓小平同志亲自倡导并于1978年2月6日亲笔批准建立了以中央广播电视大学为首的全国广播电视大学系统。自1979年2月6日开学授课以来，已经发展成为由中央和省、地市、县和基层教学点5级办学机构构成的全球最大的远程教学超级巨型大学，通过培养数以百万计的实用高级专门人才和数以千万计的高素质国民，为我国改革开放的人力资源开发和经济社会发展作出了重要贡献，并在国际远程教育界产生了巨大影响。

3. 现代远程教育

20世纪末21世纪初,现代信息技术经历了又一次飞跃式的发展,出现了以计算机多媒体、网络和移动通信为主要代表的信息通信技术,建立在此基础上的新一代远程教育正在迅猛发展之中,这就是现代远程教育,也叫网络远程教育,简称网络教育(后文中出现的网络远程教育或网络教育等同于现代远程教育一词)。远程学习和远程教学在网络远程教育中,分别被网络学习和网络教学所代替。

与前两代远程教育相比,网络远程教育在信息通信技术的支持下,教育教学活动空间、教学模式和教学组织形式都发生了质的变化,新的与远程教育有关的概念和术语纷纷出现。电子/网络学习(e-Learning)、在线/网络学习(Online Learning)、虚拟学习(Virtual Learning)正同校园课堂面授学习、函授(文本、读写)学习和多种媒体学习一起,成为21世纪全民终身学习的主流。无论是学校教育还是产业界和全社会的教育与培训,无论是独立设置的远程教育院校还是各级各类传统院校,电子学习、网络学习、在线学习、数字学习(d-Learning;Digital Learning)、移动学习(m-Learning;Mobile Learning)、混合学习(Blended Learning)已经成为教育革新的力量,成为未来教育的主流成分和主要生长点。一批虚拟大学(Virtual Universities,VUs)正在各国创建,全球虚拟大学(Global Virtual Universities,GVUs)也正在孕育和发展之中。

现代远程教育这个术语是具有中国特色的词,最早出现在清华大学1996年拟定的《现代化远程教育工程项目建议书》中。1999年1月,国务院批准教育部制定的《面向21世纪教育振兴行动计划》,正式提出"实施现代远程教育工程,形成开放式教育网络,构建终身学习体系"。同年3月,教育部批准清华大学、浙江大学、北京邮电大学、湖南大学4所重点高校开始现代远程教育试点。至今,获准建立网络教育学院、开展现代远程教育试点的高校已从最初的4所增至60余所。在基础教育领域,2000年教育部下发了《关于在中小学实施"校校通"工程的通知》,决定在中小学实施"校校通"工程,基本目标是从2001年开始用5~10年时间,使全国90%左右的独立建制的中小学校能够上网,使中小学师生都能共享网上教育资源,提高中小学的教育教学质量。为了输送优质教育资源,促进农村中小学校师资队伍建设,全面提高农村教育质量,在试点的基础上,2004年"农村中小学现代远程教育工程"进入全面启动和实施阶段。另外,越来越多的企业也开始介入了网络教育。

以双向交互为重要特征的网络远程教育具有许多新的特征和功能,基于传统的教学理论和学习理论的第一代和第二代远程教育的许多理论和方法,已经无法完全解释其发展规律,也不能很好地指导其实践,原有的远程教育理论面临着挑战,亟待丰富和创新。

7.1.3 我国现代远程教育的应用现状

中国远程教育实践在新世纪的繁荣发展让很多教育人士惊叹不已,现代远程教育试点院校和基础教育网校等提供远程教育服务的机构数量迅猛递增,远程教育成为终身教育的首要选择的观念深入人心,人们给予了远程教育前所未有的关注和期望。

我国现代远程教育的应用实践主要有以下几个方面:

(1) 高等教育的学历教育 60多所高校经教育部批准建立网络教育学院,进行现代远程教育试点。高校网络教育学院的教学以互联网为主,各网络学院都建有自己的网上学习环境,也有的网络学院完全利用互联网进行教学。第一所完全采用互联网教学的是中国人民大学的网络教育学院,它主要面向在职人员,实行业余、分散式教学。中央广播电视大学及遍布全国的广播电视大学系统(简称电大),则在原有函授及广播电视教学的基础上将互联网应用于教学中,电大在线(www.open.edu.cn)是其远程教学平台,学生可以通过该平台随时点播和下载网上教学资源,利用网上直播、双向视频系统等网络交互手段参与网上学习交流。

(2) 教育机构的在线培训　前 TCL 信息产业集团的总裁吴士宏,曾大胆地预测远程教育是一个没有夕阳的产业。随后,越来越多的投资者在相同思想的支持下纷纷将投资的方向转向远程教育,也出现了越来越多的在线培训机构。有些是传统教育培训机构发展延伸而来,如新东方教育科技集团旗下的新东方在线(www.koolearn.com);有些则是纯粹的远程培训机构,如金融业从业资格考试考前培训机构帮考网(www.bkw.cn)。培训的类别有各类考试考前培训、在职人员充电培训,另外还有求职就业培训等,市场上最常见的培训内容是外语和电脑技术。在线培训适合的人群主要有:学习时间比较紧张的在职人士;因为距离或者报班人数限制没能参加面授培训的学生;参加过其他培训但对效果不满意,需要进一步强化的考试人群;没有明确考试目的,而是倾向于长期积累提高能力的人;等等。

(3) 企业的在线培训　当今经济活动日趋全球化、信息化,市场瞬息万变。要迎接这种挑战,企业员工存在着适时更新观念、知识和技能的迫切需求,而基于互联网的在线学习、培训正好可以满足这个需求,因此越来越多的企业对自己的员工实施了在线培训。比如,中国电信建立了中国电信大学(www.myctu.cn)用于员工的在线学习和培训。宝钢则在传统培训的基础上启动在线培训,从员工学习形式来看,目前宝钢在线学习的比例为 35%、面授培训的比例为 65%。

(4) 基础教育网校　基础教育网校几乎都是由企业投资并参与办学,最早在 20 世纪末就开始出现,尤其在 2003 年"非典"发生之后,中小学网校也迅速发展,当时面向中小学的网校数量已达到 200 多所。网校当初出现和热炒有商业炒作的原因,但主要还是社会不断增长的教育需求。我国的国情决定经济发达地区和经济不发达地区、城市和农村等都存在着教育机会的不平等,各地的中小学教育发展不均衡,重点学校和普通学校教学水平差异大。由于重点学校毕竟是少数,中小学网校的出现使众多普通学校的学生通过网校形式接受名校教师的指导成为可能。经过多年的发展,各网校也出现了分化,有些网校已经消失,而有些网校的网站已经变成学校的官方网站,失去了网校的功能;另有一些网校已经同合作学交脱离,进入了完全市场化的运作,如成立最早的 101 远程教育网(www.chinaedu.com);还有一部分网校依然隶属于原来的中学,并追随着市场不断发展,如北大附中附小远程教育学校(www.pkuschool.com)、北京四中网校(www.etiantian.com)。

(5) 农村中小学现代远程教育　我国各地区无论经济发展还是教育发展都存在明显的不均衡,这种不均衡在城乡之间表现得尤为明显。我国中西部和农村地区的经济落后制约着教育发展,教育又反过来影响经济。为了从根本上改变这一现状,从 2003 年起国家和地方每年投入 20 个亿,连续 5 年,投入超过 100 个亿,实施建设了促进农村基础教育与职业教育发展的农村中小学现代远程教育工程(简称农远工程),这一工程是 21 世纪中国基础教育实现跨越式发展的系统工程,对广大农村地区基础教育影响深远。

农远工程的实施模式主要有以下 3 种:

① 模式一:教学光盘播放点。配备电视机、DVD 播放机和成套教学光盘,通过播放教学光盘对学生授课和辅导。配备对象主要是农村学校布局调整确定保留的教学点。

② 模式二：卫星教学收视点。配备卫星接收系统、计算机、电视机、DVD 播放机和教学光盘，通过中国教育卫星宽带传输网，快速大量接受优质教育资源，并同时具有教学光盘播放点的功能。配备对象为乡中心小学和村完小。

③ 模式三：计算机教室。配备卫星接收系统、计算机教室、多媒体教室、教学光盘播放设备。其特点是除具备模式二的全部功能外，还能够为学生提供网络条件下的学习环境。配备对象为农村初中。

从农远工程实施的几种模式可以看出，农远工程主要解决了农村学校硬件设施的配备以及教学资源建设问题，主要实现的是一种基于资源的教育。农远工程在发展中还存在不少需要解决的问题，比如怎样与现有的农村教育更好接轨、如何做到可持续发展等。

（6）视频公开课　视频公开课是 21 世纪诞生的网络教育资源新形式，是以大学生为服务主体，同时面向社会大众免费开放的科学、文化素质教育网络视频课程与学术讲座。视频公开课在国外起步较早，起源于麻省理工学院 2000 年提出并实施的开放课程项目，计划将该校所有课程都放在网络上让世人分享，使得任何网络用户都可以免费学习。随着麻省理工学院开放课程项目影响力的扩大，开放共享的理念和模式得到了广泛接受，哈佛大学、斯坦福大学、耶鲁大学、牛津大学、剑桥大学等世界顶级名校，纷纷加入免费传播公开课的行列。

由于受语言的限制，早期国内关注视频公开课的大多是英文功底很好或者有留学需求的人，传播范围相对狭窄，直到网易于 2010 年 11 月 1 日推出"全球名校视频公开课项目"，首批 1 200 集课程上线，其中有 200 多集配有中文字幕，使得更多的人可以无障碍地在线免费观看来自于哈佛大学等世界级名校的视频公开课课程。

2011 年 11 月 9 日，由北大、清华等 18 所知名大学建设的首批 20 门"中国大学视频公开课"免费向社会公众开放，直至今日已有 1 000 多门课程可供学习者学习。

（7）MOOC（慕课）　MOOC 英文全称为 Massive Open Online Courses，即大规模开放在线课程，也可称为慕课。它起源于 2008 年加拿大学者乔治·西蒙斯和斯蒂芬·唐斯开设的名为"Connectivism and Connective Knowledge"的课程，缩写即 CCK08，当时全球有 2 000 多人注册学习该课程。2012 年 MOOC 在美国取得了空前成功，因此 2012 年也被媒体称为"MOOC 元年"。

在国外 MOOC 强劲发展势头的影响下，国内大学也加入了 MOOC 行动。2013 年，北京大学、清华大学、复旦大学等国内一流大学也同国际慕课巨头 Coursera、edX 等合作，在国外的 MOOC 平台开设课程。因此，2013 年也被称为"中国的 MOOC 元年"。

除上述几种应用之外，在高校中还有一种常见的应用，即课程老师一方面进行课堂面授教学，另一方面还利用网络进行答疑辅导、作业批改等，学生也利用网络完成作业、与老师和同学进行讨论交流，这种课堂教学活动与网上教学活动相结合的教学方式就是混合学习（Blended Learning），也是远程教育作为教学方法与手段的体现。在这里，老师和学生进行网上教学活动所使用的可能是网络的一些通用资源，比如 E-mail、论坛、博客等，也可能使用了专门的网络教学平台。

> **拓展阅读** ▶

在线教育发展状况

截至 2017 年 6 月，中国在线教育用户规模达 1.44 亿，较 2016 年底增加 662 万人，半年增长率为 4.8%；在线教育用户使用率为 19.2%，较 2016 年底增加 0.4 个百分点。其中，手机在线教育用户规模为 1.20 亿，与 2016 年底相比增长 2 192 万人，增长率为 22.4%；手机在线教育用户使用率为 16.6%，相比 2016 年底增长 2.5 个百分点。如图 7-1 所示。

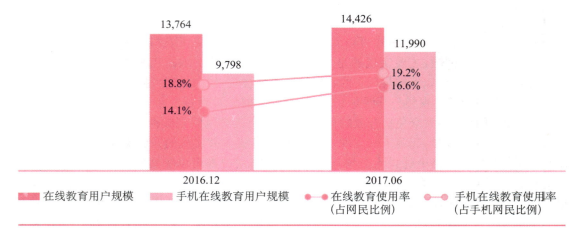

图 7-1　2016.12～2017.06 在线教育/手机在线教育规模及使用率

少儿英语在线教育市场迅速发展。2016 年以来，以 VIPKID、哒哒英语、51Talk 青少英语等为代表的线上品牌英语培训机构迅速占领市场，新东方、学而思等传统线下机构也纷纷布局，在线少儿英语培训市场呈激烈竞争态势。其中，一二线城市因为经济水平较高、父母教育观念较先进、互联网科技较发达等原因成为在线少儿英语教育的主导消费区域，未来三四线城市发展空间较大。

人工智能技术驱动在线教育产业升级。2017 年人工智能教育产品陆续问世，从沪江网的"Uni 智能学习系统"到学霸君的"高考机器人"，再到英语流利说的"AI 英语老师"，人工智能技术开始进入和影响在线教育。目前，人工智能技术在教育领域的落地场景主要包括语言类口语考试和智能阅卷、自适应学习、虚拟学习助手和专家系统，基本覆盖"教、学、考、评、管"全产业链条。部分在线教育平台通过引入人工智能技术提升服务效果，采用技术引流与直播课程形式相结合吸引用户付费，另一部分技术导向型企业则利用技术输出的形式与体制内学校合作，将人工智能运用于口语测评、智能评卷等场景，商业前景向好。

7.2　网络教学平台

网络教学平台（e-Learning Platform）也叫虚拟学习环境（Virtual Learning Environments，VLEs），或称为学习管理系统（Learning Management System，LMS），它是由各种技术支撑工具集成的通用软件系统，是基于计算机网络的标准化学习与管理系统。通常，它可以实现以下 5 类网络教学与管理功能：

① 网络学习资源与教学信息发送和利用。
② 网络教学通信交互和协作。
③ 网络教学过程评价。
④ 学习者电子学习档案生成。
⑤ 网络教学管理。

已经在各学校应用的网络教学平台，有的是信息产业专业厂商设计的，如国际知名的网络教学平台 Blackboard 和 WebCT；也有的是学校自主设计的或由学校与其他机构共同开发的，如 4A 网络教学平台；还有的是开源免费的，如 Moodle 系统。

7.2.1　4A 网络教学平台

1. 4A 网络教学平台简介

4A 网络教学平台是北京师范大学现代教育技术研究所余胜泉教授主持研发的网络教学平台，它由 4 个子系统组成：网络教学系统、网络教务管理系统、网络课程开发工具和学科教学资源库管理系统，其体系结构如图 7-2 所示。

4A 网络教学平台不仅可以作为网络教学的强大支撑，也可以作为课堂教学的有力辅助，为教师开展教学提供全方位的支持，使得教师能够集中精力于教学，也使得网上教学从简单的教学信息发布变成一个充满交互与交流的虚拟学习社区。传统教学过程中一些保证教学质量的关键环节，如作业、考试、学科资源、笔记、学习过程跟踪等，都在 4A 网络教学平台得到了很好的支持和发展。

4A 网络教学平台（后文简称 4A 平台）的特色功能如下：

（1）在课程管理和教学设计方面，4A 平台的班级功能和授课计划功能独具特色　班级功能设计引入班级教师的概念，允许班级教师在课程教师（授课教师）的统一安排下，根据本班实际设置不同班级的授课安排和教学进度，且每一个班级都有独立的课程公告、讨论区、资源库，这样既实现了课程内容共享，又使各个班级的管理相互独立。授课计划允许教师按照主题、时间等多种方式设计和安排教学，并将学习内容与作业、讨论、答疑，以及各种其他活动关联到一个页面上，作为统一的学习入口，有利于帮助学生明确学习任务，避免学习过程中在不同页面间来回切换的问题。

（2）具有一定特色的作业系统　4A 平台的作业系统包括试题库、作业布置与批阅工具、作业结果分析工具等。试题库的主要功能是将某门课程的作业题目资源按照一定的教育测量理论加以组织，为作业的布置提供试题素材，并为学生作业成绩的评价提供学科结构的支持。作业布置与批阅工具可以在试题库系统的基础中，自动从试题库中抽出试题，组成符合教师考试意图的作业或试卷，并在网络上发布、收集和批阅。如果作业是手工布置并且录入了新的题目，这些新题目将会进入试题库，以便下次布置作业或测验时使用。作业结果分析工具一般是根据每道题中的知识点和学生的答题情况，对一些教育测量指标作统计与分析，根据这些测量指标所具体指示的意义，调整教学过程和活动，并对具体学生给出诊断，对下一步学习提出建议。另外，还可以根据作业的统计数据，运用教育评估理论分析题目的质量，如区分度、难度等。

（3）4A 平台的智能答疑支持也很有特色　这是系统中专门的答疑模块，是一个适应性的知识库系统。系统自动建立问题/解答资源的关键词索引，学生提问时，系统对学生所提

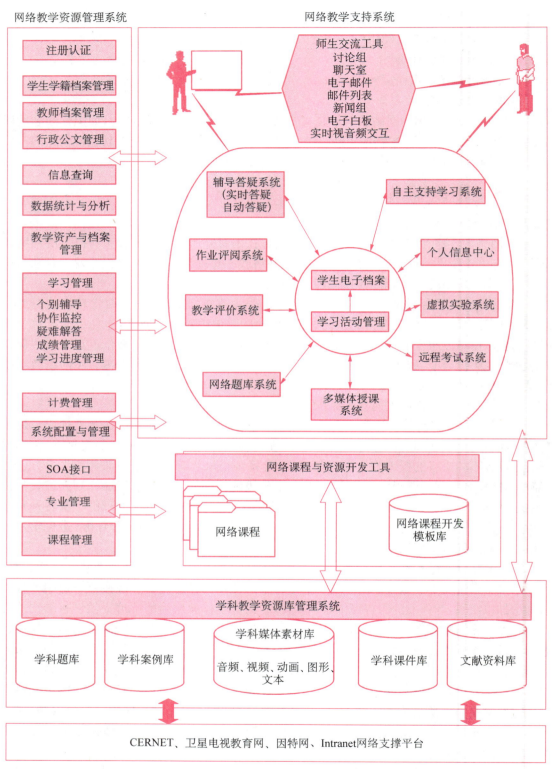

图 7-2 4A 网络教学平台的体系结构

的问题在数据库中进行匹配,以查找最匹配的问题及其(标准)答案,这些问题/答案对,按照匹配的程度进行排列并筛选后返回给提问的用户,实现智能答疑。如果学生的提问不能找到满意的答案,可由学生将问题提交到问题中心,教师可以对问题进行审核和解答,审核后问题会在课程答疑模块中出现,教师解答问题后答案与问题形成问题/答案对存储在问题库,以便下次自动解答时使用。答疑模块是一个具有学习功能的知识库,随着问题/解答资源的增加,系统的智能将逐步提升。

(4) 支持基于学习活动的教与学　如今教育界已逐渐达成这样一个共识:学生在获取知识、认识客观世界的过程中,不是直接作用于所认识的客体,而是通过学习活动这个中介体来完成的。4A 平台既提供了一个学习活动生成的环境,也提供了学习活动运行管理和实施的环境。教师可以在平台上为某个教学目标创建一个学习活动序列,并可以随时监控学生的学习活动,判断学生在学习过程中学习是否达到标准,并决定是否进入下一个活动学习;学生可以在平台上快速地进入某个学习活动序列,从而进行高效的个人或小组的学习。

2. 4A 网络教学平台的使用

在 4A 平台中,老师和学生对课程的教与学主要通过课程中心来完成。课程中心的应用流程可以借助于图 7-3 来说明。课程中心主要包括 4 个部分,即课程、作业、答疑、资源库,老师和学生围绕着这 4 个部分展开教与学的全过程。

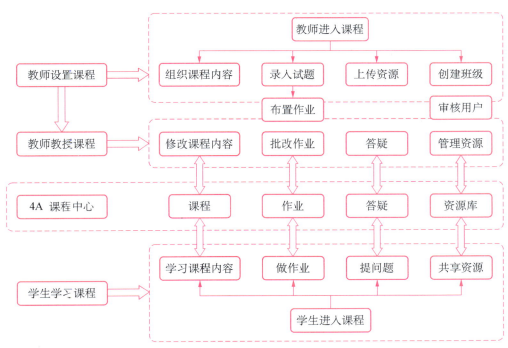

图 7-3　4A 课程中心应用流程

(1) 老师如何使用 4A 平台开展课程教学　首先,任课老师以课程教师身份进入课程(事先已由系统管理员授权),接下来课程教师需要对所授课程进行设置和准备。这个课程教师主要完成以下任务:组织课程内容、上传教学资源、录入试题、创建班级、审核用户。

其中,组织课程内容主要是进行课程教学大纲编辑和授课计划管理。这里课程教学大纲主要作用是设计网络课程的内容组织结构，而授课计划是教师对整个教学过程的计划，包括教学内容、时间等的组织与安排。当然，如果没有授课计划也同样可以进行教学，但教师对整个教学过程的控制性相对来说会弱一些，也不利于学生对自己学习进程的掌控。

课程教学内容可以是现成的文件资源，如 PPT 课件等，通过上传课程资源进入课程，也可以是教师在 4A 平台中编辑制作的页面或设计的学习活动序列。这里特别要提到的是，4A 平台自带的编辑器具有公式编辑的功能，可以方便地输入数理类的教学内容。

4A 平台中布置作业和创建自测都需要试题库的支持，所以事先录入试题可以方便教学中布置作业和用于学生的自测，当然在教学中也可以根据需要临时录入试题。

创建班级让学生在选课时可以进入自己的班级，这个操作在一个教师教授多个班级的时候特别有用。比如在《现代教育技术》公共课程教学中，一个教师通常要上好几个班的课，此时可创建多个班级，让学生"对号入座"。如果课程设置为"需要选课审核"，则学生首次进入课程需要通过教师审核。

一般，在课程设置和准备时还会建立课程讨论区，用于师生、生生的异步交流、讨论。

其次，课程教师按照授课计划教授课程。在这个网上教学过程中，教师根据需要对课程内容进行修改、调整。例如，改变授课计划、编辑教学内容页面等，布置作业并批改，对学生提的问题进行答疑，管理相关的教学资源。同时，教师可以利用课程档案和学生档案随时了解课程中的活动情况，以及学生在课程中的学习情况。需要注意的是，网上教学必须尽快对学生作出反应，马上行动，不要拖拉。拖拉的后果一方面是积压了大量的工作难以完成，另一方面会影响学生的学习积极性。

最后，课程教师可以利用 4A 平台的评价系统（包括作业批改、自测、作品评分、成绩簿等）对学生的学习进行评价。

（2）学生如何在 4A 平台中学习课程　学生要学习某门课程，首先要选课，经任课教师授权后进入课程。学生学习课程时，可以利用学习进度（对应着教师的授课计划）进行学习，也可以在课程资源里下载教学课件进行学习；同时，完成教师布置的作业或上传电子文档作品；遇到疑问，可以在答疑系统中向老师提问；如果有好的资源希望与大家共享，可以上传到系统中，经教师审核通过后为大家所共享。学生也可以在课程讨论区与老师和同学交流。

总而言之，4A 网络教学平台功能强大，也有不少特色功能。当然也存在一些不足，实际上 4A 平台有些功能使用时不大方便或者比较繁琐。比如，资源库的管理就非常麻烦，建立资源库后添加资源的一些操作就显得不够合理，有待进一步改进；而电子档案袋的设计，只是部分信息的简单呈现，对实际教学和评价并没有多大的意义。另外，功能之间的耦合度太低，平台的用户体验较差。比如，课程学习时如果进入交流中心或资源交流模块，不能直接回到课程，只能重新从课程中心进入原课程；又如在线笔记的设计，4A 平台的课程笔记是一个独立的模块，用户使用时，需要离开当前课程学习的页面，进入课程笔记，才能实现该功能，这种方式与打开一个文档记笔记没有差别。当然，4A 系统也在不断地更新和完善，将来使用一定会越来越方便，功能也会越来越强大。

7.2.2　Moodle 教学平台

1. Moodle 教学平台简介

Moodle 是 Modular Object - Oriented Dynamic Learning Environment（模块化面向对象

动态学习环境)的缩写,它是以社会建构主义理论为基础设计的,是一种开源(open source)网络教学平台。开源即软件的源代码开放、公开,这类软件是免费使用、传播和修改的,但是必须保留原始的许可证和版权信息。

Moodle 得到了世界各地广大教育工作者的推崇,目前已经在 200 多个国家和地区得到了推广和应用,支持 80 多种语言。根据 Moodle 官方网站(Moodle.org)的统计,目前在全世界有来自 209 个国家的 53 000 多个注册的 Moodle 站点,注册用户达到 4 400 多万人,其中教师有 100 多万。

Moodle 之所以在世界各地取得了广泛的认可,主要是因为它具有如下特点:

① Moodle 的设计开发以现代教育思想为指导,以社会建构主义等现代教育理论为理论依据,支持 IMS、SCORM、QTI 等国际化课程标准,能快速地建立 EMS(E-Learning Management System)模块,支持自主式、引领式、讨论式等主流类型的网络课程。

② Moodle 是一种基于 Web 2.0 的网络教学平台,充分体现了以学习者为中心的思想,全面围绕学习者展开活动。Moodle 提供博客(Blog)、维基(Wiki)、RSS(聚合内容)等 Web 2.0 典型应用,学习者不再仅仅是学习资源的消费者,同时也可以贡献、附加自己的价值。另外,学习者还可以根据个人的学习情况、兴趣爱好,自己制定学习目标和学习计划。

③ 包含绝大部分在线学习所需要的模块,可以作为传统课堂教学的有效补充。Moodle 提供了聊天、论坛、博客等功能模块,可以很好地支持学习者之间和师生之间的一对一、一对多、同步和异步等多种互动交流方式,可以弥补课堂教学时间和空间的不足。

④ 提供轻量级的用户界面,引入了 Ajax 技术,实现了无刷新更新网页内容,可以有效地减轻服务器的负担。同时拥有优秀的用户管理模块和课程管理模块,系统管理员可以对学习者进行分组,分配权限,并可以对整个课程进行管理和设置。

⑤ 完全开源,可以在任何支持 PHP 的平台上运行,并支持大部分数据库产品。因此,世界各地的 IT 技术精英和教育工作者都可以为 Moodle 贡献自己的价值,推动 Moodle 的飞速发展。

⑥ 对学习者的活动进行全面跟踪,可以查看学习者的所有学习报告,包括访问课程的次数、时间和地点,还可以查看其参与某个模块的具体情况。同时还支持用户数据的备份、下载和还原。

Moodle 的核心任务是对网络课程进行管理,实际上它也称作课程管理系统(Course Management System,CMS)。Moodle 系统中的课程主要包含资源(resource)和活动(activity)两类内容,Moodle 提供了 20 余种的活动模块可用,如论坛、作业、维基、词汇表、测验、投票等。这些活动组合成序列后可以引导学习者按照指定的学习路径完成学习。

2. Moodle 教学平台的使用

教师在 Moodle 中教授课程,首先必须拥有课程的教师权限,这可由管理员授予。如果已有权创建课程则可自己授权,在此基础上按照图 7-4 所示步骤进行操作。

(1) 进入编辑状态　教师必须进入编辑状态,然后才可以修改课程的内容。单击课程页面右上角的【打开编辑功能】按钮,即可进入编辑状态。

(2) 选择并添加课程内容　教师可以根据教学目标为课程添加各种内容,内容从整体上分为两类:一类称为资源,另一类称为活动。资源通常是静态的,可用于展示信息,如文件、文件夹、标签、网页、链接等;而活动则是动态的,允许学习者和教师之间的交互。教师可以

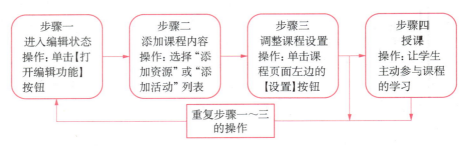

图 7-4　Moodle 系统授课操作步骤

在课程的不同星期区域，通过"添加资源"和"添加活动"下拉列表选择资源类型和活动类型进行添加。除了添加课程内容，教师也可以根据页面布局更改的需要，在课程页面中选择添加不同的版块，而已有版块也可以被关闭或移动位置。作业也是一种活动，主要用于学生上传作业文档或在线编辑录入作业内容，一般用于主观作业的提交。系统提供的测验活动模块，可以让学习者在指定的时间内进行自我测试，系统自动评分。

（3）调整课程设置　课程的默认设置大部分已经能满足一般教学需要了，但是在教学过程中总会出现一些特殊的需要，此时可能需要调整课程设置，比如改变最大上传文件大小。这里还要提到一个关键设置，即课程格式，一般在创建课程的时候就已经设置好了，不过教师在开始授课之前也可以根据需要修改。课程格式就像模板，选用的格式决定了课程内容显示的基本格局，主要有 3 种格式：星期格式，课程按星期的方式组织，有一个明确的开始日期和结束日期，这跟 4A 系统中的授课计划有点相似；主题格式，除了每个星期被叫做主题以外，和星期格式很近似，但主题不会有任何时间限制，不需要指定任何日期；社区格式，这种格式以一个显示在主页的主论坛——社区论坛为主导，它适合需要更多自由形式的情况，看起来不像一门课程。

以上步骤在需要的时候可以重复进行

（4）授课　主要是对课程内容进行更新、调整，批改学生作业，参与课程论坛的讨论，解答学生的疑问，利用系统的日志等信息了解学生的学习情况等。学生主动参与的课程才是最好的课程，要尽可能地促进学生主动参与学习。

3. Moodle 教学平台所蕴含的教学理念

Moodle 基于建构主义理论设计，根据其官网的说法，对 Moodle 的开发今后还会尽量依据建构主义的一些理念或思想来进行，而这些理念对于我们实施网络教学也有一定的启发。

（1）我们都是潜在的教师和学习者　在 Moodle 中，传统教和学的角色可以被改变、颠倒和调整，只要系统管理员或教师创建新的角色并为之赋予相应的权限就可以实现。比如，在论坛里学生可以成为版主/仲裁者。实际上，这体现了师生角色和关系的转变。

（2）为他人创作或向他人表述的行为可以让我们学得更好，即"做中学"学得更好　网络教学中，不能仅仅为学生提供静态的教学材料，而应更多地给学生参与活动的机会。在 Moodle 中，论坛就提供了讨论的空间，还可以分享媒体和文档，维基和词汇表（Glossary）都是协作创作的有效学习途径。

（3）通过观察他人的行为学到很多东西　人们从小就善于观察和模仿他人的行为，并通过这种模仿学会了各种动作。实际上，Moodle 中人们可以通过在线用户列表看到同时在线的用户;通过最新活动列表了解最近发生的事情,比如某某交了作业,这些实际上对学生的学习也起了促进作用。

(4) 了解教学对象的特点有助于我们教得更有针对性,正所谓因材施教。网络教学中由于师生时空分离,教师需要通过各种途径了解学习者。比如在 Moodle 中,鼓励所有的学生完整填写他们的个人资料(包括照片),这有助于了解他们的背景;全面的活动报告(activity reports)可以显示学生在课程中的所有贡献,包括作业提交、词汇表条目等。

(5) 学习环境应该灵活而具有适应性,这样才可以快速响应不同学习者的特殊需要,Moodle 正由于它的开放性和灵活性而能够适应不同课程的教学需要。课程页面本身允许教师根据需要修改课程结构。比如,多媒体教师可以在创作课中插入各种媒体和链接,而经济学老师则可以利用 RSS 订阅最新的股市行情,以便在课程里与学生一起分析。

通过以上的介绍和分析,我们认为在 Moodle 平台中要实施有效的教学,一定要在课程中设计添加合适的活动,并且教师在教学中需要对学习者积极响应,促进他们主动参与学习;另一方面,教师也需要准备和制作良好的教学资源,在课程中与活动结合起来达到提高教学效果的目的。

由于 Moodle 是完全开源的软件,所以有众多的开发者为其开发、更新,因此 Moodle 自 2002 年正式发布 v1.0 版本以来,经历了很多次版本更新,当前最新版本是 V3.4。为了支持移动设备的应用,Moodle 也增加了移动应用的功能,学习者利用移动 APP 就可以登陆平台进行学习。正是因为 Moodle 的不断更新,我们才可以用上功能越来越完善的产品,相信会有更多新的特性、元素会在 Moodle 中出现,又因为其开源、免费,所以使用 Moodle 作为网络教学平台应该说是一个很不错的选择。

> **拓展阅读** ▶

超星泛雅平台简介

超星泛雅以平台为基础、以资源为支撑、以服务为导向,以课程为中心、以教师为主导、以学生为主体,以信息资源建设和信息应用系统建设为核心,集成网络教学、师生交流互动、答疑和管理等功能,包括以课程为主线,高度整合校内、校外的所有资源;以课程为中心,展开作业、考试、答疑、讨论、评价等互动教学活动。

1. 网络课程建设

通过本模块可以在线创建课程、设置课程的学分考核机制、设置课程展示模板等。课程可以共建,即支持多位老师共建一门课程,使课程的内容更加丰富,同时也减轻了教师的工作负担。为了减轻老师的教学工作量,支持添加助教功能,老师可以选择合适的人选来担当本门课程的助教,协助老师批改作业,实时答疑,考试阅卷等教学活动。

平台建课的 3 个步骤:选择模板、编辑课程信息、编辑课程章节内容。

2. 网络教学

泛雅平台支持 4 种教学模式,分别是辅助教学、翻转课堂、纯网络教学和网络修学分。

辅助教学模式中,教学活动的主要过程在实体课堂进行,教师可以利用泛雅平台上传教学所需的资料,布置作业,批改作业,在线与学生进行讨论答疑等活动,从而达到辅助教学的作用。

翻转课堂模式将课程学习的过程由线下实体课堂反转到线上教学。首先由学生在线上自主学习,在实体课堂中主要进行讨论与答疑等活动。翻转课堂能有效地提高学生的自主学习能力、减轻教师的负担、降低学校的师资成本,是未来教育改革的方向之一。

纯网络教学模式中,所有的教学活动都在网络上进行,使学生可以跨时间、跨地域灵活自主地学习。纯网络教学也突破了传统课堂人数的限制,使教学资源达到最大的利用。

网络修学分模式中,在线教学中加入学习流程管理,监控学生学习过程,设置各项学习指标的权重,统计学习成绩,使学生在课程学习合格后可以顺利拿到所通过课程相应的学分。

网络教学模块还具有学习流程管理、作业、考试、讨论、教学统计等功能。

3. 本地资源管理

本模块通过对学校散落在教师和院系手中的各种教学资源进行系统的归类和整理,并将文件实体加以统一的管理和存储,实现了学校教务管理部门对于这部分教学资产真实、有效的管理和控制。

通过平台提供的报表和分析系统,教务部门将能准确地掌握校内各种教学资源的分布状态,并以此为依据,合理地规划未来的教学资源建设。为教学管理者提供资源访问效果评价分析,从而提高教学资源的利用率,促进教学资源更好地为实际教学系统服务。资源库中的资源能够很好的整合到课程中,供老师备课使用。

本地资源主要包括专业标准库、课程资源库、试题库、素材库4类。其中,专业标准库主要是教师上传的关于人才培养及标准、教学环境配置标准、专业岗位分析、技术标准、专业岗位能力标准、职业标准、人才培养方案、认证标准、师资队伍标准、行业标准等资源。

4. 数字资源整合与分享

在教学过程中,无论是备课还是学习,都需要随时查阅各种文献,寻求解决的答案,同时也需要调研、对比、分析、总结各种文献,为此泛雅平台特别集成了超星数字图书馆、超星名师视频、超星备课资源库等资源,极大地丰富了平台的教学资源。这也是泛雅平台区别于其他网络教学平台的一大特色与亮点。

5. 移动学习

本模块支持各种移动终端,实现课程管理、在线教学管理、课程资源管理、个人空间、在线教育门户等系统的APP,可通过手机、平板电脑等设备使用云在线教育的各项功能。

7.3 网络教学资源

发展网络教育,网络建设是基础,资源建设是核心。网络教育中使用的各种资源,称为网络教育资源或网络教学资源(本书这两个概念不作区分)。按照资源的形态划分,网络教学资源包括教学环境资源、教学信息资源、教学人力资源。

教学环境资源指构成网络物理空间的各种硬件设备,如计算机设备、网络设备、通信设备等,以及构建网络正常运行空间的各类系统软件、应用软件、工具软件、教学软件等。

教学信息资源指在网络中蕴藏着的各种形式的、能够为教学过程所用的知识、资料、情报、消息等的集合。

教学人力资源包括教育教学机构人员,任课教师、教辅人员、行政管理者,以及能通过因特网联系(如 E-mail)到的各个领域的专家、学者。

可以根据来源将网络教学资源分为两类：一类是通用教学资源，包括因特网中可以公开访问的各种通用的学习材料和工具，能几乎不受限制地被获取并用于教学中，如各种教育网站、E-mail、博客等；另一类是专用教学资源，需要专门进行设计和开发，这类资源很多是符合某种教育资源标准的教学资源，目前很少完全对外开放，一般只用于某个或某些相对封闭的网络教学平台中。

7.3.1 网络教学资源标准

为了支持网络教育资源共建共享和网络教学平台的互操作，提高网络教育的质量和效率，国内外许多学术机构或标准化组织都致力于网络教学资源标准化的研究。

国外关于教学资源标准的研究起步于20世纪90年代末，发展过程中起草制定了一些规范。其中，影响较大的有联机计算机图书馆中心（Online Computer Library Center，OCLC）的 Dublin Core 元数据规范，IMS 全球性学习联盟（IMS Global Learning Consortium）的学习资源元数据规范（Learning Resource Metadata Specification）和内容包装规范（Content Packaging Specification），学习技术标准委员会（Learning Technology Standards Committee，IEEE LTSC）的学习对象元数据（Learning Object Metadata，LOM），高级分布式学习组织（Advanced Distributed Learning，ADL）的可共享内容对象参考模型（Sharable Content Object Reference Model，SCORM）等。

我国网络教育技术标准化研究起步较晚。2000年6月启动了现代远程教育标准研究项目，同年11月开始了网络教育技术标准的研制工作，2001年正式成立了中国教育信息化技术标准委员会（Chinese E-learning Technology Standardization Committee，CELTSC），参照国际标准制定符合我国国情的教育信息化标准，目前已经形成了一个比较完整的、有中国特色的教育信息化标准体系，有一批标准项目即将成为国家标准。其中，有4个教育资源建设方面的标准：学习对象元数据规范（CELTS-3）、教育资源建设技术规范（CELTS-41）、基础教育资源元数据应用规范（CELTS-42）和内容包装规范（CELTS-9）。

根据我国教育资源建设技术规范（CELTS-41）的界定，资源主要包括以下几类：

(1) 媒体素材　媒体素材是传播教学信息的基本材料单元，可分为五大类：文本类素材、图形（图像）类素材、音频类素材、视频类素材、动画类素材。

(2) 题库　题库是按照一定的教育测量理论，在计算机系统中实现的某个学科题目的集合，是在数学模型基础上建立的教育测量工具。

(3) 试卷素材　各个学科有典型意义的试卷集合。

(4) 课件与网络课件　课件与网络课件是对一个或几个知识点实施相对完整教学的用于教育、教学的软件，根据运行平台划分，可分为网络版的课件和单机运行的课件。网络版的课件需要能在标准浏览器中运行，并且能通过网络教学环境被大家共享。单机运行的课件可通过网络下载后，在本地计算机上运行。

(5) 案例　案例是指有现实指导意义和教学意义的代表性的事件或现象。

(6) 文献资料　文献资料是指有关教育方面的政策、法规、条例、规章制度，对重大事件的记录、重要文章、书籍等。

(7) 常见问题解答　常见问题解答是针对某一具体领域最常出现的问题给出全面的解答。

(8) 资源目录索引　列出某一领域中相关的网络资源地址链接和非网络资源的索引。

(9) 网络课程　网络课程是通过网络表现的某门学科的教学内容及实施的教学活动的总和。它包括两个组成部分：按一定的教学目标、教学策略组织起来的教学内容和网络教学支撑环境。

上述分类中前面 8 类我们可以归纳为一个大类，即素材类教学资源；网络课程，则组织、综合了各种素材类教学资源用于表现课程内容。不过，单纯地把这些素材类教学资源放到一起还不能称为网络课程，还需要有相关的教学活动配合。而要将它们融合在一起形成网络课程，需要网络教学平台的支持。前面介绍 Moodle 教学平台时提到，"Moodle 系统中的课程主要包含资源（Resource）和活动（Activity）两类内容"，这种课程元素的设计正好与我国教育资源建设技术规范（CELTS-41）对于网络课程的界定不谋而合，也体现了网络教学中活动的重要性。

素材类教学资源中，课件与网络课件这一资源相对其他资源来说更特殊些。因为其他的资源主要的作用是进行教学信息的传播，而且是单向的传播。但是课件与网络课件不是这样，在"多媒体技术"这一章我们就已经接触过课件/多媒体课件的概念，并且知道课件可以实现与学生的互动。实际上，在计算机辅助教学中，某些完整的课程课件其作用甚至与网络教学中网络课程的作用相当。因此，在网络教学中我们也可以利用网络课件来完成某些教学活动，这可以通过在网络教学平台上添加网络课件作为课程资源来实现。因特网上虽然已经有各类课件，但是不一定能满足自己的实际教学需要，所以我们可以自己制作合适的网络课件。

7.3.2　网络课件制作工具

在教学中课件已经普遍应用，既有相对简单的 PPT 幻灯片，也有复杂的 Flash 动画。不过，由于 Flash 课件互动性强，而且很适合在网络环境下使用，所以现在网络课件一般都是 Flash 形式的课件。对于课程教师来说，自己进行 Flash 课件的制作不但设计制作困难，而且非常耗时，还有可能因为对于动作脚本的不熟悉而造成课件制作的错误。相对来说，大家对 PPT 就熟悉多了，但是 PPT 课件的出色演示特性更适合在传统课堂上使用，互动性较弱，与声音讲解难以自动匹配，使得 PPT 课件难以成为网络课件的主角。

在此介绍两款网络课件制作工具：Articulate Studio 和 Adobe Captivate，用于制作网络课件相对于 Flash 课件制作来说更加简单、方便，制作耗费的时间也更少，虽然从课件的生动性来看会比 Flash 课件逊色，但是它们比 Flash 更适合课程教师等非专业课件制作人员。实际上，很多专业课件制作人员也在使用它们，因为它们制作课件的效率更高，也称为快速电子/网络学习工具（Rapid e-Learning Tool）。

1. Articulate Studio

Articulate Studio 是 Articulate Global 公司出品的 e-Learning 课程制作软件包，包括 4 个核心工具，即 Articulate Presenter、Articulate Quizmaker、Articulate Engage 和 Articulate Video Encoder，包含了 PowerPoint 文件转换成网络课件以及设计在线测试（可用于学习评估和在线调查）所需要的一切功能。在安装了软件包后，我们可以在 PowerPoint 界面看到增加了新的主菜单项"Articulate"，可以随时在 PPT 中加入 Articulate 的各种元素，打造符合 e-Learning 要求的网络课件或演示文件。

（1）Articulate Presenter 是目前世界快速电子/网络学习（Rapid e-Learning）解决方案中的领先者，它是对 PowerPoint 演示文件进行面向 e-Learning 的设计加工，并导出 Flash 学习课件或演示文件最理想的工具。它可以使非技术人员方便地在 PowerPoint 中加入旁白、动画、练习等互动效果来创建网络课件。我们只要稍做设置就可以将 PPT 转换成多媒体、互动、精美的 Flash 格式网络课件，节省了大量时间和精力。由于 Articulate Presenter 是通过 PPT 来制作课件，所以课程教师可以利用自己原有的 PPT 知识和技巧进行网络课件制作，当然也可以把以前上课的 PPT 课件改造转换成网络课件。

（2）Articulate Quizmaker 是功能齐全又简单易用的在线测试题编写工具，可以帮助我们创建出高度个性化的、基于 Flash 的在线测试或调查问卷，而无需复杂的编程过程。Articulate Quizmaker 提供了两种视图用于创建和编辑测试，即表格视图（form view）和幻灯片视图（slide view）。我们可以利用表格视图几分钟内就创建一个测试，就像填表格一样填入问题和答案；在幻灯片视图则可以根据自己的设计自由地编辑测试，让测试包含丰富的媒体和互动效果，但不需要借助任何编程技术。在制作测试时，两种视图可以结合起来使用。

Articulate Quizmaker 提供了大量的测试或调查题型。其中，测试的题型有判断、单选、多选、填空、匹配等 11 种，而调查问卷的题型有 Likert Scale（利克特量表，用于调查被调查者的态度）、Pick One（单选）、Pick Many（多选）、Which Word（选择最能表示自己观点的词）等 9 种。

借助 Articulate Quizmaker 清楚和友好的界面，可以很方便地使用其高级功能。例如，可快捷地将试题分组，并随机抽取；在试题中加入图片、Flash 和声音，甚至可以通过几个页面来表现一个内容场景；根据不同学习者的测试结果，设定不同的学习分支路径；通过可拖动的时间轴功能，控制动态组件及其出现时间；可以从大量的专业设计风格中，挑选模板或者自创模板；根据考试结果，给予学员特殊的反馈效果。

制作好测试之后，可以进行发布操作。发布有多种形式，而测试文件都为 Flash 格式文件。例如，可以将测试与 Articulate Presenter 整合，加入到已有的 PPT 幻灯片中；也可以发布为网页形式并上传到 Web 网站；还可以发布到符合 SCORM 或者 AICC 标准的网络教学平台，测试结果可由网络教学平台记录。

（3）Articulate Engage 是功能强大的互动课件制作软件，可以使课件更加生动而富有互动效果。Articulate Engage 提供简单易用的模板，帮助我们在很短的时间内创建出多媒体的互动学习课件。我们可以根据需要，从 11 个模板中挑选，它们包括流程（Process）、时间轴（Timeline）、金字塔图表（Pyramid）、FAQ（常见问题答案）等。例如，流程模版可以更具体地展示每个操作步骤的具体内容；时间轴模版可以通过多媒体演示，进一步探究每个时间点的内容；通过图形模版挖掘知识点之间的内容和每个要素。Articulate Engage 与 Articulate Quizmaker 一样，有多种发布方式，可以与 Articulate Presenter 整合，也可以发布为网页形式，还可以发布到符合 SCORM 或者 AICC 标准的网络教学平台等。

（4）Articulate Video Encoder Video Encoder 是该软件包中的一个辅助工具，具有强大的视频编码与剪辑功能，可以快速地将几乎所有视频格式文件转换成网络流行的 FLV 视频格式，甚至可以用它直接从网络摄像头录制视频。Video Encoder 可以非常方便地处理加工 Articulate Presenter、Articulate Quizmaker 和 Articulate Engage 制作课件所需要的各种视频内容。

Articulate 软件有两个特点：一是简单易上手，操作简单，即使非 IT 人员也可在短时间内把所有功能都掌握，可以满足课程老师对软件易学性的要求；二是功能单一，Articulate 的互动课件制作软件 Engage 和测试编辑软件 Quizmaker 的功能相对简单。例如，Quizmaker 不支持分支功能，只能单线完成测试。

2. Adobe Captivate

Adobe Captivate 最初是一款屏幕录制软件，由 Macromedia 公司开发，由于 Macromedia 2005 年被 Adobe 并购，因此更名为 Adobe Captivate。随着 Captivate 的发展，它不仅是屏幕录制软件，还是一款功能先进的快速电子/网络学习工具软件。

Adobe Captivate 综合了 Flash 和 PowerPoint 这两个软件的优点，使用起来非常方便、简单，根据软件的向导提示即可完成绝大部分的操作。学习 Captivate 也无需其他教程、范例，软件本身就带有两类帮助，一个是采用 Captivate 本身制作的如何使用该软件的实例讲解，另外一个是 Captivate 自带的帮助文档。Captivate 提供了一个具有结构化构件的创作用户界面，每个幻灯片拥有自己的时间轴和图层，将捕捉的图像放入"幻灯片"层处理，将捕捉的鼠标动作放入"鼠标"层处理，每个图层为一个对象，与场景中的元素——对应，用户可以任选时间轴和场景进行编辑。

下面对 Adobe Captivate 的两大基本功能作具体介绍。

（1）录制屏幕　Captivate 最大的特点在于它能够将计算机软件的屏幕操作步骤以动画的形式录制下来。和其他屏幕录制软件相比，Adobe Captivate 擅长的不是纯视频的录制，虽然它可以通过全动态录制来实现这一点。它是对电脑屏幕进行非连续摄取，即 Captivate 只把变化了的屏幕进行一个个的截屏，并在录制完成后生成相应独立的幻灯片，且每张幻灯片都是以屏幕为背景且包含鼠标动作和键盘操作的动画，这些幻灯片是 Captivate 的基本单元。虽然 Captivate 是一屏一屏间断地进行录制的，但是它本身提供的过场和动画效果保证了作品的流畅性和整体性。

在自动录制时，可以选择 4 种不同的模式进行录制，即示范模式、训练模式、评估模式和自定义模式，每种模式录制的结果会有不同。

① 示范模式录制。会将屏幕上软件操作的整个过程录制下来，并自动加上标签作注解，对操作作说明，加入反白方块对鼠标点击的区域反白显示。例如，若使用者单击菜单中的"文件"，就会自动建立具有"选取'文件'菜单"字样的文字注解，同时"文件"区域被反白方块反白显示。

② 训练模式录制。Adobe Captivate 会执行下列动作：在必须单击鼠标的地方加入按一下方块，需要输入文字的地方加入文字输入方块让使用者输入，另外还会自动加入成功、失败与提示批注；当使用者使用此视频教程时，唯有使用者正确执行上一个动作，才会移到下一张幻灯片。

③ 评估模式录制。可设定每次正确点击鼠标的得分，也可设定让使用者尝试每个操作的次数，如果使用者尝试了指定次数，仍未点击正确选项，影片就会移到下个步骤，而使用者在失败尝试中则无法获得任何得分。实际上，评估模式是在训练模式的基础上加入了评分的机制。

④ 自定义模式录制。Adobe Captivate 除了录制屏幕软件操作的整个过程，不会添加任

何其他信息，在录制后可以作进一步编辑，使得整个教程既包含示范，又包含训练，还可包含评估。

（2）幻灯片编辑　Adobe Captivate 的项目文件是由幻灯片构成的，它是项目的最小单位，Adobe Captivate 绝大多数的操作都是在幻灯片上完成的。幻灯片可以由录制屏幕得到，也可以创建空白幻灯片，甚至还可以导入 PPT 幻灯片。如果已经做过 PPT 幻灯片，对于 Captivate 的幻灯片会有似曾相识的感觉，一些基本的编辑操作也很相似。不过，由于 Captivate 集成了丰富的对象元件，所以可以实现比 PPT 强大得多的功能，而不需要高深的编程技术。

在 Captivate 幻灯片中，既可以加入非互动对象和媒体，用于展示信息，如文字注释、反白方块、鼠标指针、音频（包括同步录音）、图像、视频等；也可以加入互动对象，以建立互动操作，如按一下方块、文字输入方块、按钮等；还可以加入窗口小部件（Widget），这种小部件是一些 Flash 的 swf 动画文件，可以为课件提供强化的交互性及丰富的媒体内容。

Adobe Captive 中有一类特别的幻灯片，即问题幻灯片，它可以用于建立测试或调查问卷。问题幻灯片共有 8 种，分别是选择题、判断题、填空题、简答题、配对题、热点、排序以及利克特量表。以选择题为例，只要在相应的对话框中输入题目的问题和 4 个选项，然后对正确的选项加以标记，就可生成一道选择题，此过程操作极为简易，不需要任何编程或设计的技巧。另外，Captivate 还会自动加入评分的交互作用和教学反馈。

Adobe Captivate 项目完成后可以发布为 Flash 的 swf 动画文件，然后嵌入网页在网上使用或上传到网络教学平台进行教学。而由问题幻灯片组成的测验项目可以发布为支持 SCORM 或 AICC 标准的课程包，在网络教学平台上使用。

要尝试上述两种网络课件制作工具，可以到其官方网站下载试用版（Articulate Studio 官网地址是 www.articulate.com，Adobe Captivate 中文官网地址是 www.adobe.com/cn）。

除了 Articulate Studio 和 Adobe Captivate 两个网络课件制作工具外，还有很多其他的工具可以创建网络课件，如 CourseLab、Lectora、ToolBook 等。另外，著名的屏幕录像软件 Camtasia Studio 可以制作出典型的三分屏网络课件，也是目前录制微课和视频教程的最常用软件。

拓展阅读

网络时代的学习与网络教育资源的关系

网络时代的学习可以分为 3 种类型，分别是学科导向的系统学习、碎片式学习、个人导向的系统学习（又称为零存整取式学习）。

学科导向的系统学习是指按照学科与专业知识体系，分门别类、按部就班、循序渐进地正式学习和正规学习，是目前绝大部分学校和教育机构主办的正规教育的主要学习方式。

碎片式学习是网络时代出现的一种新型的学习方式，是一种个别化、个性化、随意性的非正式学习方式。碎片式学习是移动学习时代的典型学习方式，可以让学习者及时获取、吸收感兴趣的信息。但由于获取的信息是相互孤立的片段，不容易形成系统的知识体系，要借此建立个人完整的知识结构，对于学习者的要求很高，需要投入相当多的时间和精力。

个人导向的系统学习是网络学习的另一种形式：以个人兴趣和需要为中心，从问题开始,并以一系列不断涌现的问题为线索向前推进;完全是个人主导的、个性化的、自我评价和自我实现的过程;学习的过程是生成性的,而不是预设性的。个人导向的系统学习建构的不是传统的学科知识体系,而是个性化的知识体系,其目标也不是为了通过统一的测评获得学分与证书,而是为了实现个人愿望或解决个人面临的真实问题。学习者以个人的兴趣爱好和问题解决需要为中心建立自己的"知识坐标系",像蜘蛛一样围绕着这个中心一圈一圈不断地向外扩大自己的知识面,通过零存整取的方式将知识"碎片"整合为围绕中心的网状结构。

3种类型的学习与资源的匹配关系,见表7-2。

表7-2 学习类型与资源类型的匹配关系

学习类型	资源类型
学科导向的系统学习	课程资源或结构化资源
碎片式学习	通用资源或非结构化资源
个人导向的系统学习	两种资源,非结构化资源为主

注:这里所说的非结构化资源是指那些来源不确定、结构模糊、内容动态变化、缺乏稳定性的资源,主要分布在各种Web2.0的工具中。学习者既作为学习资源的使用者,又作为学习资源的贡献者生成这种未经明确教学设计的资源。

7.4 新技术与新媒体

美国新媒体联盟(NWC)是一个非营利协会,主要关注新媒体和新技术的探索和使用。国际教育信息化发展《地平线报告》是美国新媒体联盟工作的一部分,该项研究启动于2002年,旨在勾勒出影响全球教育领域的教、学,以及创造性探究的新兴技术。《地平线报告》每年发布3类报告,分别聚焦于高等教育、基础教育与博物馆领域。表7-3是近五年《地平线报告》发布的相关新技术和新实践。

表7-3 地平线报告(高等教育版)近五年发布的新技术和新实践

时间	近期(≤1年)		中期(2~3年)		长期(4~5年)	
2017	自适应学习技术	移动学习	物联网	下一代学习管理系统	人工智能	自然用户界面
2016	自带设备	学习分析与自适应学习技术	增强现实与虚拟现实	创客空间	情感计算	机器人
2015	自带设备	翻转课堂	创客空间	可穿戴技术	自适应学习技术	物联网
2014	翻转课堂	学习分析	3D打印	游戏与游戏化	量化自我	虚拟助手
2013	MOOC	平板电脑	学习分析	游戏与游戏化	3D打印	可穿戴技术

从表 7-3 可以看出,《地平线报告》每年发布的新技术和新实践,与当前教育发展趋势非常吻合,该项报告业已成为引领当前教育界研究的风向标。

7.4.1 云计算及教育云

2012 年 9 月,刘延东副总理(时任国务委员)在全国教育信息化工作电视电话会议上,指出:"信息技术是当今世界创新速度最快、通用性最广、渗透力最强的高技术之一,信息化是对人类生产生活方式影响最为深刻、对世界文明影响最为深远的大趋势之一。"

在信息技术发展脉络中,有 3 次 IT 浪潮。第一次 IT 浪潮是从大型机时代到 20 世纪 80 年代的微型机时代,第二次 IT 浪潮是从微型机时代到 20 世纪 90 年代的互联网时代,第三次 IT 浪潮是从互联网时代到云计算时代。工业革命 200 多年,世界上还有相当多地区没有实现工业化,而互联网问世只有 20 年,就已经迅速覆盖全球。

1. 云计算

2006 年 8 月 9 日,谷歌(Google)首席执行官埃里克·施密特在搜索引擎大会(SES San Jose 2006)上,首次提出"云计算(Cloud Computing)"的概念。

云是网络、互联网的一种比喻说法,一般用来表示互联网和底层基础设施的抽象。因此,云计算实际指的是互联网计算。

对云计算的定义有多种说法。业界目前多采用美国国家标准与技术研究院(NIST)的定义:云计算是一种按使用量付费的模式,这种模式提供可用的、便捷的、按需的网络访问,进入可配置的计算资源共享池(资源包括网络、服务器、存储、应用软件、服务),这些资源能够被快速提供,只需投入很少的管理工作,或与服务供应商进行很少的交互。

(1) 云计算是一种商业计算模型　它将计算任务分布在大量计算机构成的资源池上,使各种应用系统能够根据需要获取计算力、存储空间和信息服务。

(2) 云计算是一种基于因特网的超级计算模式　"云"具有相当的规模,谷歌云计算已经拥有 100 多万台服务器,Amazon、IBM、微软、雅虎等"云"均拥有几十万台服务器。企业私有云一般拥有数百上千台服务器。"云"能赋予用户前所未有的计算能力。

(3) 云计算使未来像使用电、水一样使用信息系统　以前,企业如果需要用电,必须自己发电,成本高,而且使用率不高。后来就有了发电厂,统一发电,各个企业按需使用,费用相对低廉,而且技术含量更低。即从古老的单台发电机模式转向了电厂集中供电的模式。云计算意味着计算能力也可以作为一种商品流通,就像煤气、水电一样,取用方便、费用低廉,利用率更高,运算处理能力更强,如图 7-5 所示。因此,云计算具有资源无限共享、超强运算处理、按需服务、低廉费用等特点。

2. 云计算的教育应用——云教育

(1) 云教育　云教育(Cloud Computing Education,CCEUD),又称教育云,是云计算在教育中的应用,是基于云计算商业模式应用的教育平台服务,是未来教育信息化的基础架构,包括了教育信息化所必须的一切硬件计算资源。这些资源经虚拟化之后,向教育机构、教育从业人员和学习者提供良好的平台,该平台就是一个集中云,整合成资源池,各个资源相互展示和互动,按需交流,达成意向,从而降低教育成本,提高效率。云教育融入教学、管理、学习、娱乐、交流等各类应用工具,让教育真正实现信息化,如图 7-5 所示。

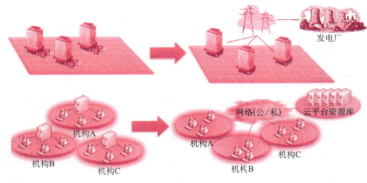

图 7-5　云平台资源库类比发电厂

图 7-6　云教育平台

云教育本质上并非一个单一的网站,而是一个教育信息化服务平台,通过一站式应用和云理念,试图打破教育的信息化边界,为所有学校、教师和学生提供一个可用的、平等的平台。云教育希望通过技术的手段,解决"教育不平等"这一问题。

(2) 教育云的形式　教育云包括云计算辅助教学(Cloud Computing Assisted Instructions,CCAI)和云计算辅助教育(Clouds Computing Based Education,CCBE)等多种形式。

云计算辅助教学,是指学校和教师利用云计算支持的教育云服务,构建个性化教学的信息化环境,支持教师的有效教学和学生的主动学习,促进学生高级思维能力和群体智慧发展,提高教育质量。也就是说,应充分利用云计算所带来的云服务为教学提供资源共享、存储空间无限的便利条件。

云计算辅助教育或者称为基于云计算的教育,是指在教育的各个领域中,利用云计算提供的服务辅助教育教学活动,是一个新兴的学科概念,属于计算机科学和教育科学的交叉领域。它关注未来云计算时代的教育活动中各种要素的总和,主要探索云计算提供的服务在教育教学中的应用规律、与主流学习理论的支持和融合、相应的教育教学资源和过程的设计与管理等。

(3) 教育云的典型案例　目前,在基础教育中,有大量的教育云的典型案例,如"国家教育资源公共服务平台"(http://www.eduyun.cn/aboutu.html)就是教育云的一个典型案例。该平台充分依托现有公共基础设施,利用云计算等技术,逐步推动与区域教育资源平台和企业资源服务平台的互联互通,共同服务于各级各类教育,为资源提供者和资源使用者搭建网络交流、共享和应用环境。教育云将国内教育优势地区的名校、名师资源集中起来,为全国师生提供个性化的空间和服务,促进"优质资源班班通"和"网络学习空间人人通",让优质资源和创新应用惠及人人。

此外,在基础教育中,广东省的粤教云(http://yjy.edugd.cn/sns/index.php?app=appcenter&mod=Index&act=index)、武汉教育云(http://www.wuhaneduyun.cn/)等也是教育云的典型案例。

7.4.2 大数据与学习分析

20世纪后,美国历史就是一部数据文化的历史,先后经历了量化时代、抽样时代、开放时代与大数据时代。精髓在于其数据治国之道,即尊重事实、强调精确、推崇理性和逻辑的文化。

1. 什么是大数据

大数据(big data)是继云计算、物联网之后IT产业又一次颠覆性的技术变革。2012年3月,奥巴马政府宣布投资2亿美元启动"大数据研究和发展计划",定义大数据是"未来的新石油",希望增强政府收集、分析和萃取海量数据的能力。这个由世界最强国家政府推动的项目,标志着"大数据"时代的到来。

二维码 7-3
TED: Big data is better data(Kenneth Cukier)

现在,商业网站普遍使用大数据为每一位用户提供个性化体验,如亚马逊、谷歌通过一套指标体系为消费者进行个性化推荐,利用大数据来定位潜在顾客,并且制定个性化的广告。

(1) 大数据的定义 大数据是指无法在可容忍的时间内,用传统IT技术和软硬件工具对其进行感知、获取、管理、处理和服务的数据集合。因此,与传统数据相比,大数据一般具有规模性(volume)、多样性(variety)、高速性(velocity)与真实性(veracity)4大特点。

(2) 大数据的价值体现 大数据的4V特性,有什么价值体现?微软纽约研究院经济学家David Rothschild通过大数据分析完成了3项奇迹,可能会比较好地说明问题:成功预测了2014年奥斯卡24项奖项中的21项,成功预测了2013年奥斯卡24项奖项中的19项,成功预测了2012年美国总统大选51个选区中50个区的结果。

2. 大数据的教育应用——学习分析

随着大数据在商业领域的普及,教育领域也开始拥抱这一技术。数字时代,在线学习越来越常态化,如何提高在线学习者的保持率问题也越来越引起教师们的重视,为学生提供高质量与个性化的学习体验成了教育界日益关注的焦点。

大数据学习分析之前,一个学生读完9年制义务教育产生的可供分析的量化数据基本不会超过10 kB,包括个人与家庭基本信息、学校与教师相关信息、各门各科的考试成绩、身高体重等生理数据、图书馆与体育馆的使用记录、医疗信息与保险信息等。而这一切已悄然发生改变,荷兰著名的行为观察软件商NOLDUS公司的研究表明,在一节40分钟的普通中学课堂中,一个学生所产生的全息数据约5~6 GB,而其中可归类、标签并分析的量化数据约有50~60 MB。这充分体现了现在学习领域的"大数据"。

(1) 什么是学习分析　学习分析是大数据在教育领域的应用。是在大数据情境下,运用先进的分析方法和分析工具,预测学习结果、诊断学习中发生的问题、优化学习效果的教学技术。

通过对这些教育大数据的分析,可以建构更好的教学法、定位困难学生群,并评估项目设计能否有效提升学生保持率、是否该继续进行。对教育工作者和研究人员而言,学习分析对于剖析学生与在线文本、课件之间的互动举足轻重。学生们正逐步受益于学习分析,因为移动和在线平台能通过跟踪行为数据,为其创设更为互动和个性化的学习体验。

(2) 学习分析的特点　一般而言,学习分析包括如下3个特点:

① 多样化的数据来源。用于分析的数据大部分来自学习管理系统(LMS)、课程管理系统(CMS)和学生档案库等数据库,也有些来自于学生个人的非正式知识管理系统(如个人主页、博客、微博等),或是学生在传统环境下的数字化学习资料、作业、作品。数据的采集过程应该是自动化的,具有海量的数据规模。

② 采用现代化的分析工具和分析方法。区别于传统的教学评估模型和评估方法,学习分析利用现代化的分析工具和方法对数据进行加工、挖掘和分析。此外,数据的分析过程也是自动化的,并可根据需求实时反馈分析结果。

③ 提供可视化的分析结果。学习分析的主要目的是预测学习结果和提高学习绩效,以可视化和直观化形式显示数据,便于学生和教师对自身情况作出判断。

(3) 学习分析的应用模型　加拿大学者乔治·西蒙斯(G. Siemens)认为,学习分析包括收集、分析、预测和调整几个阶段,如图7-6所示。

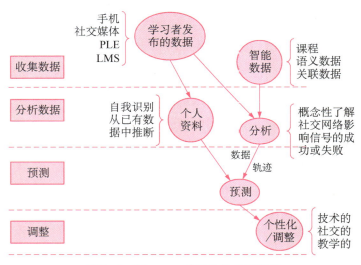

图7-7　Siemenes学习分析应用模式

从数据来源看,学习者的数据主要有两类:第一类是学生自己发布的数据,如在微博、Facebook、博客等个人学习环境中发布的状态、帖子及更新,在学习管理系统中的记录等;此外还有一些隐性数据,如用户在各种网站上的个人信息、资料等。另一类数据并不直接来自于学生,而是通过语义化和关联分析等手段,将课程数据、学习者的数据、资料信息都收集起来,分析得出的再加工数据。例如,分析可判断学生对于某一概念的了解情况,学习者解决某一问题的成功或失败的信号等。教师可以将这些分析的结果用于预测教学,并反馈到教学的实施中,指导和调整教学,使课程更加个性化,满足不同学习者的需求。

> **拓展阅读** ▶

学习分析典型案例——澳大利亚卧龙岗大学的"学习网络可视化与评估项目"

"学习网络可视化与评估项目"是由澳大利亚 Wollongong 大学领导,并由多个学校共同参与的。项目基于学习分析的理念,研发了学习网络可视化评估工具(SNAPP)。该软件可以从学习管理系统(LMS)中收集学生的学习行为信息,如在线时间、下载次数等;从论坛中提取学习过程中的交流互动数据,如发表帖子数、讨论内容、互动频次等。该项目面向在线学习的学习者,利用 SNAPP 记录和分析其学习活动情况,使教师在教学的任何阶段都能确定学习者的行为模式,评估对学生的学习网络,并分析其对学习的影响。这些分析结果可以用于调整教学,为学习者提供指导,提高其学习能力。SNAPP 可以搜集论坛中的帖子总数目、单个用户的帖子数和回复数,绘制用户的社交网络图等。通过对这些数据的加工处理,系统可以分析出以下的信息:

① 识别出远离网络的学习者,提示教师给予关注;
② 识别出班级中的主要信息传播者,他们是信息交换的节点;
③ 区分绩效良好和不佳的学习者,于学习评估前干预;
④ 预测学习社区在班级中的发展程度;
⑤ 通过"快照"提供学习前与后情况对比,观察各种活动对学习产生的影响,从而优化学习活动设计;
⑥ 为学习者观察自己的表现提供依据。

7.5 教与学实践的新模式

技术的诞生从来都不是在教育领域开始的,但新技术、新媒体在教育领域的创新性应用,会导致教与学领域的新模式的产生,而教与学实践的新模式必将催生教育的变革。目前,在国际高等教育领域,比较热门的话题主要集中在大规模开放网络课程、翻转课堂,而在国内近两年对微课的讨论不绝于耳。无论是基础教育,还是高等教育;无论是教育管理者,还是一线教师的参与热情都非常高。

7.5.1 MOOC:基于连通主义的大型开放课程模式

1. 什么是 MOOC

MOOC(Massive Open Online Courses)直译为大规模开放网络课程,中文名字慕课。2008 年,当斯蒂芬·唐斯(Stephen Downes)和乔治·西蒙斯(George Siemens)创造了"大规

模开放网络课程"一词,他们将 MOOC 设想为连通主义的生态系统,它就被视为网络学习的新一代革命。它的出现被喻为教育史上"一场海啸"、"一次教育风暴"。2012 年,MOOC 在《地平线报告(高等教育版)》的讨论中仅仅是一个思想,然而在过去的一年,MOOC 获得了公众前所未有的强烈关注。这一年,被学界称之为"慕课元年"。

MOOC 是由大量参与者经互联网发布并免费开放的网络课程。与开放课件资源(OCW)不同,它需要学习者注册、选课、听课、完成作业,还包括与其他学习者在线讨论等高参与度的学习环节,成绩合格颁发证书。它由 4 个基本要素:大规模、开放、在线、课程,这也是 MOOC 风潮席卷全球的重要因素。

(1) 大规模(massive)　MOOC 是一种拥有大量参与者的巨型课程,课程的学习者数以千计、数以万计。学习者可以根据自己的习惯和偏好使用多种工具或平台参与学习,比如 Wiki(维基)、博客、社交网站等。

(2) 开放(open)　MOOC 是一种开放的教育形式,也是未来教育的一个发展趋势。它没有人数、时间、地点限制,课程中所有资源和信息都是开放的,课程不局限于特定平台,体现了 MOOC 学习环境是开放的、个性化。随着 MOOC 的不断发展,"开放"逐渐成了"免费"的代名词。

(3) 在线(online)　学生可以不必亲临课堂,甚至在不同的国家,只需要一根网线,就可以随时随地地在线学习。

(4) 课程　MOOC 是一种课程模式,因此具有比较完整的课程结构,诸如课程目标、内容、话题、时间安排、作业等,这是一般网络主题讨论没有的。课程是 MOOC 的灵魂,所谓"名校、名师、名课"效应。

2. MOOC 和传统开放课程相比具有的优势

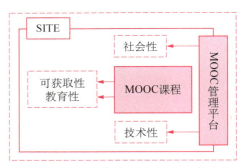

图 7-8　MOOC 与传统开放课程比较框架

MOOC 项目的两大核心,一是学习平台,二是课程。对于学习平台,人们更多的是考虑其技术性。但现在我们知道,无论从学习者的心理层面还是认知层面,社会交往都是学习过程中不可或缺的环节。对于开放存取的课程,从开放和课程两个角度提出可获取性和教育性两个维度,按照这一思路,构建了如图 7-7 所示的比较框架,从可获取性、技术性、社会性与教育性 4 个方面对 MOOC 与传统开放课程进行比较,认为 MOOC 具有如下优势:

(1) 可获取视野下的易获取性　许多 MOOC 项目允许即便是未注册学习者,只要能上网就可以参与学习,也可以免费下载 MOOC 提供的丰富资源。随着数字原生代的到来,学习者对于移动学习需求增加,很多课程已经开始支持使用 ipad、手机等备受青睐的终端进行移动学习,真正做到"Anyone Anytime Anywhere"的无缝学习。

(2) 技术视野下的工具多元化　MOOC 运用了大量新兴教学法和工具,包括混合式学习、开放教育资源和众包交互(crowd-sourced interaction)等。这些支撑 MOOC 工作流的技术在不同模式中不尽相同,但是共同的一点是这些工具的易使用性。MOOC 利用维基空间(WikiSpaces)、YouTube、谷歌聚点(Google Hangouts)和其他的云服务来促进讨论、创建和分享视频及参与其他所有的活动,这已经成为现代网络学习环境下教与学的基本要素。

(3) 社会视野下的联通化　如果说可获取性与技术性只是 MOOC 与传统开放课程的浅显不同,那么它们之间最不同的地方就在于 MOOC 的联通精神。学习者来自各行各业,可能是领域专家、公司职员,也有可能是家庭主妇、学生,MOOC 课程主要的学习形式就是通过话题的讨论展开学习,所有学习者都可以和不同的人进行观点交流、提出疑问、寻求解答,从不同的观点中获得启发,通过学习者与学习者、学习者与媒体之间的交互,促进一种社会关系的建立以及文化习惯的养成。

(4) 教育视野下的生成性　与传统开放课程仅仅依托优质课程不同的是,MOOC 是一种生成式课程。课程初始时,仅提供少量预先准备的学习材料,学习者更主要是通过对某一领域的话题讨论、组织活动、思考和交流获得知识。数以千计乃至数以万计的学习者参加到一个课程中,按照自己的进度和自己的学习风格进行学习,相互评价彼此的学习进展。这种模式已经改变了人们头脑中对网络学习的既有认识。这些活动是 MOOC 中人们所建立的关系,以及所引发的深层讨论。这种模式强调知识的生成比知识的吸收更重要,由此所产生的新知识能够帮助支撑和发展 MOOC 的生态环境。

3. MOOC 的体验平台

通过以下介绍的平台,希望读者能亲身体验至少两门以上的 MOOC,并养成长期学习的习惯。在关注课程内容的同时,可以切身感知一下 MOOC 课程的教学设计与传统课程的教学设计的异同。

(1) 国外 MOOC 体验与学习平台　目前,国外 3 个主要的 MOOC 提供者分别是 Coursera、Udacity 和 edX。这几个主要的 MOOC 项目的社会化结构非常相似,都是课程资源位于信息库或者中央存储库,并且通过自动化软件提供的小测验和作业来评估学生表现,学生参与在线论坛和学生小组的活动。

① Coursera:由斯坦福大学教授在 2011 年创立的盈利性网站,目前已有 30 多所大学加入,包括美国的很多如常青藤大学、杜克大学、加州理工、伯克利音乐学院等。在 Coursera 发布初期,它已有 20 个科目、204 门课程、200 多万学生。在内容方面,Coursera 强调视频学习资源,学生在线观看由某一领域专家录制的讲座,这构成了课程的主要方式。

② Udacity:是斯坦福大学教授创办的盈利性网站,不过没有跟其他大学联盟。课程方面,以计算机课程为主,每门课程包含多个单元,每个单元又包含多个知识块,每个知识块都有对应的练习和可以打印的、非常详细的课堂笔记。因此,Udacity 的大部分课程为自适应学习,也就是说没有固定的开课时间。

③ edX:是麻省理工学院(MIT)和哈佛在 2012 年共同研发的一个项目,基本是每周、每天都会更新。有两个特点:第一,非盈利性的;第二,edX 是有开放源的资源,意味着,任何人都可以下载 edX 的软件,自己就可以拿这个软件去上课。

(2) 国内 MOOC 体验与学习平台

① 果壳网平台的 MOOC 学院:MOOC 学院是中文互联网内最大的 MOOC 学习社区,是 Coursera 的全球翻译合作伙伴。此外,edX、Udacity、FutureLearn、iversity、清华大学学堂在线、台湾大学 MOOC 项目组等教育组织,都和 MOOC 学院建立了长期合作。其页面如图 7-9 所示。

图7-9 果壳网平台上的MOOC学院

② 中国大学MOOC:爱课程携手网易云课堂倾力打造。学习者可以在这里学习中国最好的大学课程,与名师零距离,学完还能获得认证证书,已成最具影响力的中文MOOC平台。其页面如图7-9所示。

图7-10 中国大学MOCC

③ 学堂在线:是北京慕华信息科技有限公司推出的免费公开的MOOC平台,是教育部在线教育研究中心的研究交流和成果应用平台,致力于通过来自国内外一流名校开设的免费网络学习课程,为公众提供系统的高等教育,让每一个中国人都有机会享受优质教育资源。和清华大学在线教育研究中心以及国内外知名大学,如北京大学、清华大学、台湾交通大学、斯坦福大学等有紧密合作。其页面如图7-11所示。

图 7-11　学堂在线

当然也有一些专家认为，MOOC 发展步伐太快，缺乏可靠的分析；也有人认为，它们并不像最初所宣称的那么具有颠覆性。到底如何尚需时日来验证，但是毫无疑问的是，MOOC 对于未来在线学习已经产生了显著的影响，值得密切关注、学习和继续实践。

7.5.2　翻转课堂：全球教育界关注的教学模式

1. 什么是翻转课堂

翻转课堂（Flipped Classroom）是指通过对知识传授和知识内化的颠倒安排，改变传统教学中的师生角色，并对课堂时间的使用进行重新规划，实现对传统教学模式的革新。其核心在于"先学后教"，如图 7-12 所示。

图 7-12　传统课堂与翻转课堂

二维码 7-4
什么是翻转课堂

传统的教学模式是老师在课堂上讲课，布置家庭作业，让学生回家练习。在翻转课堂中，学生在家通过视频完成知识的学习，而课堂变成了师生之间和学生之间互动的场所，包括答疑解惑、知识的运用、问题的解决等，从而达到更好的教育效果。

2. 翻转课堂的特征

翻转课堂具有如下特征：

（1）翻转了教学过程　从教学流程的角度看，翻转课堂颠覆了"教师讲授＋学生作业"的教学过程。传统教学通常包括知识传授和知识内化两个阶段：在知识传授阶段，教师在课上完成对课程内容的讲解，学生则完成对课程内容的接受和初步理解；在知识内化阶段，学生在课下运用所学知识完成作业和练习，强化对知识的深度理解。

（2）改变了师生关系　从师生角色的角度看，在传统课堂中，教师是知识的拥有者和传播者,而学生通常处于被动接受知识的地位。在翻转课堂中,教师的角色由原来的授业解惑转变为教学活动的"导演"和学生身边的"教练",而学生则由"观众"转变为积极主动的参与者。

(3) 延伸了时空距离　从教学环境的角度看,翻转课堂通过学习管理系统(LMS)整合线下课堂与网络空间。作为实施翻转课堂教学的基础性平台,学习管理系统可以帮助课程教师有效组织和呈现教学资源,动态地记录学生的学习过程信息,及时了解学生的学习状况和遇到的困难,进而作出更有针对性的辅导;将课堂上的互动交流拓展到网络空间,师生交互的时间和效果都会大大增加;学生依托学习管理系统可以方便地建立起学习共同体,协同完成学习任务。

3. 翻转课堂的优势

二维码7-5
翻转课堂实
践案例

(1) 先学后教符合教育规律　翻转课堂的教学结构是知识传授的识得过程与习得过程发生在课外,知识内化的习得与悟得过程发生在课堂。而学的真谛在于"悟"而非"识",翻转课堂把这个领悟的过程放在了课堂,因此更符合教育规律。悟得是指学生通过思考与觉悟,内化所学内容,让其成为自己智慧的一部分。知识是外在于人的,是一种可以量化的"知道",只有通过课堂上的点拨与碰撞,让知识进入认知本体,才能称为素养。有一句话曾说:"当遗忘掉我们在学校所学的知识,留下来的便是素养。"翻转课堂的先学后教更符合教育规律。

(2) 实现从分层教学到分类教学　课程教学中,根据学生的知识、能力水平和学习倾向,把学生科学地分成水平相近的群体。这种区别对待的教学叫分层教学。分层教学有利于中高层次的学生提高积极性和增强自信心,但对于成绩处于低层次的学生没有产生积极的影响。致使成绩好的学生容易产生自高自大的习气,对成绩差的学生身心产生极大的危害。分类教学再次引起教育界的关注,近年来,美国开始推行分类教学,而在教育大国的中国,只有翻转课堂的提出,才使得分类教学在中国成为可能。

(3) 增强了师生互动　在翻转课堂的教学模式中,师生互动性较强,师生互动关系更和谐。教师与学生在课堂上可以一对一进行提问、回答,也可以生生之间进行讨论、互动;并通过小组合作学习、小组汇报作品,教师和学生可以积极地参与到探究、讨论中。从而教师与学生成为学习的伙伴,教师与学生的关系密切,有利于构建和谐的师生关系。

(4) 降低学生的认知负荷　翻转课堂的教学模式把知识传授的过程放在课外,知识内化的过程放在课中,可以让教师、学生之间进行交流沟通,从而激发学生的思想碰撞、降低学生的认知负荷,使学习者可以更好地利用学习资源,提高学习效果。

4. 翻转课堂的教学结构

图7-13所示是传统课堂与翻转课堂一般采用的教学结构。根据翻转课堂的教学结构,

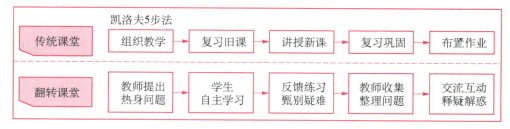

图7-13　传统课堂与翻转课堂

在遵循教学系统设计理论的基础上,结合具体课程,参考借鉴其他学者研究成果,构建如图7-14的翻转课堂的参与式教学流程。

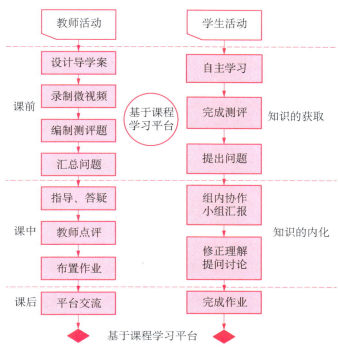

图 7-14 基于翻转课堂的参与式课程教学流程

7.5.3 微课

微课最初由国内佛山市教育局信息网络中心胡铁生老师提出,后经发展演变而来。2012年以来,教育部全国高校教师网络培训中心和教育部教育管理信息中心率先推动面向全国高校和中小学的微课比赛,微课业已成为国内基础教育和高等教育信息化领域重要的教育技术。

1. 什么是微课

对于微课的认识,目前业界没有统一认识,还没有一个确切的定义。总体来说,我们认为微课是以阐释某一知识点为目标,以短小精悍的在线视频为表现形式,以学习或教学应用为目的的在线教学视频。

微课的理论基础主要是注意力10分钟法则,如图7-15所示。因此,微课的时间一般都比较短,几分钟至十几分钟。例如,风靡全球的TED演讲时间在18分钟左右,影响无数学生的可汗学院公开课时间由几分钟到十几分钟不等,国内的"一席"时间也是十几分钟左右。MIT博士生、博士后及edX

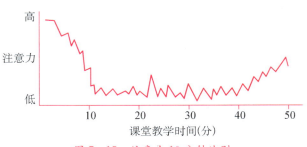

图 7-15 注意力10分钟法则

工程副总裁在他们撰写的《How Video Production Affects Student Engagement：An Empirical Study of MOOC Videos》论文中，通过大数据的分析技术，分析出最受欢迎的视频在时间上应该短于6分钟。

2. 微课的特点

（1）短小精悍，不冗长　　教学视频是微课的核心组成内容。微课区别于传统课堂最明显的一个特征在于它的时间短，相比传统的40或45分钟的一节课的教学课例，微课的时长一般为5~8分钟左右，最长不宜超过10分钟。

（2）主题突出，内容精简　　微课一般解决某一知识点，或是反映课堂中某个教学环节，时间只有几分钟。所以，强迫微课的设计与制作必须主题突出、内容必须精简、指向必须明确、结构相对完整。

（3）资源多样，情景真实　　微课资源具有视频教学案例的特征。广大教师和学生在这种真实的、具体的、典型案例化的教与学情景中，易于实现隐性知识、默会知识等高阶思维能力的学习，并实现教学观念、技能、风格的模仿、迁移和提升，从而迅速提升教师的课堂教学水平，促进教师的专业成长，提高学生学业水平。

（4）半结构化，方便使用　　微课以教学视频片段为主线统整教学设计，包括多媒体素材、课件、反思等相关教学资源，由于其片段化的特点，方便自己或他人再次使用，具备半结构化特点。

3. 微课的录制方法

微课的录制方法，目前主要有这几种形式：摄像工具录制（摄像机、手机等）、录屏软件录制、录播教室录制、专业演播室录制、智能笔录制、专用软件录制、iPad录制等。

（1）摄像机拍摄　　DV录像机＋白板

① 工具与软件：便携式录像机、黑板、粉笔、其他教学演示工具。

② 方法：对教学过程摄像。

③ 过程简述：第一步，针对微课主题，进行详细的教学设计，形成教案；第二步，利用黑板展开教学过程，利用便携式录像机将整个过程拍摄下来；第三步，对视频进行简单的后期制作，可以进行必要的编辑和美化。

（2）数码手机拍摄　　手机＋白纸

① 工具与软件：可进行视频摄像的手机、一打白纸、几只不同颜色的笔、相关主题的教案。

② 方法：使用便携摄像工具对纸笔结合演算、书写的教学过程进行录制。

③ 过程简述：第一步，针对微课主题，进行详细的教学设计，形成教案。第二步，用笔在白纸上展现出教学过程，可以画图、书写、标记等；在他人的帮助下，用手机将教学过程拍摄下来；尽量保证语音清晰、画面稳定、演算过程逻辑性强，解答或教授过程明了易懂。第三步，可以进行必要的编辑和美化。

（3）录屏软件录制　　屏幕录制软件＋PPT。

① 工具与软件：电脑、耳麦（附带话筒）、视频录像软件（Camtasia Studio，snagit，CyberLink YouCam）、PPT软件。

② 方法：对PPT演示进行屏幕录制，辅以录音和字幕。

③ 过程简述：第一步，针对所选定的教学主题，搜集教学材料和媒体素材，制作PPT课

件。第二步,在电脑屏幕上同时打开视频录像软件和教学PPT,执教者带好耳麦,调整好话筒的位置和音量,并调整好PPT界面和录屏界面的位置后,单击"录制桌面"按钮,开始录制;执教者一边演示一边讲解,可以配合标记工具或其他多媒体软件或素材,尽量使教学过程生动有趣。第三步,对录制完成后的教学视频进行必要的处理和美化。

(4) 可汗学院模式　录屏录制软件＋手写板＋画图工具。

① 工具与软件:屏幕录像软件,如Camtasia Studio、snagit或CyberLink YouCam等;手写板、麦克风、画图工具,如Windows自带绘图工具。

② 方法:通过手写板和画图工具对教学过程进行讲解演示,并使用屏幕录像软件录制。

③ 过程简述:第一步,针对微课主题,进行详细的教学设计,形成教案;第二步,安装手写板、麦克风等工具,使用手写板和绘图工具,对教学过程进行演示;第三步,通过屏幕录像软件录制教学过程并配音;第四步,可以进行必要的编辑和美化。

4. 微课的典型案例

随着教育部、各省市区各级教育行政部门的高度重视,高等教育领域、基础教育领域已涌现非常多的案例与资源,如教育部全国高校教师网络培训中心与教育部教育管理信息中心支持的中国微课网、国家开放大学所属的五分钟课程网、佛山教育局的微课堂、华南师范大学与香港凤凰传媒集团共同开发的华师凤凰微课等。

五分钟课程网　"5分钟课程建设工程"项目是国家开放大学"开放、责任、质量、多样化、国际化"办学理念的体现,是国家开放大学推进现代信息技术与教育的深度融合、促进全民学习和终身学习的学习型社会建设的重要举措。至2013年年底,学校计划通过现有资源改造、自建、合作等方式建设10 000个5分钟课程。3年内,建设完成30 000个涉及学历教育、非学历教育,覆盖数百个学科领域的"5分钟课程"教学资源。其页面如图7-16所示。

图7-16　5分钟课程网

学习者可以畅游在"学习空间"、"专题"、"名师"等不同的学习板块间,零距离和名师大家接触,一览他们授课的风采;通过一系列课程的学习,从而理解某一理论。在"培训"板块,学习者可以参与到微课程的设计与制作中来,更加深入地了解5分钟课程的前世今生。国家开放大学5分钟课程网突出了学习者的参与性,学习者可以在网站上注册自己的账号,建立自己的专属空间,分享自己的所见所闻所感。并且,通过国家开放大学学分银行进行成果的转换,由此获得学历教育、职业培训或文化休闲教育等学分,使得学习者学有所教、学有所成、学有所用。

> **拓展阅读**

从 OCW 到 MOOC——开放教育资源的发展

联合国世界人权宣言将"每个人都有受教育的机会"定为基本人权之一。唯有享有平等的教育机会，才能充分了解自己的基本权益、发展自我，进而妥适地与社会沟通、回应世界变动。

然而，教育资源分配不均的问题一直存在，不只是因为偏乡较难吸引师资进驻，地理环境因素也会阻碍教育资源的散布。但随着科技发展，只要科技基础建设环境完善，人人就可以透过网路上传和下载教育资源使用，让不同背景的学生可以有平等的教育资源运用机会。

一、开放式课程：丰富线上的自学资源

1999 年，美国麻省理工学院开始制作开放式课程(Open Course Ware)，在网路上提供众人观看原本只有 MIT 校内学生可以获得的课程资源，成功地引起注目及其他国家的跟进。

开放式课程在各地掀起热潮和许多因素有关。首先，科学技术不断进步且逐渐普及，使教学资源的制作和提供更为容易且不用负担太多成本；其次，高等教育面临全球化、高龄化社会，高等教育机构间的激烈竞争，需要考虑不同的教学模式吸引更多学生；最后，习惯网路环境的数位原民人口越来越多，愿意使用和分享各种网路资源的思维也就更为普遍。如今这些因素仍然存在，也使开放教育的浪潮持续发酵。

二、开放教育资源运动：完善定义开放教育的 3 个面向

2002 年，UNESCO 在一场会议中提出"开放教育资源(open educational resources, OER)"，将开放式课程当成是"让教育者、学习者和自学者为了教育、学习和研究等目的，能使用或再次使用的免费且开放之数位化素材"的一环。

当人们把自己教学使用的各种素材用数位化的方式置于网路上，免费开放给不同人使用时，就能让其他在学学生、自学学生或老师直接吸收这些素材的内容，或重新利用这些内容产生新的作品。

举例来说，有些人会在网志上如何做蛋糕，可能会以文字、照片、影片等不同数位化方式在网路上和大家分享。观看的人可以跟着网志内容制作，学会怎么做蛋糕；或是观看的人也在教蛋糕，想利用这网志上的素材作为自己教学教材的一部分。不过，观看的人很担心使用时会有侵犯著作权的问题，此时若分享者采用开放授权，就会减少这层疑虑。

在这个例子中，可以发现开放教育资源会包含 3 个部分："如何做蛋糕"的教学内容、"网志、影片"等数位内容展现与传播平台工具，以及确保内容可以互通的法律授权或其他实践工具。

对应回教育领域，平台工具就是 Moodle、Blackboard 等数位学习平台，确保互通的实践工具则包含统一的学习物件登录编码方式和开放授权如 SCORM、LOM、创用 CC，教学内容则包含开放式课程或各种网路上的教学性质短影片与文章。

三、MOOC：提供线上学习者完整教育体验

MOOCs 和开放式课程一样，都是开放教育资源中的教学内容，可以让高等教育校园内的教学内容透过数位化让更多人取得。然而，MOOCs 不再是顺便开放，而是特别针对线上学习者来提供教学内容，因此会重新调整课程影片的长度与难度，并发展自己的学习平台方

便学生进行评量、讨论,甚至进一步尝试给予学生认证和学分。在此情况下,学习者可以在网路上接触到更完整的学习经验,打破原来的孤立感,达成教育的更多功能。

注:本文节选自我国台大 MOOC,原作者柯俊如为我国台湾大学 NTUMOOC 团队人员。文中有些术语用法与大陆不同,对应的用法参考如下:

网路(台)—网络(大陆),数位原民(台)—数字原住民(大陆),数位化(台)—数字化(大陆),网志(台)—博客(大陆),数位(台)—数字(大陆),数位学习平台(台)—网络教学平台(大陆),学习物件(台)—学习对象(大陆)。

实 验 项 目

MOOC 课程学习体验

实验目的

(1) 了解常见的 MOOC 网站。
(2) 掌握注册 MOOC 网站账户并选修课程的操作方法。
(3) 熟悉 MOOC 课程学习的过程及评价方式。

实验任务与操作指导

(1) 访问本章介绍的及其他常见 MOOC 网站,了解它们的课程分类,查看你感兴趣课程的课程介绍;
(2) 选择一门课程,注册课程所在 MOOC 网站的账户并选修该课程,了解课程的评价方式;
(3) 至少学习两周的课程内容,完成该阶段的课程作业和在线讨论;
(4) 掌握课程学习中所需使用的工具和软件的操作方法;
(5) 在线或线下撰写 MOOC 课程学习的心得体会。

本章小结

本章前 3 节介绍了远程教育的概念和发展历史,以及网络教育(现代远程教育)中的网络教学平台和资源。通过对 4A 网络教学平台和 Moodle 系统的介绍,让学习者了解网络教学平台的具体功能和使用方法;通过对 Articulate Studio 和 Adobe Captivate 功能的介绍,让学习者对于网络课件的制作有所了解。后两节介绍了云计算和教育云、大数据及学习分析等新技术,同时也对于当前比较热门的新模式,如 MOOC、翻转课堂等进行了深入介绍。

网络教育在不断地发展和前进,我们也需要不断地接受新的技术、新的信息、新的思想,有朝一日网络教育会成为我们每个人实现终身学习的重要途径。

思考与练习

1. 谈谈你对远程教育概念的理解。
2. 你所了解或接触过的我国现代远程教育应用有哪些?
3. 什么是网络教学平台?它的主要功能有哪些?
4. 我国教育资源建设技术规范界定的资源有几类?它们分别是什么?
5. 什么是云计算?什么是教育云?
6. 大数据时代下,学习分析对教与学产生什么样的影响?
7. 什么是MOOC?有什么优点?
8. 什么是翻转课堂?特点是什么?

第 8 章 信息化教学工具

学习目标 ▶

1. 能根据教学需求,制作适合教学需要的各种微视频。
2. 能正确利用移动学习教学工具,进行移动学习的课堂设计与相关活动。
3. 能结合自己的学科,合理选用学科教学工具。

知识结构 ▶

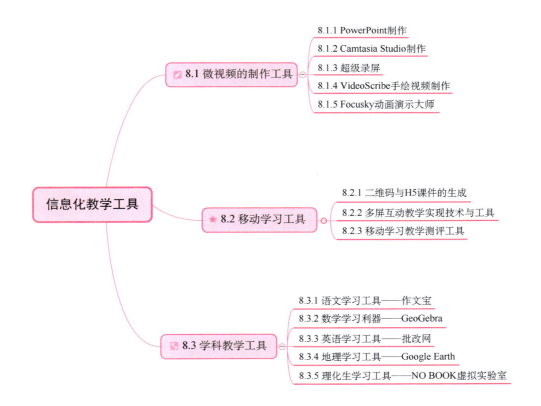

- 信息化教学工具
  - 8.1 微视频的制作工具
    - 8.1.1 PowerPoint制作
    - 8.1.2 Camtasia Studio制作
    - 8.1.3 超级录屏
    - 8.1.4 VideoScribe手绘视频制作
    - 8.1.5 Focusky动画演示大师
  - 8.2 移动学习工具
    - 8.2.1 二维码与H5课件的生成
    - 8.2.2 多屏互动教学实现技术与工具
    - 8.2.3 移动学习教学测评工具
  - 8.3 学科教学工具
    - 8.3.1 语文学习工具——作文宝
    - 8.3.2 数学学习利器——GeoGebra
    - 8.3.3 英语学习工具——批改网
    - 8.3.4 地理学习工具——Google Earth
    - 8.3.5 理化生学习工具——NO BOOK虚拟实验室

二维码 8-1
本章导入视频

教育技术的一个显著性特点在于它的发展性。作为一门新兴的交叉学科,它从未停止发展,尤其是进入信息时代,信息化教学工具层出不穷,正在悄悄地改变我们的教与学方式。总的来说,信息化教学工具的发展趋势为在线替代本地、小工具取代大应用、H5 取代 APP 等。

8.1 微视频的制作工具

8.1.1 PowerPoint 制作

PowerPoint 是微软公司的演示文稿软件。用户可以在投影仪或者计算机上演示,也可以将演示文稿打印出来,制作成胶片,以便应用到更广泛的领域中。

(1) 硬件要求 电脑一台(笔记本或者台式)、话筒一个(电脑自带或外置)、摄像头一个(电脑自带或外置)、耳机一个。

(2) 软件要求 PowerPoint 软件,建议使用 Microsoft Office PowerPoint 2010 版本以上的;格式工厂软件,用于素材的格式转换等功能。

(3) 利用 PowerPoint 直接制作微课 步骤如下:
第一步,利用 PowerPoint 2010 及以上版本制作多媒体演示文稿;
第二步,使用 PPT 录制旁白;
第三步,将 PPT 演示文稿转换成视频。

(4) 使用 PPT 录制旁白的步骤 操作如下:
第一步,点击 PPT 菜单中的"幻灯片放映";
第二步,点击"录制幻灯片演示";
第三步,点击"从头开始录制",如图 8-1 所示。

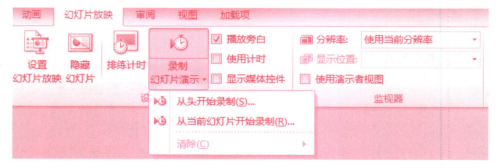

图 8-1 PPT 录制旁白步骤

(5) 将录制完旁边的 PPT 演示文稿转换成视频的步骤 点击"菜单"→"文件",选择"保存并发送"→"创建视频"→在"另存为"对话框中选择视频保存路径,如图 8-2 所示。

图 8-2　PPT 演示文稿转换成视频的步骤

拓展阅读 ▶

PPT 录屏小技巧

1. 保存视频的时候可以选择不同类型的视频格式，如 MP4、WMV 等。

2. 保存为视频后，在 PPT 的下方会有一个进程条，要耐心等待整个进程完毕后才能关闭 PPT 和查看视频。

3. 运用激光笔可以吸引学生注意力，在录制幻灯片时可以记录下激光笔的轨迹，快捷键为[Ctrl]＋按住鼠标左键，如图 8-3 所示。

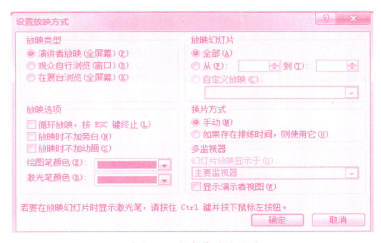

图 8-3　激光笔的使用图

8.1.2 Camtasia Studio 制作

1. Camtasia Studio 软件

Camtasia Studio 是最专业的屏幕录像和编辑的软件套装。软件提供了强大的屏幕录像（Camtasia Recorder）、视频的剪辑和编辑（Camtasia Studio）、视频菜单制作（Camtasia MenuMaker）、视频剧场（Camtasia Theater）和视频播放功能（Camtasia Player）等，用户可以方便地进行屏幕操作的录制和配音、视频的剪辑和过场动画、添加说明字幕和水印、制作视频封面和菜单、视频压缩和播放。

Camtasia Studio 软件制作微课的优点：录制后自动生成视频格式，可以添加字幕，可以局部录制屏幕；录制后的视频自动追踪鼠标局部放大，软件很小，安装方便。

2. Camtasia Studio 软件制作微课

启动 Camtasia Studio9.0 软件，如图 8-4 所示，点击"录制屏幕"，进入屏幕录制界面，如图 8-5 所示。

图 8-4　Camtasia Studio 启动界面

图 8-5　Camtasia Studio 录制界面

（1）全屏　全屏录制，可录制整个屏幕。
（2）自定义　可实现指定屏幕区域录制。
（3）摄像头　录制摄像头，教师头像会以画中画的形式出现在所录视频的右下角。
（4）音频　录制声音，为提高声音的信噪比，可将麦克风的电平调节为 90% 左右。
（5）Rec　开始录制，在 3 秒倒计时后开始录制。

按 F10 是停止录制，单击【Stop】按钮结束录制；按【F10】停止录制，预览视频效果。

（6）媒体　导入音频、视频、图片等媒体。

（7）注释　为视频画面添加注释。

（8）转场　实现段落与段落、均景与场景之间的转换。转场的类型有褪色、运动、对象、格式化、擦拭。

（9）行为　实现漂移、褪色、下落和弹跳、弹出、脉动、提示等行为。

（10）动画　实现还原、完全透明、完全不透明、向右倾斜等动画效果。

（11）指针效果　可以起到突出效果实现指针放大指针聚光灯指针高亮等，如图8－6所示。

注意：保存的文件是CS可编辑的格式（.camrec），发布才生成为视频。

图8－6　Camtasia Studio 录制完成面

> 拓展阅读 ▶

Camtasia Studio 软件的安装与使用教程

扫一扫右边的二维码，获取 Camtasia Studio 软件的安装与使用教程。

二维码8－2
CS 的安装与使用

8.1.3　超级录屏

1. 超级录屏简介

超级录屏是一款操作简单，功能强大且完全免费的屏幕录制软件，支持全屏、窗口、区域3种方式录制，界面如图8－7所示。在录制的同时可以将摄像头录制到画面中。具有屏幕录制功能、编辑与转换，支持电脑屏幕和摄像头同时录制，支持对视频文件的截取、分割、合并、添加配音和字幕等功能。

图8－7　超级录屏软件界面图

2. 超级录屏8.0的使用

(1) 硬件要求　多媒体电脑一台、带话筒的耳麦。

(2) 软件要求　超级录屏软件、演示课件软件等。

(3) 前期准备　微课的教学设计,形成教案和脚本。

(4) 启动超级录屏8.0　单击"屏幕录制"按钮,进入录制前的准备状态。点击"屏幕录制"进入屏幕录制的设置界面,设置各种参数。更多设置中包含摄像头设置,可以根据录制需要进行特殊设置,如图8-8所示。

图8-8　超级录屏软件录制界面

录制方式,包括全屏录制、窗口录制、自定义区域录制;视频格式,包括flv、avi;录制声音,包括同时录制电脑声音和麦克风声音、只录制麦克风声音、只录制电脑声音,不录制声音。视频设置包括视频帧率25Fps,视频码率不高于2 000 kbps、不低于1 024 kbps;更多的设置包括基本设置、视频设置、音频设置、摄像头、快捷键等,如图8-9所示。

图8-9　超级录屏软件设置界面图

(5) 开始录制　设置完成后,点击开始录制,软件界面会自动屏蔽,3秒钟后开始录制。

(6) 结束录制　按[F3]结束录制。

8.1.4　VideoScribe 手绘视频的制作

1. 手绘视频

手绘视频是指在视频中出现用真实的手或笔绘制或移动的各种文字、图片、声音、音乐或动画的视频表现形式。这种视频的感官刺激表现创意十足,能够顺利抓住观众的注意力。

2010 年,英国 Sparkol 公司推出 VideoScribe,标志着手绘从纸质绘画走向了计算机绘画时代。目前,制作这一类的手绘视频软件还有 Easy Sketch Pro、Explaindio Video Creator 等。

2. VideoScribe 的制作方法

VideoScribe 软件操作简单,即使新手在很短的时间里也能学会,一两小时就能制作出几分钟的精美视频。VideoScribe 界面非常简洁,主要功能包括插入图像、文本,添加音乐、添加旁白等。界面如图 8-10 所示。

图 8-10　VideoScribe 界面

案 例

Diagnostic Assessment 视频第一部分(视频时间 00:00:03~00:00:24)纯文字的分镜头,如图 8-11 和图 8-12 所示。

图 8-11　第一部分文字分镜头 1

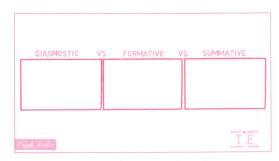

图 8-12　第一部分文字分镜头 2

1. 文字部分的手绘动画的制作

打开软件，点击界面左上方  按钮，新建一个项目，单击主界面窗口最上方的"文本"按钮，如图8-13所示。

二维码8-3
Assessment

图8-13 文本按钮

在文本对话框中分别输入Diagnostic，更改字体颜色为蓝色，点击【确定】，如图8-14所示。

图8-14 文本对话框

鼠标调整字体的四周，出现一个矩形方框，拖动该方框，调整字体大小至合适位置，如图8-15所示。

图8-15 文本对话框

同样的方法,在舞台上输入单词 VS. 颜色大小如 Diagnostic,此时,向右拖动文字至看不见 ciagnostic 单词为止。

设置界面窗口最下方的属性设置窗口,设置播放时间参数为 2.5 s,如图 8-16 所示。

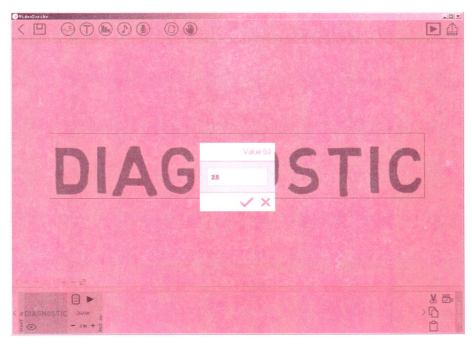

图 8-16　播放时间设置参数

点击"播放"按钮,一个简单的手绘文字视频制作完成。

同样的方法分别绘制后面几个英文单词的视频动画,就能实现第一部分分镜头的视频动画的制作。

2. 背景声音的插入

在 Video Scribe 中,单击主界面窗口最上方的"背景声音"按钮,如图 8-17 所示。出现背景声音对话框,选择背景音乐,也可以点击左下方的背景声音按钮,如图 8-18 所示,导入喜欢的背景音乐。

图 8-17　背景声音按钮

3. 旁白的录制

单击主界面窗口最上方的"录制"按钮,如图 8-19 所示,打开录制旁白对话框中的"RECORD"红色按钮,开始录制自己的旁白,如图 8-20 所示。

图 8-18 背景声音对话框

图 8-19 录制按钮

图 8-20 录制旁白对话框

二维码 8-4
VideoScribe
制作方法

8.1.5 Focusky 动画演示大师

1. Focusky 简介

Focusky 动画演示大师主要可用于 3D 动态 PPT、动画宣传片、微课等的制作。2013 年由广州万彩信息技术有限公司自主研发而成,与其他微视频制作软件相比,其主要优点包括:

（1）操作界面简洁　Focusky操作界面简洁、直观,尊重用户已有的软件使用习惯;还可轻松导入PPT,实现3D幻灯片演示特效,所有操作即点即得,模仿电影视频转场特效,让幻灯片演示像一部3D电影般播放。

（2）内置大量模板和素材　内置大量的在线主题模板、背景模板、动画角色、动作类型,覆盖教育、商务汇报、节日、计划、产品介绍、商演等多个领域,只需要将模板替换成自己的内容,就可快速做出趣味性与互动性很强的幻灯片演示,轻松吸引观众注意力。

（3）丰富的动画效果　Focusky除了可以制作3D动画演示,还自带了300多种对象动画特效与多种自定义动作路径。除此之外,Focusky也内置了手绘动画效果。

（4）自带文字转换语音功能　Focusky除了可以快速为每个镜头添加字幕与配音,还自带了文字转语音功能,可以选择男声、女声、英语、普通话、粤语等方言。

2. Focusky制作方法

Focusky的制作方法大致可分为如下4步:

第一步,新建空白项目,主要为项目设置模板背景颜色、显示比例、布局等。

第二步,编辑路径内容,添加每帧内容、设置交互功能、添加配音字幕。

第三步,添加动画效果,添加动画效果、调节动画播放顺序。

第四部,预览、保存和输出。

二维码8-5
Focusky初级教程

二维码8-6
Focusky中级教程

拓展阅读 ▶

1. 微课制作工具

（1）ShowMe是学习和教学平台的APP。用移动终端及安装的ShowMe APP,可以录制课程,并上传到ShowMe平台上。如果想学习某些知识或技能,直接访问ShowMe网站,搜索需要的视频,连线学习或下载或分享。

（2）Ask3是一款基于ipad的应用,它是一个简单的基于ipad的课程管理系统,设计班级管理的一些初级功能。

（3）优芽互动电影动画式微课制作工具,内设置丰富的人物形象、场景素材等,并能匹配流畅语音。优芽互动电影独创游戏试题,在微课中可实现教学互动。用户只需简单选择、编辑操作即可快速制作情境动画,轻松实现微课创作。优芽互动电影的官方网址:http://movie-nin.yoya.com/index.html。

（4）Storyline是课件制作工具,具有丰富的图像资源、强大的交互功能、直观的操作界面,能够帮助建立生动有趣的学习内容、多样交互的操作活动。

（5）Prize主要通过缩放动作和快捷动作,使演示更加生动、有趣。它采用系统性和结构性一体化的方式演示,将平面资料以一种立体的形式传递给受众,使其更具有视觉冲击力。

更多可以详细浏览中国微课大赛网:http://dasai.cnweike.cn/index.php。

2. 微课评价指标

微课评价的指标涉及微课教学设计与视频制作、教学内容、教学活动、教学效果等。微课的评价指标体系各有不同。当前,国内各大微课比赛均提供了相关的评审标准,也可为微课的设计、开发和制作提供相关依据。例如,中国微课大赛网提供的微课评价标准包括教学选题、教学内容、视频规范、教学活动、网上评价等5个部分,见表8-1。

表8-1 "中国微课大赛"评审标准

一级指标	二级指标	指标说明
教学选题 (10分)	选题简明	利于教学,选题设计必须紧扣教学大纲,围绕某个知识点、教学环节、实验活动等展开,选题简洁,目标明确
	选题典型	解疑定位精准,有个性和特色,应围绕日常教学或学习中的常见、典型、有代表性的问题或内容进行设计,能够有效解决教与学过程中的重点、难点、疑点等问题
教学内容 (30分)	科学正确	概念描述科学严谨,文字、符号、单位和公式等符合国家标准,符合出版规范;作品无著作权侵权行为,无敏感性内容导向
	结构完整	所提交的作品必须是微课视频,还可以提供与选题相关的辅助扩展资料(可选):微教案、微习题、微课件、微反思等,便于评审。 微教案的设计要素齐全,内容要精编,注重实效。 微习题要有针对性与层次性,主观、客观习题的设计难度等级要合理。 微课件的设计要形象直观、层次分明、重点和难点突出,力求简单明了。 微反思应该真实细致,落到实处,拒绝宽泛、套话
	逻辑清晰	教学内容的组织与编排要符合当前中小学生的认知逻辑规律,设置合理,逻辑性强,明了易懂
视频规范 (20分)	技术规范	微课视频录制方法与设备灵活多样(可采用DV摄像机、数码摄像头、录屏软件等均可)。 微课视频一般不超过10分钟;视频画面清晰、图像稳定、构图合理、声画同步,能全面真实反映教学情景
	语言规范	使用规范语言,普通话或英语需标准,声音清晰,语言富有感染力
教学活动 (30分)	目标达成	达成符合学生自主学习、方便教师教学使用的目标,通用性好,交互性强,能够有效解决实际学习及教学问题,高效完成设定的教学目标,促进学习者思维的提升、能力的提高
	精彩有趣	符合创新教育理念,体现新教材教学方法,教学过程深入浅出,形象生动,精彩有趣,启发引导性强,有利于学生的学习积极性和主动性的提升
	形式新颖	微课构思新颖,富有创意,类型丰富(讲授类、解题类、答疑类、实验类、其他类)
网上评价 (10分)	网上评价	作品提交后,将在网上展示并提供给学生学习和教师教学应用,根据线上的观看点击率及投票率等产生综合评价分值

8.2 移动学习工具

移动学习(mobile learning)是信息技术发展背景下产生的一种新型学习模式,是一种在移动计算设备帮助下,能够在任何时间、任何地点发生的学习。移动学习所使用的移动计算设备必须能够有效地呈现学习内容,并且提供教师与学习者之间的双向交流。

8.2.1 二维码与H5课件的生成

1. 二维码的生成

(1) 什么是二维码 二维码又称QR Code。QR(quick response)是快速反应的意思,是近年来移动设备上非常流行的一种矩阵编码方式,最早由日本 Denso 公司于1994年研制。它比传统的条形码保存更多的信息,也能表示更多的数据类型,如字符、数字、中文等。

二维码8-7
二维码的原理

QR图结构中,四周3个方框非常重要,它们的作用是寻像图形,用来帮助解码程序确定图形中具体符号的位置和方向。

(2) 二维码的制作方法 常用的二维码制作有草料二维码(https://cli.im/)、联图网(http://www.liantu.com/)、微微二维码(http://www.wwei.cn/)等,利用WPS也能制作二维码。

使用草料二维码之前需要邮箱注册。这里,我们以草料二维码制作"个人简历"为例,讲解常用二维码的制作方法。

图8-21所示,打开草料二维码网站,首先进行邮箱注册,然后选择网址标签,最后在页面左侧输入需要制作二维码的网址,点击【生成二维码】按钮即可,操作方法非常简便。除了使用默认的黑白二维码之外,还可以定制属于自己个性化的二维码。如图8-22所示,选择高级美化器,打开美化器设置界面,依次设置"基本"、"模板"、"嵌入"、"码眼",如图8-23所示。

图8-21 二维码的生成

二维码 8-8
二维码的美化思路

图 8-22 二维码的美化

图 8-23 高级美化窗口界面

实践活动

为自己设计一张个性化的二维码名片,并把设计理念与方法填入表 8-2 中。

表8-2 二维码的设计理念

设计理念	设计方法	二维码

2. H5课件的生成

H5是指第5代HTML(超文本标记语言)语言,这里所说的H5主要是指H5语言制作的一切数字产品,如H5小游戏、H5页面、H5站点、H5营销。

(1) PPT课件转H5课件　H5课件制作的第一种方式是将基于计算机的PPT课件转成适合移动终端的H5课件,这一类的软件主要有PP匠(https://ppj.io/)。

PP匠是一款在线将PPT一键转成H5的工具,保留原有的演示格式,包括动画、渐变、超链接、嵌入的音视频及样式等。PP匠借助H5,让PPT在移动端更酷、更活泼地呈现,不再是静态图片;同时,使其内容更快地传递和分享,而非局限于文件/邮件等低效传播方式。

其使用方法非常简单,打开PP匠主页,注册登录之后,只需在PC端上传PPT,PP匠会一键转换成H5格式并生成二维码,微信扫描二维码后,即可在移动端查看并分享课件,如图8-24所示。

图8-24　PP匠操作步骤

二维码8-9
ih5展示

(2) H5课件的制作　专门用于场景H5平台汇聚展示的有易企秀(http://www.eqxiu.com/site/privilege)、初页(http://www.ichuye.cn/)、MAKA(http://maka.im/)、木疙瘩(http://www.mugeda.com/)、iH5(http://www.iH5.cn/not-logged-in)、Epub360(http://www.epub360.com/)等。

随着H5的流行,越来越多的E-learning课件制作工具也具有H5课件的功能,这一类的软件主要包括Adobe Captivate、Articulate Storyline、iSpring Suite等。

与Adobe Captivate、Articulate Storyline相同,iSpring Suite是一个先进的创作工具,能

帮助开发令人印象深刻的 e-Learning 内容,无需编程。支持移动终端设备,具有强大的教学设计功能,与 PowerPoint 完全集成,是基于 PPT 的一个插件,其界面如图 8-25 所示。

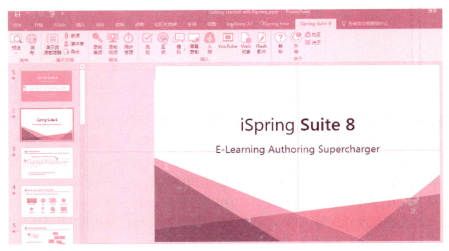

图 8-25　iSpring Suite8 的界面

iSpring Suite 主要有四大功能与优点:

① 创建 SCORM 线上互动网络课件。发布的课程支持手机移动终端,让教学移动化和碎片化。

② 是基于 PPT 的一个插件,能与 PPT 完美结合,可以添加媒体或协助的角色,以及创建测验和交互式 3D 的书,可以点亮你的演讲。它可以记录声音,将视频演示、Flash 等添加到幻灯片。

③ 具有强大的互动教学设计功能,如调查问卷、测验评分、场景故事化教学等。通过平台,还具有学习进度和考试成绩追踪统计功能。

④ 支持 PPT 动画转换成 FLASH 视频文件的功能。

▶ 实践活动 ▶

结合自己的学科,请使用本节推荐的软件设计一个 H5 课件。

8.2.2　多屏互动教学实现技术与工具

多屏互动技术指的是在不同的操作系统(IOS、Android、WIN 7、Windows XP、Vista 等)和不同的终端设备(智能手机、智能平板、电脑、TV)之间,可以相互兼容、跨越操作,通过无线网络连接的方式,实现数字多媒体(高清视频、音频、图片)内容的传输,可以同步不同屏幕地显示内容,通过智能终端实现控制设备等一系列操作。多屏互动,又称屏幕推送、屏幕共享、无线投屏、一键投影等。

本节说的"多屏互动",主要是指"端到端"的应用模式。这种模式主要是在同一个 WiFi 局域网范围内智能设备之间的互联互通,并实现交互控制。主要包括 3 个环节:智能设备相互发现、资源共享和交互控制。

1. 苹果系统设备之间的多屏互动技术实现

苹果系统的常见设备之间,可以借助系统自带的 AirPlay 功能或 LonelyScreen(http://as.lonelyscreen.com)软件实现多屏互动。

AirPlay 是苹果 IOS 系统上的一个无线投屏功能,可以把 iPhone、iPAD 上的声音、视频、图片等投放到大屏上。

苹果系统设备要实现多屏互动的效果,首先需要将电子设备全部连接到同一个 WiFi 无线网络中。一般来说,iPhone、iPAD 上都带有 AirPlay 功能,部分 Macbook 电脑上则需要安装相应的软件,如 iTools 软件,并开启 AirPlay 功能。然后,AirPlay 就会"发现"同一无线网络内支持 AirFlay 功能的所有设备,此时,点击 AirPlay 图标就可以选择"投屏"功能。

2. 其他系统之间多屏互动技术实现

Android 系统的手机和平板同 Windows 系统之间可以使用"一键投影 AirLink"(http://airlink.timelink.cn/)。如果是多系统设备之间需要实现多屏互动,可以借助"希沃授课助手"(http://e.seewo.com/product/SeewoLink)等软件来实现。

(1) 希沃授课助手 希沃授课助手可以实现移动终端与电脑及智能平板之间的互联互动,可在 PC 及智能平板上进行 PPT 演示、文件传输、实物拍照展示、触摸板控制等操作。希沃授课助手软件主要特点包括:

① 多平台兼容:SEEWO 智能平板、普通电脑均可安装服务端,Android 系统、IOS 系统手机/Pad 均可作为客户端。

② 无线远程操作:客户端触摸板远程模拟鼠标操作电脑。远程打开电脑端 PPT 进行播放、上下翻页、退出操作,远程将文件快速传输到电脑上,并打开演示。通过移动终端实物拍照,并快速上传到电脑端展示。

(2) 实现步骤 操作如下:

第一步,下载安装希沃授课助手软件,如图 8-26 所示。

图 8-26 希沃授课助手下载客服端

第二步,连接:

① 确保手机 App 和电脑端连接在同一个网络下:有 WiFi 时,将手机和电脑连接至同一 WiFi;无 WiFi 时,打开电脑端,启动热点,将手机连接至此热点。

② 打开手机 App,选择需要连接的电脑,点击"连接",或者点击"扫描连接"扫描电脑端的连接二维码,如图 8－27 所示。

图 8－27　希沃授课助手连接界面

第三步,资源共享与控制互动。

8.2.3　移动学习教学测评工具

1. Kahoot

Kahoot(https://kahoot.it/)是一个基于游戏的课堂互动平台,可在线游戏化测评、调查问卷等。学生通过手机或者平板电脑等,及时回答和抢答测评问题、问卷调查。在完成整个测试之后,学生能及时看见自己在全班的排名。学生在游戏化的学习过程中,通过参与互动,轻松达到掌握知识、能力的目的。教师在引导学生积极参与教学的过程中,提升课堂教学质量。近年来,随着游戏化学习的概念的火热,Kahoot 也成为国外信息化教学领域使用频率非常高的一个游戏化教学工具。

Kahoot 的具体操作,如图 8－28 所示。

图 8－28　Kahoot 使用流程

第一步,打开 Kahoot 官网(https://create.kahoot.it/),注册账号并登录,如图 8－29 所示。

图 8－29　Kahoot 登录界面

第二步,课前,教师提前设计并创建新的课堂测试题目,如图 8-30 所示。

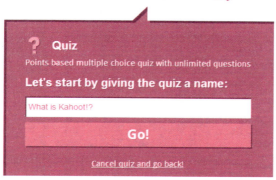

图 8-30　Kahoot 创建测试题目

第三步,课中,学生进入 Kahoot 在线测试平台(https://play.kahoot.it/),输入测验代码,进入预先设置好的 Kahoot! 测验系统,如图 8-31 所示。

图 8-31　Kahoot 测试界面

第四步,参与趣味互动过程。题目和选项的内容只会在大屏幕上出现,学生需要对照大屏幕上的题目和选项,在自己的电子设备上选择正确的答案,如图 8-32 所示。

图 8-32　Kahoot 大屏幕结果

2. 剥豆豆

剥豆豆(http://get.bodoudou.com/)是一个国内的游戏化教学评测平台,功能类似Kahoot,帮助老师在线下课堂实时测验,且立即反馈。答题端适配各种类型设备,还可在豆荚园中搜索各种试题。相比 Kahoot,由于剥豆豆是一款国内产品,其打开速度更快。使用步骤如下:

(1)创建豆荚　用手机号码注册后直接登录了剥豆豆,进入创建豆荚页面,如图 8-33 所示。目前支持测验和调查两种类型的题型,选择测验,提示输入豆荚名称,如图 8-34 所示。编辑好姓名后,点击下一步进入"添加豆豆"页面,如图 8-35 所示。

图 8-33　创建豆荚页面

图 8-34　编辑豆荚名称

图 8-35　豆荚编辑界面

然后,为该豆豆设置问题、选项、正确答案、添加图片。

如果需要再加一个豆豆,点击"添加豆豆"。如果无需再添加一个豆豆,点击"下一步"进入豆荚设置页面,可为该豆荚设置封面图片,添加标签便于筛选。设置完成后,点击【完成】按钮,该豆荚被保存,可以进入开剥。

(2)剥豆豆 在"我的豆荚园"中有"我的创建"和"我的收藏"两个分类,可以从相应的分类中选择豆荚,点击"开剥",如图8-36所示;进入到"豆荚播放设置"页面,如图8-37所示;可以选择在播放时开启音乐等选项,点击"开始答题"后进入"加入"页面,如图8-38所示。

图8-36 豆荚园

图8-37 "豆荚播放设置"页面

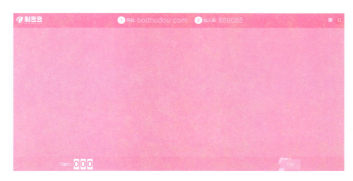

图8-38 剥豆豆互动界面

学生在终端的浏览器输入"bodoudou.com",填写加入码和昵称进入答题状态,或者扫二维码进入答题状态,然后体验游戏通关般的课堂测验或调查。

实践活动▶

与你的学习伙伴一起,分别体验 Kahoot 与剥豆豆的游戏化课堂学习活动。

8.3 学科教学工具

8.3.1 语文学习工具——作文宝

作文宝是百度官方出品的免费中小学作文学习软件。基于百度全球数据优势,作文宝提供千万级的写作素材、范文,以及全国历年中考、高考满分作文。作文宝也是一款能搜集到作文思路的学习软件。作文宝的界面简洁、功能强大,只要在搜索框中输入作文题目,就能"秒"得作文思路,同时还有海量的作文素材等。

作文宝的软件特色包括:"海量作文思路"、"千万作文素材"、"历年满分作文"、"随身作文专家"、"好玩的交流圈"。可在"百度手机助手"、"360 手机助手"、"应用宝"等应用市场搜索"作文宝",并下载安装,软件界面如图 8-39 所示。

图 8-39 作文宝软件界面

8.3.2 数学学习利器——GeoGebra

GeoGebra 是自由且跨平台的动态数学软件,提供各级教育使用,包含了几何、代数、表格、图像、统计和微积分等方面。是一个结合几何、代数、微积分的动态数学软件,由美国佛罗里州亚特兰大学的数学教授 Markus Hohenwarter 设计。GeoGebra 是一个动态的几何软件,可以在上面画点、向量、线段、直线、多边形、圆锥曲线,甚至是写函数,还可以改变它们的属性。

GeoGebra 可免费用于学习、教学和考评，图像、代数和数据表动态结合，易用的界面且功能强大，含创建互动学习材料的编辑工具，是多语言跨平台、自由的开源软件。

GeoGebra 软件的操作界面，如图 8-40 所示。

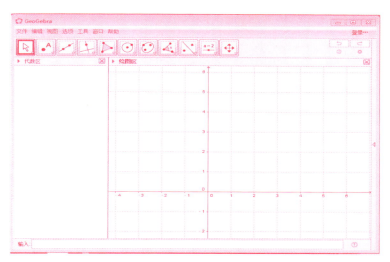

图 8-40　GeoGebra 软件界面

GeoGebra 软件操作界面具有代数区、表格区、运算区、绘图区、绘图区 2、3D 绘图区、作图过程、概率统计、虚拟键盘、指令栏、布局等视图，具有工具栏等。

8.3.3　英语学习工具——批改网

批改网（http://www.pigai.org）基于语料库和云计算技术，提供英语作文自动在线批改服务，能及时给出作文的分数、评语以及按句点评，能够提高老师批改英语作文的工作效率，提高学生的英语写作能力。

软件界面与注册如图 8-41 所示，可以选择学生注册，也可以选择教师注册。

图 8-41　批改网软件首页图

可以根据需要选择不同类别题目,如中高考、SAT、四六级、考研、雅思、托福等,还具有自测等功能,可以写作、批改,如图 8-42 所示。

图 8-42 批改网界面图

8.3.4 地理学习工具——Google Earth

Google Earth(谷歌地球)是一款谷歌公司开发的虚拟地球仪软件,谷歌地球最新版整合 Google 的本地搜索以及驾车指南两项服务,能够鸟瞰世界。它把卫星照片、航空照相和 GIS 布置在一个地球的三维模型上。

Google Earth 软件界面如图 8-43 所示,视图菜单中包括工具栏、侧栏、状态栏、大气层、水画等。

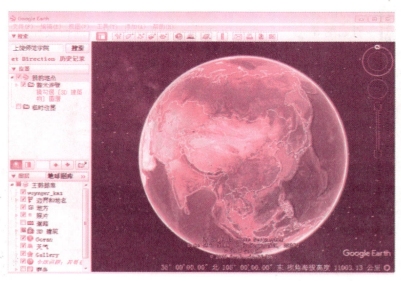

图 8-43 Google Earth 软件界面图

8.3.5 物化生学习工具——NO BOOK 虚拟实验室

NO BOOK(http://www.nobook.com.cn)虚拟实验室系列软件,涵盖了初高中物理、化学、生物全部实验及实验器材,通过实验目的、实验器材、实验步骤、实验现象模拟仿真系统实验或直接自主选择实验器材进行探究实验。

NOBOOK 虚拟实验是一款专为初高中教师打造的简单实用的教学工具软件,让繁琐的实验课变得高效、简单。NB 虚拟实验室能够解决现实中无法完成的实验,随时随地做实验,完美模拟真实实验。

NB 物理实验是一套突破教材版本局限的实验制作工具,初高中物理通用。通过该套实验制作工具,教师可自主 DIY 和模拟无数个实验,实现真正意义上的实验即时生成性常规化教学活动。

NB 化学实验涵盖了初高中主流教材中的实验器材,能够实现无机化学中所有的实验操作和演示,使用灵活、操作简单,呈现最精确的实验数据和真实的实验现象。

NB 生物实验涵盖了初高中主流教学中的实验,精品教学资源、生动逼真的 3D 实验环境,让抽象的知识变得更加直观。

NB 虚拟实验室的主要功能是模拟初高中教学中的经典实验,增强教学效果;DIY 自由组合器材可演示实验室无法完成的实验;增加课堂趣味性,丰富教学形式;增加学生知识的迁移能力,为实际应用奠定基础。

NB 虚拟实验室支持的设备包括 iPhone、Android、Windows、Android 平板、iPad、台式电脑、笔记本、一体机等。它支持全平台,多终端设备一账号通用。老师可根据需求在线开发课件,自由创建、组装实验,实现了云服务、智能化、完全开放的实验环境。

NOBOOK 虚拟实验室注册界面,如图 8-44、图 8-45 所示。登录页面有 3 部分:"我的实验"部分,是指已经做过的实验;"实验资源"部分,是指 NB 虚拟实验室所具有的哪些资源;"管理"部分,可以对做过的实验进行删除等操作;在"新建实验"部分,可以自己创建相关学科的实验,也可以直接从"实验资源"中选择一个相关的实验。

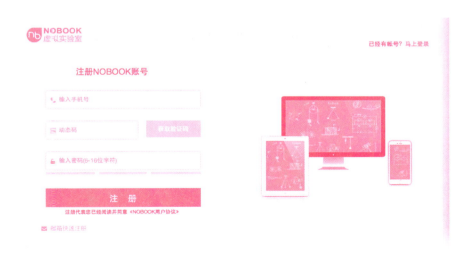

图 8-44　NOBOOK 虚拟实验室注册

图 8-45　NOBOOK 虚拟实验室软件界面

> **拓展阅读** ▶

知识建构工具与协作交流工具

知识建构工具是指支持个体在某个特定社区中互相协作、共同参与某种有目的的活动（如完成学习任务、解决问题等），最终形成某种观念、理论或假设等智慧产品的信息技术工具，如思维导图工具 MindManger。

MindManger 是一款多功能思维导图绘制软件，像一个白板，能够激发创造性思维。使用思维导图可以极大提高效率、保证项目的完成，更高效地沟通。

协作交流工具是指支持学习者之间以及学习者与教师等其他人之间开展协作活动，进行沟通交流的信息技术工具，如 Tower 软件。

实 验 项 目

微课的设计、制作与评价

实验目的

(1) 熟悉微课的各种制作方法。
(2) 掌握简单的后期视频剪辑的方法。
(3) 理解微课的评价标准。

实验任务与操作指导

根据自己的选题，为某个知识点，设计并制作一个微视频。具体要求：
(1) 时间长度 3~5 分钟。
(2) 有旁白与字幕。
(3) 教学内容与教学活动符合选题。

操作指导包括：
(1) 根据选题，设计一个 3~5 分钟的微课文字脚本。
(2) 以小组为单位，从教学选题、教学内容、教学活动等方面修改文字脚本。

（3）根据文字脚本，选择微课制作技术类型，如拍摄式、录屏式、动画式、PPT式、混合式等，设计微课表现形式。

（4）根据选用的微课制作技术类型，选用摄像机、PPT、Focusky、VideoScribe、Camtasia studio、超级录屏等工具录制微课。

（5）简单的后期加工与处理，如剪辑、降噪、加字幕等。

（6）以小组为单位，根据表8-1"中国微课大赛"评审标准，自评与互评。

本章小结

信息时代，教育领域中的新理论、实践、工具层出不穷。本章从微课制作工具、移动学习工具、学科教学工具3方面介绍当前常用信息化教学工具。当然，这一类的工具还有很多，在这里我们并不能一一枚举，我们的目的是希望借助这些信息化工具，使学习与教学更高效、更便捷、更有趣。

思考与练习

1. 二维码的原理是什么？
2. 常用快速制作H5课件的软件包括哪些？各有什么特点？
3. 什么叫多屏互动？多屏互动实现技术有哪些？
4. 设计并制作一个微课。
5. 思考信息化教学工具对课堂教学带来的影响。
6. 如何将学科学习工具应用到你的课堂中？

参 考 文 献

[1] 张剑平. 现代教育技术——理论与应用(第2版)[M]. 北京:高等教育出版社,2006.
[2] 尹俊华. 教育技术学导论(第2版)[M]. 北京:高等教育出版社,2002.
[3] 李兆君. 现代教育技术[M]. 北京:高等教育出版社,2004.
[4] 游泽清. 现代教育技术学[M]. 北京:人民教育出版社,2001.
[5] 韩志坚,封昌权. 现代教育技术(修订本)[M]. 北京:人民邮电出版社,2004.
[6] 王友社,于春燕,李景奇,徐志红. 现代教育技术[M]. 合肥:安徽大学出版社,2004.
[7] 焦中明,赖晓云. 现代教育技术技能(理论与实践)[M]. 北京:中国科学技术出版社,2007.
[8] 何文茜,高振环. 现代教育技术[M]. 北京:北京大学出版社,2009.
[9] 张舒予. 现代教育技术学[M]. 合肥:安徽人民出版社,2003.
[10] Sharon E. Smaldino, James D. Russell, Robert Heinich, Michael Molenda 著,郭文革译. 教学技术与媒体(第八版)(翻译版)[M]. 北京:高等教育出版社,2008.
[11] 国家教委电教司. 教学媒体与教学设计[M]. 北京:高等教育出版社,1990.
[12] 刘雍潜,李龙. 教育技术基础[M]. 北京:中央广播电视大学出版社,2002.
[13] 李克东,谢幼如. 多媒体组合教学设计[M]. 北京:科学出版社,1992.
[14] 李龙. 教学过程设计[M]. 呼和浩特:内蒙古人民出版社,1994.
[15] 李运林,徐福荫. 教学媒体的理论与实践[M]. 北京:北京师范大学出版社,2003.
[16] 李克东. 新编现代教育技术基础[M]. 上海:华东师范大学出版社,2002.
[17] 何克抗. 教育技术学(第2版)[M]. 北京:北京师范大学出版社,2009.
[18] 蒋家傅. 现代教育技术技能训练与评价标准[M]. 北京:电子工业出版社,2005.
[19] 王云,李志河. 现代教育技术应用[M]. 北京:北京交通大学出版社,2007.
[20] 李希文,赵小明. 多媒体技术及其应用[M]. 北京:高等教育出版社,2004.
[21] 李建,张银丽. 多媒体技术应用案例教程[M]. 北京:北京大学出版社,2009.
[22] 张军征. 多媒体课件设计与制作基础(第2版)[M]. 北京:高等教育出版社,2009.
[23] 乌美娜. 教学技术基础[M]. 北京:北京师范大学出版社,1997.
[24] 祝智庭. 现代教育技术——走向信息化教育[M]. 北京:教育科学出版社,2002.
[25] 黎加厚. 教育技术教程——信息化时代的教与学[M]. 上海:华东师范大学出版社,2002.
[26] 南国农. 信息化教育概论[M]. 北京:高等教育出版社,2004.
[27] 顾明远. 教育大辞典[M]. 上海:上海教育出版社,1990.
[28] 孟宪恺. 微格教学基本教程[M]. 北京:北京师范大学出版社,1992.
[29] 赵丽敏. 带你步入现代教学殿堂——教学微格研究[M]. 天津:天津教育出版社,2003.8.
[30] 郝瑞经. 微格教学训练引导[M]. 北京:中国文联出版社,2007.10.
[31] 吴渝,马若义. 微格教学实训教程[M]. 合肥:合肥工业大学出版社,2007.8.
[32] 丁兴富. 远程教育学[M]. 北京:北京师范大学出版社,2009.

[33] 谢新观.远程教育概论[M].北京:中央广播电视大学出版社,2002.
[34] 熊澄宇.中国现代远程教育发展战略研究[M].北京:高等教育出版社,2004.
[35] 祝智庭,王陆.网络教育应用[M].北京:北京师范大学出版社,2004.
[36] 杨宗凯,吴砥,刘清堂.网络教育标准与技术[M].北京:清华大学出版社,2003.
[37] 张银宁.快制网络课件工具比较研究[D].华东师范大学硕士学位论文,2009.
[38] 黎加厚.教育信息化环境下的教学设计[J].中小学信息技术教育,2002(10).
[39] 祝智庭.教育信息化:教育技术的新高地[J].中国电化教育,2001(2).
[40] 薛一丹.基于WebQuest模式的信息化教学设计及反思[J].教育技术,2011(1).
[41] 刘富太.高中英语阅读课教学设计案例[J].教育革新,2009(7).
[42] 陈金炎.教学设计:§5.3一次函数的图象(1)[J].新课程学习,2011(2).
[43] 吴圣.高中化学的信息化教学设计过程探究——《金属的化学性质》教学设计[J].中小学电教,2008(12).
[44] 刘春,张丽娜.信息化教学设计[J].中小学电教,2006(1).
[45] 邹蓁.高中生物的信息化教学设计过程探究——《高等动物的个体发育》教学设计[J].中小学电教,2008(7).
[46] 崔玲杨,杨改学.《艺术的语言——色彩和音乐的通感》的信息化教学设计[J].科教文汇,2009(9).
[47] 马赛葛.人音版高中音乐鉴赏第六单元第十三节《拉丁美洲音乐》教学设计[J].新课程,2010(7).
[48] 陈婷.信息技术环境下微格教学的变化及其发展趋势[J].电化教育研究,2007(6).
[49] 李庆华,张景生.信息技术环境下微格教学训练模式重构刍议[J].电化教育研究,2009(12).
[50] 余胜泉,何克抗.网络教学平台的体系结构与功能[J].中国电化教育,2001(8).
[51] 王志军,余胜泉.基于EduTools的网络教学平台测评[J].现代远程教育研究,2010(4).
[52] 谢同祥.基于组合思维的教学媒体分类研究[J].现代教育技术,2008(3).
[53] 王佑镁,祝智庭.从联结主义到连通主义:学习理论的新取向[J].中国电化教育,2006(3):5—9.
[54] G·西蒙斯著,詹青龙译.网络时代的知识和学习——走向连通[M].上海:华东师范大学出版社,2009.
[55] 王竹立.新建构主义:网络时代的学习理论[J].远程教育杂志,2011(2):11—18.
[56] 王竹立.关联主义与新建构主义:从连通到创新[J].远程教育杂志,2011(5):34—40.
[57] 张跃国,李敬川."三四五六":翻转课堂的操作实务[J].中小学信息技术教育,2012(11).
[58] 斯坦福大学爱伦教授主页. http://www.odu.edu/educ/dwallen/HomeAllen.htm.
[59] 北京大学网络教育学院. http://59.108.177.226/moodledatatest/2/kejian/3/c-3-3-1.htm[DB/OL].检索日期:2011-9-4.
[60] 投影机的成像原理. http://wenku.baidu.com/view/c02fc300bed5b9f3f90f1c30.html[DB/OL].检索日期:2011-9-13.
[61] 市场上几种最常见的电子白板工作原理. http://wenku.baidu.com/view/cb50b362ddccda38376baf73.html[DB/OL].检索日期:2011-9-13.
[62] 高超.交互式电子白板的八种常用功能. http://wenku.baidu.com/view/28d530d284254b35eefd34db.html[DB/OL].检索日期:2011-9-4.
[63] Moodle官网. www.moodle.org.
[64] Articulate官网. www.articulate.com.
[65] 云教育网:未来的教育平台. http://tech.163.com/11/0109/18/6PVON5E1000938EN.html.
[66] 微课百科. http://baike.sogou.com/v74566411.htm?sp=SST%E5%BE%AE%E8%AF%BE.
[67] Moocs与未来大学. http://www.qiexing.com/post/moocs-lzm.html.
[68] MOOC研究学习. http://wenku.baidu.com/view/eacdb0c3551810a6f52486e8.html.
[69] 关于翻转课堂教学模式. http://wenku.baidu.com/view/917ddd07b307e87101f6969a.html.
[70] 微课搜狗百科. http://baike.sogou.com/v74566411.htm.
[71] 微课的外在特点与核心特征. http://www.360doc.com/content/13/1230/18/11766475_341301923.shtml.

[72] 陈晓霞. 学习分析技术综述研究[D]. 喀什师范学院 http://wenku.baidu.com/view/6ecee1f2960590c69fc37637.html.

[73] 录播教室的构成. http://www.seegot.cn/a/wangzhanlansan/peixun/832.html. 检索日期:2014-8-25.

[74] 王陆. 现代教育技术应用[M]. 北京:高等教育出版社,2015.

[75] 李运林. 中国现代信息技术教育发展的理论与实践[M]. 广州:南方出版传媒,2016.

[76] 第40次《中国互联网络发展状况统计报告》. http://www.cac.gov.cn/cnnic40/index.htm.

[77] 从OCW到MOOCs——开放教育资源的发展. http://ntumoocs.blog.ntu.edu.tw/2014/01/29/%e5%be%9eocw%e5%88%b0moocs-%e9%96%8b%e6%94%be%e6%95%99%e8%82%b2%e8%b3%87%e6%ba%90%e7%9a%84%e7%99%bc%e5%b1%95/.

[78] 微课的现状、问题与趋势. http://www.jiaojianli.com/7460.html[DB/OL]. 检索日期:2011-8-25.

[79] 钟晓流,宋述强,焦丽珍. 信息化环境中基于翻转课堂理念的教学设计研究[J]. 开放教育研究,2013(02).

[80] 闫志明. 宋述强. 信息技术教育应用的理论与实践[M]. 北京:高等教育出版社,2017.

[81] 孙杰远,温雪. 微课的原理与技术[M]. 北京:中国轻工业出版社,2016.

[82] 阿兰和他的Padegogy轮. http://www.jiaojianli.com/2934.html. 检索日期:2017-08-25.

[83] 李运林. 信息化教育新理论——六论信息化教育[J]. 电化教育研究,2016,37(09):5—7.

[84] 李运林,李克东,徐福荫. 我国教育传播理论的建立与发展——纪念宣伟伯、余也鲁来华南师范大学讲学30周年[J]. 电化教育研究,2012,33(11):11—16.

[85] 王志军,陈丽. 连通主义学习理论及其最新进展[J]. 开放教育研究,2014,20(05):11—28.[2017-10-01].

[86] Adams Becker, S., Cummins, M., Davis, A., Freeman, A., Hall Giesinger, C. and Ananthanarayanan, V. (2017). NMC Horizon Report:2017 Higher Education Edition. Austin, Texas:The New Media Consortium.

[87] Johnson, L., Adams Becker, S., Estrada, V. and Freeman, A. (2015). NMC Horizon Report:2015 Higher Education Edition. Austin, Texas:The New Media Consortium.

[88] 赵建华. 知识建构的原理与方法[J]. 电化教育研究,2007(05):9—15+29.

[89] 钟志贤. 知识建构、学习共同体与互动概念的理解[J]. 电化教育研究,2005(11):20—24+29.

[90] 谢幼如. 网络课堂协作知识建构模式研究[D]. 重庆:西南大学,2009.

[91] Scardamalia, M., & Bereiter, C.. Knowledge building:Theory, pedagogy and technology [A]. K. Sawyer (Ed.), Cambridge Handbook of the Learning Sciences [C]. New York:Cambridge University Press, 2006.

[92] 教育部办公厅关于印发《中小学教师信息技术应用能力标准(试行)》的通知. http://old.moe.gov.cn//publicfiles/business/htmlfiles/moe/s6991/201406/170123.htm. 检索日期:2017-08-25.

图书在版编目(CIP)数据

新编现代教育技术教程/吴波,官敏主编.—上海:复旦大学出版社,2017.12(2024.12重印)
弘教系列教材
ISBN 978-7-309-13473-5

Ⅰ.新… Ⅱ.①吴…②官… Ⅲ.教育技术学-高等师范院校-教材 Ⅳ.G40-057

中国版本图书馆 CIP 数据核字(2018)第 005479 号

新编现代教育技术教程
吴 波 官 敏 主编
责任编辑/张志军

复旦大学出版社有限公司出版发行
上海市国权路 579 号   邮编:200433
网址:fupnet@fudanpress.com   http://www.fudanpress.com
门市零售:86-21-65102580   团体订购:86-21-65104505
出版部电话:86-21-65642845
上海新艺印刷有限公司

开本 787 毫米×1092 毫米   1/16   印张 17.75   字数 410 千字
2024 年 12 月第 1 版第 10 次印刷
印数 21 111—24 210

ISBN 978-7-309-13473-5/G·1801
定价:38.00 元

如有印装质量问题,请向复旦大学出版社有限公司出版部调换。
版权所有   侵权必究